Obra Completa de C.G. Jung
Volume 10/3

Civilização em transição

Comissão responsável pela organização do lançamento da Obra Completa de C.G. Jung em português:
Dr. Léon Bonaventure
Dr. Leonardo Boff
Dora Mariana Ribeiro Ferreira da Silva
Dra. Jette Bonaventure

A comissão responsável pela tradução da Obra Completa de C.G. Jung sente-se honrada em expressar seu agradecimento à Fundação Pro Helvetia, de Zurique, pelo apoio recebido.

Dados Internacionais de Catalogação na Publicação (CIP)
(Câmara Brasileira do Livro, SP, Brasil)

Jung, Carl Gustav, 1875-1961.
   Civilização em transição /C.G Jung ; tradução de Lúcia Mathilde Endlich Orth ; revisão técnica Jette Bonaventure. – 6. ed. – Petrópolis, RJ ; Vozes, 2013.

17ª reimpressão, 2024.

ISBN 978-85-326-0941-0
Título original: Zivilisation im Übergang.
Bibliografia.
1. Civilização moderna – Século XX
2. Psicanálise I. Título.

07-0653   CDD-150.1954

Índices para catálogo sistemático:
1. Psicanálise : Sistema junguiano : Psicologia 150.1954

C.G. Jung

Civilização em transição

10/3

EDITORA
VOZES

Petrópolis

© 1974, Walter-Verlag, AG, Olten

Tradução do original em alemão intitulado
Zivilisation im Übergang (Band 10)

Editores da edição suíça:
Marianne Niehus-Jung
Dra. Lena Hurwitz-Eisner
Dr. Med. Franz Riklin
Lilly Jung-Merker
Dra. Fil. Elisabeth Rüf

Direitos exclusivos de publicação em língua portuguesa:
1993, Editora Vozes Ltda.
Rua Frei Luís, 100
25689-900 Petrópolis, RJ
www.vozes.com.br
Brasil

Todos os direitos reservados. Nenhuma parte desta obra poderá ser reproduzida ou transmitida por qualquer forma e/ou quaisquer meios (eletrônico ou mecânico, incluindo fotocópia e gravação) ou arquivada em qualquer sistema ou banco de dados sem permissão escrita da editora.

CONSELHO EDITORIAL

Diretor
Volney J. Berkenbrock

Editores
Aline dos Santos Carneiro
Edrian Josué Pasini
Marilac Loraine Oleniki
Welder Lancieri Marchini

Conselheiros
Elói Dionísio Piva
Francisco Morás
Gilberto Gonçalves Garcia
Ludovico Garmus
Teobaldo Heidemann

Secretário executivo
Leonardo A.R.T. dos Santos

PRODUÇÃO EDITORIAL

Aline L.R. de Barros
Marcelo Telles
Mirela de Oliveira
Otaviano M. Cunha
Rafael de Oliveira
Samuel Rezende
Vanessa Luz
Verônica M. Guedes

Conselho de projetos editoriais
Isabelle Theodora R.S. Martins
Luísa Ramos M. Lorenzi
Natália França
Priscilla A.F. Alves

Tradução: Lúcia Mathilde Endlich Orth
Revisão técnica: Dra. Jette Bonaventure
Revisão literária: Edgar Orth

Diagramação: AG.SR Desenv. Gráfico
Capa: 2 estúdio gráfico

ISBN 978-85-326-2424-6 (Obra Completa de C.G. Jung)

ISBN 978-85-326-0941-0 (Brasil)
ISBN 3-530-40710-0 (Suíça)

Este livro foi composto e impresso pela Editora Vozes Ltda.

Sumário

Prefácio dos editores, 7

I. Sobre o inconsciente, 11

II. Alma e terra, 38

III. O homem arcaico, 60

IV. O problema psíquico do homem moderno, 84

V. O problema amoroso do estudante, 107

VI. A mulher na Europa, 124

VII. A importância da psicologia para a época atual, 145

VIII. A situação atual da psicoterapia, 167

XVI. A consciência na visão psicológica, 184

XVII. O bem e o mal na psicologia analítica, 203

XVIII. Prólogo aos "Estudos sobre a psicologia de C.G. Jung", de Toni Wolff, 216

XXII. As complicações da psicologia americana, 223

XXIII. A Índia – um mundo de sonhos, 236

XXIV. O que a Índia nos pode ensinar, 246

Referências, 253

Índice onomástico, 257

Índice analítico, 259

Prefácio dos editores

Em 1918, C.G. Jung publicou um artigo intitulado "Über das Unbewusste" (Sobre o inconsciente) que dá o tom fundamental desse volume. Nele expõe a teoria convincente de que o conflito na Europa, naquela época, considerado apenas do ponto de vista materialista, era, no fundo, uma crise psicológica que tinha sua origem no inconsciente coletivo dos indivíduos, influenciado grupos e nações. A seguir, escreveu uma série de ensaios sobre a conjuntura da época e principalmente sobre a relação do indivíduo com a sociedade.

Os oito primeiros ensaios deste volume surgiram nos anos entre as duas guerras mundiais e desenvolvem os temas abordados no ensaio de abertura; tratam da descoberta dos pressupostos inconscientes e da importância do autoconhecimento que torna o indivíduo capaz de afirmar-se diante das pressões sociais. Também são tratadas questões específicas da relação entre os sexos e de fatores étnicos sobre o desenvolvimento de teorias psicológicas. Seguem quatro títulos que foram reunidos, há tempo, numa brochura *Ensaios sobre história contemporânea* (1946). Neles Jung mostra que os sonhos e fantasias de pacientes individuais podem refletir, tanto quanto as revoluções sociais e políticas, que ele qualifica de epidemias psíquicas, as tendências na vida inconsciente das nações. Num ensaio, publicado pela primeira vez em 1936, Wotan é apresentado como figura arquetípica que simboliza as forças instintivas inconscientes, atuantes na Alemanha e que encontraram sua expressão no movimento nacional-socialista.

Os psicodinamismos que Jung derivou do comportamento de indivíduos e de grupos – mais facilmente observáveis na Alemanha – puderam ser constatados em âmbito bem maior, conforme expõe em dois escritos sumamente importantes e publicados no últimos anos de sua vida. *Presente e futuro* (1957) retoma o relacionamento do indivíduo com a sociedade maior e no livro *Um mito moderno: sobre coisas vistas no céu* (1958) estuda Jung o surgimento de um mito que considera uma compensação da tendência cientificista de nossa era tecnológica. Uma vez que considera a crise na civilização como sendo moral, suas concepções de bem e mal e da função psicológica da consciência (capítulos XVI e XVII) são absolutamente necessárias e importantes ao tema.

As recensões e curtos artigos (XIX-XXIV) contêm as reações espontâneas e pessoais de Jung aos pronunciamentos de seu contemporâneo Conde Hermann Keyserling sobre problemas de nacionalidade e suas impressões ao visitar os Estados Unidos e a Índia. Finalmente em "Diversos" (XXV) há documentos dos anos em que Jung era presidente da Sociedade Médica Internacional de Psicoterapia e editor de seu órgão *Zentralblatt für Psychotherapie*. Sua natureza dinâmica e os sentimentos de dever para com a sociedade e seus colegas levaram-no a aceitar este encargo como plataforma privilegiada de onde pudesse combater, com todas as suas forças e condições, a ameaça que representava para a psicoterapia na Alemanha a dominação nazista. Devido a seu modo de proceder foi alvo, injustamente, do fogo cruzado de uma crítica tendenciosa e mal informada. Neste volume, apresentam-se pela primeira vez os objetivos que perseguia incansavelmente e os documentos correspondentes.

Agradecemos a Magda Kerényi pela elaboração do Índice analítico de pessoas e assuntos desse tão abrangente e diversificado volume, e por todo o esforço e cuidado nele investidos.

Dezembro de 1973

Os editores

P.S.

Como não existem os manuscritos originais – talvez se tenham perdido ou foram escritos em inglês por C.G. Jung – uma série de ensaios (XII, XXII, XXIII, XXIV e a saudação ao Décimo Congresso Médico em Oxford) teve que ser vertida para o alemão. O ditado diz que o "tradutor é um traidor". Realmente, em certas passagens foi difícil interpretar o texto. Isto é ainda mais delicado em nosso caso, porque a problemática que o autor diagnosticou e interpretou psicoterapicamente desde a Primeira Guerra Mundial não foi superada nas décadas seguintes e muito menos nos anos mais recentes; alastrou-se extraordinariamente e tornou-se mais aguda. Que leitor estaria hoje em condições de tomar uma posição neutra e imparcial diante de palavras como "negro, judeu, primitivo" ou de conceitos como "raça, cor, coletividade, Estado, sociedade", isto é, sem permitir que intervenham suas emoções? A psicologia sabe muito bem que essas reações incontroláveis e hiperalérgicas são sintomas daquilo que C.G. Jung, no início de sua carreira psiquiátrica e no contexto de seus estudos sobre associações de palavras, chamou de "complexos de cunho sentimental". Sabe-se que os complexos são, em primeiro lugar, centros de energia psíquica altamente concentrada. Oriundos do inconsciente, levam o indivíduo e a sociedade àquelas neuroses e psicoses de que sofremos tanto hoje quanto na época em que surgiu o artigo que consta deste volume.

Como que "dançando sobre ovos em torno de melindres de alta tensão" e tentando uma reconstituição claudicante de passagens ambivalentes do texto "original" inglês, por meio de transcrições atenuadas ou até mesmo aguadas na versão alemã, pode parecer que nada se conseguiu, mas teríamos perdido uma chance de nos tornarmos mais conscientes pessoalmente e mais corresponsáveis como contemporâneos. Quem *quiser* entender ou interpretar erroneamente Jung em sua mentalidade, temperamento e em sua função como médico da psique não será impedido de fazê-lo por causa da "precaução" dos editores. Mas recomendamos ao leitor sem preconceitos, interessado numa compreensão mais profunda das correntes básicas de nossa época, de suas fontes e direções, como leitura complementar aos textos sobre a questão alemã e dos judeus, as cartas do autor dos anos correspondentes (volumes I a III, abrangendo os anos de 1906 até 1961, publicados pela Wlater-Verlag, Olten 1972-1973).

I

Sobre o inconsciente[*]

Aos ouvidos do leigo, a palavra "inconsciente" soa como algo metafísico e até misterioso. Este caráter particular da palavra "inconsciente" deve-se, por um lado, ao fato de o conceito ter entrado na linguagem comum como designação de algo metafísico: Eduard von Hartmann, por exemplo, chama o fundamento universal de inconsciente. Por outro lado, o ocultismo também se valeu do termo porque seus cultores gostam de apropriar-se de expressões científicas para revestir suas especulações de um ar de "ciência". A psicologia experimental, ao contrário, que se portou durante certo tempo e com certa razão como a única psicologia científica, adotou uma atitude de rejeição com referência ao conceito do inconsciente, pois partia da concepção de que tudo que é psíquico é consciente, portanto só a consciência merecia o nome de psique. Admitia-se a existência de conteúdos psíquicos conscientes, uns mais "claros", outros mais "obscuros", mas negava-se a existência de conteúdos propriamente inconscientes. 1

Em grande parte esse conceito se deve ao trabalho em laboratório feito exclusivamente com pessoas "normais" e também à natureza das experiências que trabalhavam de preferência com os processos psíquicos mais elementares, enquanto que a investigação de funções psíquicas mais complexas, que por natureza escapam a uma pesquisa física exata, praticamente não existia. Mas um fator importante, que transcende a ambos os precedentes, foi separar a psicologia experimental da psicologia patológica. Na França, desde Ribot, a psicolo- 2

---

[*] Publicado originalmente em *Schweizerland. Monatshefte für Schweizer Art und Arbeit*, IV/9 e 11/12, 1918, p. 464-472 e 548-558. Zurique.

gia sempre esteve atenta aos fenômenos anormais, e um de seus representantes mais eminentes, Binet, chegou a afirmar que a psique patológica exagera e realça a tal ponto certos desvios da normalidade, difíceis de compreender, que acabam por tornar-se compreensíveis. O psicólogo Pierre Janet, da Salpêtrière, dedicou-se quase exclusivamente e com grande sucesso ao estudo dos processos psicopatológicos. Mas são justamente os processos psíquicos anormais que demonstram mais claramente a existência de um inconsciente. Por esta razão, foram exatamente médicos, e sobretudo especialistas no campo das doenças psíquicas, que aceitaram e defenderam com mais veemência a hipótese do inconsciente. Enquanto na França a psicologia era consideravelmente enriquecida pela psicopatologia e levada a aceitar o conceito de processos "inconscientes", na Alemanha foi a psicologia que enriqueceu a psicopatologia, fornecendo-lhe uma série de valiosos métodos experimentais – mas sem assumir o mesmo interesse da psiquiatria pelos processos patológicos. Esta circunstância contribuiu substancialmente para que, na ciência alemã, a pesquisa psicopatológica tomasse um rumo diferente do seguido na França. Retirada do interesse dos círculos acadêmicos, ela se restringiu à tarefa do médico que, em seu trabalho profissional, era obrigado a compreender os complexos fenômenos psíquicos de seus pacientes. Deste modo, surgiu aquele complexo de conceitos teóricos e de técnicas práticas, conhecido como "psicanálise". Esta orientação desenvolveu amplamente a ideia do inconsciente psicológico, e isto em grau bem superior ao da escola francesa que se preocupou mais com as formas de manifestação dos processos inconscientes do que com sua causalidade e seu conteúdo específico. Há quinze anos, e inicialmente sem vínculo com a escola freudiana, baseado em investigações experimentais, eu me convenci da existência e da importância dos processos inconscientes, ao mesmo tempo que indicava os métodos capazes de demonstrar esses processos. Mais tarde, com a colaboração de um grupo de discípulos, demonstrei também a importância dos processos inconscientes em doentes mentais.

3   Como resultado deste trabalho, a princípio puramente médico, o conceito de inconsciente adquiriu uma coloração própria das ciências naturais. Na escola de Freud, o conceito estacionou sob esta forma. De acordo com a concepção desta escola, o homem, como ser ci-

vilizado, não pode vivenciar uma série de instintos e desejos, simplesmente porque são incompatíveis com a lei e com a moral. O homem, desde que queira adaptar-se à sociedade, é obrigado a reprimir estes desejos. A suposição de que o homem tenha tais desejos é absolutamente plausível e pode ser constatada a qualquer momento por qualquer pessoa com um mínimo de honestidade. Mas esta constatação se refere, via de regra, apenas à existência de desejos incompatíveis e proibidos. Em casos individuais, porém, como mostra a experiência, a situação é bem diferente. Pode-se verificar muitas vezes que, como consequência da repressão do desejo proibido, o tênue fio entre o desejo e o consciente se rompe, tornando o desejo inconsciente. Ele é esquecido, aparecendo em seu lugar uma justificativa mais ou menos racional, se é que realmente se busca um motivo. Este processo, através do qual um desejo incompatível se torna inconsciente, chama-se *repressão*, em contraposição ao *recalque* que pressupõe que o desejo continue consciente. Embora reprimido e esquecido, o conteúdo incompatível continua a existir – quer consista de desejos ou de recordações desagradáveis – e com sua presença imperceptível influencia os processos conscientes. Esta influência se manifesta sob a forma de estranhos distúrbios das funções conscientes. Estes distúrbios são chamados de *sintomas nervosos* ou *psicogênicos*. É interessante notar que eles não se limitam a processos puramente psicológicos, mas se estendem também a processos fisiológicos. Nestes últimos, porém, nunca são afetados os componentes elementares – como sublinha Janet – mas sempre apenas a utilização arbitrária das funções, sob condições as mais complexas. Quero esclarecer este importante fato através de um exemplo: um componente elementar da função de ingestão de alimentos consiste no ato de deglutir. Se ocorrerem engasgos regulares com qualquer tipo de alimento líquido ou sólido, então trata-se de um assim chamado distúrbio anatômico ou orgânico. Mas se o engasgo se verificar somente com determinados alimentos, ou só em determinadas refeições, ou só na presença de certas pessoas ou sob determinado estado de espírito, então trata-se de um distúrbio nervoso ou psicogênico. Este distúrbio psicogênico só afeta, portanto, o ato de comer sob determinadas condições *psicológicas* e *não físicas*.

14   Obra Completa – Vol. 10/3

4   Estes distúrbios de funções fisiológicas de que acabamos de falar
são frequentes sobretudo na histeria. Em outro grande grupo de doenças – denominado pelos franceses de psicastenia – eles ficam em segundo plano, predominando os distúrbios puramente psicológicos. Esses
últimos podem assumir inúmeras formas tais como obsessões, medos,
depressões, caprichos, fantasias, afetos e impulsos doentios etc. Na
raiz de todos esses distúrbios encontramos conteúdos psíquicos reprimidos, isto é, que se tornaram inconscientes. Com base nestes fatos,
desenvolveu-se o conceito do inconsciente que acabamos de esboçar
como sendo a soma total dos desejos incompatíveis e reprimidos, incluindo todas as recordações penosas e, por isso, reprimidas.

5   Por outro lado, pode-se facilmente comprovar que a grande
maioria dos conteúdos incompatíveis tem a ver com os fenômenos da
vida sexual. A sexualidade é um instinto básico que, como todos sabem, é o mais cercado de mistérios e escrúpulos, e que, sob a forma
de amor, pode ser a causa das mais violentas paixões, dos mais inten-
sos anseios, dos mais profundos desesperos, dos sofrimentos mais secretos e das sensações mais dolorosas. A sexualidade é uma importante função física e uma função psíquica amplamente ramificada,
sobre a qual repousa todo o futuro da humanidade. Portanto, ela é ao
menos tão importante quanto a nutrição, embora seja um instinto de
outro tipo. Mas enquanto a função da nutrição, sob todas as suas variantes, desde o comer de um simples pedaço de pão até o mais sun-
tuoso banquete, pode ser satisfeita publicamente, só sofrendo restrições em caso de distúrbios enterogástricos ou de carestia generalizada, a sexualidade está presa a um tabu moral e deve submeter-se a
uma série de determinações legais e restrições de todo tipo. Ela não
está à disposição da pessoa, como a nutrição. Pode-se assim compreender que uma série de fortes interesses e afetos se reúna em torno
desta questão, pois em geral os afetos intervêm sempre em lugares
onde a adaptação deixa a desejar. Além disso, a sexualidade, como já
foi dito, é um instinto fundamental do ser humano – motivo suficiente para a bem conhecida teoria de Freud que reduz tudo à sexualidade e traça um perfil do inconsciente que mais parece um quarto de
despejo onde armazenamos todos os desejos infantis reprimidos,
porque proibidos, e todos os desejos sexuais posteriores não permitidos. Por pouco simpático que seja este conceito, temos que fazer-lhe

justiça. Se estivermos dispostos a compreender tudo que Freud rotulou sob este conceito da sexualidade, veremos que ele ampliou suas fronteiras muito além dos limites permitidos. Melhor seria dar àquilo que ele realmente tem em mente o nome de "eros", recorrendo às antigas concepções filosóficas de um "pan-eros" que impregna toda a natureza viva como criador e fecundador. "Sexualidade" é uma expressão muito infeliz para isso. O conceito de sexualidade é cunhado e delimitado com tal precisão que mesmo a palavra "amor" se nega a valer como sinônimo. E, no entanto, como se pode facilmente verificar a partir de exemplos extraídos de seus escritos, Freud frequentemente quer dizer "amor" quando fala exclusivamente de "sexualidade".

Toda a linha de pensamento de Freud se baseia firmemente na teoria sexual. Com certeza não existe pensador ou pesquisador que, sem preconceitos, não reconheça e admita imediatamente a extraordinária importância das experiências e dos conflitos sexuais e amorosos. Mas nunca se poderá provar que a sexualidade seja o instinto fundamental e a essência da psique humana. Ao contrário, a ciência "sem preconceitos" reconhecerá o fato de ser a psique uma estrutura extremamente complexa que pode ser abordada do ponto de vista biológico e explicada em termos biológicos, mas que, além disso, apresenta muitos outros enigmas cuja solução coloca exigências que uma ciência isolada, como a biologia, é incapaz de satisfazer. Quais quer que sejam os "instintos" que uma biologia atual ou futura possa estabelecer e admitir, com certeza será totalmente impossível apontar um único instinto qualitativamente bem definido, no caso a sexualidade, como a última explicação. A biologia, e, em suma, nossa ciência natural, já ultrapassou esta fase: não é possível reduzir todos os fenômenos a uma única "força", como se fazia antigamente em relação ao combustível líquido e à eletricidade. Já aprendemos a aceitar um conceito mais modesto, chamado *energia*, como princípio que explica todas as modificações quantitativas.

Estou convencido de que um verdadeiro espírito científico no campo da psicologia deve chegar à conclusão que os processos dinâmicos da psique não podem ser reduzidos a este ou aquele instinto específico – pois deste modo se retrocederia ao estágio da teoria flogística – mas deverá aceitar também os instintos no âmbito da psique, deduzindo de suas inter-relações o princípio de explicação. Por isso, achei oportuno admitir uma grandeza hipotética, uma "energia", como princípio de explicação psicológica e designá-la "libido", no sentido clássico da palavra (desejo impetuoso), sem com isso fazer qualquer afirmação sobre a sua substancialidade. Com esta grandeza, os processos dinâmicos podem facilmente ser explicados e sem aquela deturpação própria de uma explicação baseada em motivo concreto. Se, portanto, a linha freudiana declara o sentimento religioso ou qualquer outra grandeza da esfera espiritual como "nada mais" que desejos sexuais proibidos, reprimidos e posteriormente "sublimados", isto corresponderia na física à seguinte afirmação: a eletricidade nada mais é que uma queda d'água interceptada e levada a uma turbina através de um sistema de tubos, portanto nada mais que uma queda d'água "culturalmente" deformada, uma argumentação que poderia até convir a um movimento ecológico, mas nunca a um raciocínio científico. Na psicologia uma explicação dessas só seria adequada se estivesse cabalmente provado que o fundamento dinâmico da existência nada mais é que sexualidade. Traduzido em termos da física, isto significaria que a água em queda, e só ela, pode produzir eletricidade. Neste caso poderíamos dizer que a eletricidade "nada mais" é que uma queda d'água conduzida por fios.

8   Portanto, se negarmos a teoria da sexualidade como exclusiva para explicar o inconsciente e a substituirmos por um conceito energético, devemos dizer que o inconsciente contém todos os elementos psíquicos cujo limiar o consciente não alcança ou não mais alcança ou ainda está por alcançar. Dentro desta convicção podemos fazer uma ideia aproximada do que seria o inconsciente. Já ficamos sabendo das *repressões* como conteúdos do inconsciente e a elas devemos acrescentar tudo aquilo que já esquecemos. Estar esquecido não significa estar "extinto", mas apenas que a lembrança se tornou subliminar, ou seja, sua intensidade energética caiu a tal ponto que não consegue mais aparecer no consciente, razão por que está perdida para o consciente, mas não para o inconsciente. Alguém poderia objetar que esta é uma maneira de falar e nada mais. Gostaria de mostrar através de um exemplo o que isto realmente significa: tomemos duas pessoas. Uma delas nunca leu um livro e a outra já leu milhares. Retirando de ambas todas as recordações que acumularam naqueles dez anos durante os quais uma simplesmente viveu e a outra leu seus mil li-

Civilização em transição

vros, podemos verificar que uma sabe tanto quanto a outra. Entretanto, facilmente se poderá identificar qual delas leu os livros e, é claro, entendeu o que leu. As experiências vividas, mesmo que fiquem esquecidas, deixam vestígios na psique através dos quais se pode reconhecer a experiência anterior. Esse longo lastro de influências indiretas deve-se à fixação das impressões que são conservadas mesmo quando não mais conseguem chegar ao consciente.

Além dos fatos esquecidos, existem também *percepções* subliminares, quer sejam simples percepções sensoriais que ocorrem sob o limiar da estimulação auditiva ou do campo visual externo, ou apercepções, isto é, percepções assimiladas abstratamente de processos internos ou externos. 9

Todo este material constitui o *inconsciente pessoal*. Nós o chamamos pessoal porque consiste inteiramente de experiências da vida pessoal. Se, portanto, alguma coisa cai no inconsciente, imediatamente entra na rede de associações do material inconsciente, podendo, eventualmente, surgir conexões de alto valor que atravessam o consciente ou sobem a ele sob a forma de "inspirações". 10

Mas o conceito de inconsciente pessoal não esgota a natureza do inconsciente. Se o inconsciente fosse apenas pessoal, seria teoricamente possível atribuir todas as fantasias de um doente mental a experiências e impressões individuais. É claro que se pode atribuir grande parte deste material à história pessoal do doente, mas existem conexões de fantasias cujas raízes em vão procuraríamos na história pregressa do indivíduo. Que tipo de fantasias seriam essas? Trata-se, numa palavra, de fantasias mitológicas. São conexões que não correspondem a quaisquer experiências da vida pessoal mas apenas aos mitos. 11

De onde procedem então essas fantasias mitológicas, se não têm qualquer origem no inconsciente pessoal e, por conseguinte nas experiências da vida pessoal? Sem dúvida provêm do cérebro precisamente do cérebro, e não de vestígios de recordações pessoais, mas da *estrutura hereditária do cérebro*. Tais fantasias sempre têm um caráter original, "criativo": assemelham-se a novas criações. Evidentemente derivam de uma atividade criativa do cérebro e não simplesmente de uma atividade reprodutiva. Sabe-se que juntamente com o nosso corpo recebemos um cérebro altamente desenvolvido que traz 12 consigo toda a sua história e que, ao atuar criativamente, vai haurir a inspiração fora de sua própria história, fora da história da humanidade. É bem verdade que por "história" entendemos a história que nós fazemos e que chamamos "história objetiva". A fantasia criativa nada tem a ver com esta história, mas somente com aquela história remotíssima e natural que vem sendo transmitida de modo vivo desde tempos imemoriais, isto é, a história da estrutura do cérebro. E esta estrutura conta sua história que é a história da humanidade: o mito interminável da morte e do renascimento e da multiplicidade de figuras que estão envolvidas neste mistério.

13   Este inconsciente, sepultado na estrutura do cérebro e que revela sua presença viva apenas na fantasia criativa, é o inconsciente *suprapessoal*. Ele vive no indivíduo criativo, manifesta-se na visão do artista, na inspiração do pensador, na experiência interior da pessoa religiosa. O inconsciente suprapessoal, como estrutura cerebral generalizada, é um espírito "onipresente" e "onisciente" que tudo pervade. *Conhece o ser humano como ele sempre foi e não como é neste exato momento. Conhece-o como mito.* É por isso também que a relação com o inconsciente suprapessoal ou *inconsciente coletivo* vem a ser uma expansão do ser humano para além de si mesmo, uma morte de seu ser pessoal e um renascer para uma nova dimensão, segundo nos informa a literatura de certos mistérios antigos. Portanto, sem o sacrifício do Homem como é atualmente não se pode alcançar o Homem como ele sempre foi (e sempre será). Com toda certeza é o artista que mais sabe dizer acerca deste sacrifício do ser humano pessoal, se não nos dermos por satisfeitos com a mensagem dos Evangelhos.

14   Mas não se deve confundir fantasias mitológicas com *ideias hereditárias*. Não se trata disso, mas sim de possibilidades inatas de ideias, condições *a priori* de produzir fantasias, comparáveis talvez às categorias de Kant. As condições inatas não geram conteúdos mas conferem determinadas configurações aos conteúdos adquiridos. Essas condições universais decorrentes da estrutura hereditária do cérebro são a causa da semelhança dos símbolos e dos motivos mitológicos – ao surgirem – em toda parte do mundo. O inconsciente coletivo é aquele pano de fundo escuro sobre o qual a função de adaptação do consciente se destaca nitidamente. Somos quase tentados a dizer que tudo que é válido na psique está contido na função de adaptação; e

Civilização em transição   19

tudo que é inútil constitui o cenário indefinido do qual emergem
sombras ameaçadoras e fantasmas noturnos para o homem primitivo, exigindo dele sacrifícios e cerimônias que parecem inúteis e sem
sentido à nossa mente biologicamente orientada. Rimos da superstição primitiva, achando que somos superiores a isso, mas esquecemos
que este pano de fundo do qual zombamos como se fosse um museu
de coisas estúpidas, tem uma influência tão temível sobre nós quanto
sobre os primitivos. O que é diferente é apenas a teoria deles – teoria
da bruxaria e dos espíritos. Acho muito interessante e até engenhosa
essa teoria. Aliás mais significativa que as teorias acadêmicas de nossa
ciência. Enquanto o homem moderno, tão culto, tenta diariamente
descobrir qual o melhor regime alimentar para sua gastrite nervosa, e
a que erro dietético deve ser atribuída a nova crise, o primitivo procura corretamente motivos psíquicos e um método de cura psicologicamente eficaz. Os processos do inconsciente nos influenciam tanto
quanto aos primitivos. Da mesma forma que eles somos possuídos
por demônios de doenças, nossa psique também está ameaçada por
influências hostis e podemos, tanto quanto eles, ser presas de malé-
volos espíritos da morte, ou vítimas do encanto mágico emanado de
uma pessoa estranha. O que acontece é que damos nomes diferentes
a tudo isso; e esta é a única vantagem que levamos sobre os primitivos, como se um nome pudesse modificar as coisas. Isto é bem pouco,
mas, por outro lado, é muito. A humanidade sempre se sentiu liberta-
da do pesadelo quando o novo nome foi encontrado.

Este misterioso pano de fundo que, desde tempos imemoriais,   15
povoa as trevas noturnas das selvas primevas com entes de formas
mutantes, mas sempre de novo semelhantes, nos dá, antes de mais
nada, a impressão de um reflexo distorcido da vida diurna que se repete nos sonhos e terrores noturnos. São os "revenants", os espíritos
dos mortos, as lembranças que de maneira fugidia e esquemática
emergem da masmorra do passado, da qual nada de vivo retorna, ou
são sentimentos remanescentes de um acontecimento que deixou
profundas marcas, personificando-se na figura de um espírito. Tudo
parece um efeito retardado, um indesejável gosto amargo do cálice
vazio do dia, resíduos e inutilidades. Mas, olhando melhor, descobri-
remos que este fundo, aparentemente hostil e negativo, envia emissá-
rios poderosos que influenciam ao máximo o modo de agir do ho-

mem primitivo. Esses mensageiros ora assumem uma forma mágica ora religiosa ou até mesmo as duas formas ao mesmo tempo, num misto inextricável. Na luta pela existência, ambas são os fatores mais importantes da psicologia primitiva. Nelas, o elemento espiritual se manifesta independentemente, sob a forma de uma sensualidade projetada da psique primitiva, puramente constituída de reflexos animais. Nós, europeus, só podemos admirar-nos dessa enorme influência que a experiência espiritual pode ter sobre o homem primitivo. Para ele, o imediatismo sensorial do objeto também é inerente ao fenômeno espiritual. O pensamento lhe *aparece*, ele não o pensa, mas aparece-lhe sob a forma de percepção sensorial projetada, como alucinação, por assim dizer, ou ao menos como sonho extremamente vívido. Por isso, para o homem primitivo um pensamento pode encobrir a realidade sensorial a tal ponto que, se um europeu se comportasse desse modo, diríamos que está louco.

16   Estas peculiaridades da psicologia primitiva, que aqui só posso abordar superficialmente, são muito importantes para compreender o inconsciente coletivo. Uma simples reflexão nos faz entender isso: como homens civilizados, temos uma idade de aproximadamente dois mil e quinhentos anos. Antes disso houve um período pré-histórico de duração muito maior mas imprecisa, durante o qual se alcançou mais ou menos o nível cultural dos índios Sioux. E antes ainda se passaram centenas de milhares de anos da mera cultura da pedra que recua a uma época provavelmente muitíssimo mais longa, ocorrendo nela a passagem do animal para o homem. Há umas cinquenta gerações éramos, por assim dizer, simplesmente primitivos. A camada de cultura, esta simpática pátina, seria portanto extraordinariamente fina e tênue, comparada às camadas primitivas da psique, poderosamente desenvolvidas. Mas são estas camadas que formam o inconsciente coletivo, juntamente com os vestígios da animalidade que se perdem nos infindos e nebulosos abismos do tempo.

17   O cristianismo dividiu o barbarismo germânico em sua metade inferior e superior e conseguiu assim – pela repressão do lado mais escuro – domesticar o lado mais claro e torná-lo apropriado à cultura. Enquanto isso, porém, a metade inferior está esperando a libertação e uma segunda domesticação. Mas, até lá, continua associada aos

Civilização em transição

vestígios da era pré-histórica, ao inconsciente coletivo, o que significa uma peculiar e sempre crescente ativação do inconsciente coletivo. Quanto mais a visão cristã do mundo for perdendo sua autoridade incondicional, mais perceptivelmente a "besta loira" se agitará em sua prisão subterrânea, ameaçando sair e, assim, trazendo consequências catastróficas. Este fenômeno acontece no indivíduo como revolução psicológica, mas pode também manifestar-se sob a forma de fenômeno social.

A meu ver, este problema não existe para o judeu. Ele já era detentor da cultura antiga e além disso adquiriu a cultura dos povos com os quais conviveu. Por paradoxal que possa soar, ele possui duas culturas. É altamente domesticado mas prescinde daquela qualidade do ser humano capaz de enraizá-lo na terra, de receber novas forças de baixo, daquela dimensão terrena que os povos germânicos detêm de forma tão radical que chega a ser perigosa. É natural que o europeu ariano não se desse conta disso durante longo tempo, mas talvez comece a percebê-lo agora, durante esta guerra; ou talvez não. O judeu porém tem muito pouco disso. Onde será que ele toca a sua terra, deita raízes no seu chão? O mistério da terra não é brincadeira nem paradoxo. Basta constatar como, na América, já na segunda geração de imigrantes europeus, as medidas do crânio e da pélvis começaram a aproximar-se das do índio. Este é o segredo da terra americana.

Todo chão tem, portanto, seu mistério. Temos disto uma imagem inconsciente na psique: uma relação do espírito com o corpo, como do corpo com sua terra. Peço ao leitor que me desculpe este modo figurado de falar, e que tente compreender o que quero dizer. Não é fácil descrever esses conceitos de modo adequado, por mais definidos que sejam. Há homens, e não são poucos, que vivem além e acima de seus corpos, flutuam como sombras imateriais sobre sua terra, sua parte terrena que é justamente seu corpo. Outros vivem inteiramente dentro dele. Via de regra, o judeu vive uma relação de vizinhança amigável com a terra, sem entretanto experimentar-lhe o poder que parece haver-se enfraquecido com o tempo. Desta circunstância poderia resultar a necessidade tipicamente judaica de reduzir tudo às suas origens materiais: o judeu precisa desses começos, dessa origem para contrabalançar o perigoso excesso de peso de suas duas culturas. Um pouco mais de primitivismo não lhe faria mal, pelo contrário. Compreendo perfeitamente que as reduções de Freud e Adler a desejos sexuais primitivos e a primitivos desejos de poder encerrem para o judeu algo de benéfico e satisfatório, por serem uma forma de simplificar. Por isso Freud tem certa razão em fechar os olhos diante de minhas objeções. Mas para a mentalidade germânica estas doutrinas especificamente judaicas são de todo insatisfatórias, pois nós germanos ainda temos dentro de nós um autêntico bárbaro que não está para brincadeiras e cuja manifestação não significa para nós qualquer alívio ou passatempo agradável. Temos que aprender alguma coisa com esta guerra! Não é através de engraçadas e grotescas interpretações que alcançaremos nosso inconsciente. O psicoterapeuta de orientação judaica não encontra, no indivíduo germânico, aqueles resquícios melancólicos e humorísticos dos tempos de Davi, mas sim o bárbaro de anteontem, isto é, um ser para o qual a coisa de repente se torna muito séria, desagradavelmente séria.Também Nietzsche percebeu esta peculiaridade colérica do bárbaro, provavelmente por experiência própria. Por isso apreciava a mentalidade judaica e também por isso pregava o dançar, o voar e o não levar as coisas tão a sério. Mas não percebeu que não é o bárbaro que leva a coisa a sério e sim a coisa que o leva a sério. O mau espírito se apodera dele. E a quem, senão a Nietzsche, ela levou mais a sério?

20   Parece-me que o problema do inconsciente deve ser encarado como algo muito sério. A terrível compulsão da consciência para o bem, a poderosa força moral do cristianismo falam não só a favor do cristianismo mas demonstram também a força de seu adversário recalcado e reprimido – o elemento bárbaro, anticristão. O fato de ainda existir dentro de nós uma parte deste elemento, capaz de nos tocar e de nos levar a sério, constitui para mim uma peculiaridade até certo ponto perigosa sim, mas também valiosa e simpática. Trata-se de uma riqueza intocada, um sinal de juventude, um tesouro não violado, uma promessa de renascimento. Mas seria totalmente errado julgar o inconsciente exclusivamente em função de seus atributos valiosos e considerá-lo de certa forma como fonte de revelações. Antes de tudo, ele nada mais é do que o mundo do passado, animado pela unilateralidade da atitude consciente. Quando a vida, por algum motivo, toma uma direção unilateral, produz-se no inconsciente, por razões de autorregulação do organismo, um acúmulo de todos aqueles

Civilização em transição 23

fatores que na vida consciente não puderam ter suficiente voz nem vez. Disto resulta a teoria da compensação do inconsciente que eu elaborei em oposição à *teoria da repressão*.

O inconsciente se comporta de modo *complementar* ao respectivo conteúdo consciente. Não se contrapõe a ele, podendo até coincidir com o consciente, e isto quando a atitude consciente se aproxima do ótimo vital. Quanto mais a atitude consciente se aproximar do ótimo vital, tanto menor se tomará a atividade autônoma do inconsciente, tanto mais seu valor cairá, tomando-se igual a zero no momento em que se alcançar o ótimo. Portanto, pode-se dizer que, enquanto tudo estiver correndo bem e o indivíduo estiver trilhando aquele camimho que, para ele, significa, tanto do ponto de vista individual quanto social, o ótimo, não haverá sequer sinal do inconsciente. Mas o fato de se falar do inconsciente justamente em nossos dias já é um sinal de que nem tudo está bem. Não podemos relegar a discussão sobre o inconsciente exclusivamente ao âmbito da psicologia analítica. Podemos ver seus começos em todo o mundo civilizado logo depois da Revolução Francesa, iniciando-se com Mesmer. É verdade que naquela época não se falava do inconsciente mas sim do "magnetismo animal" que, aliás, não passa de uma redescoberta do primitivo conceito de força e matéria psíquicas do inconsciente, e isto pela reativação da capacidade de imaginação primitiva, existente em potencial. Enquanto o magnetismo animal se difundia pouco a pouco em todo mundo ocidental como epidemia de "fazer a mesa girar", o que equivale à revivescência de uma crença fetichista – animação de um objeto inanimado – Robert Mayer elevava o primitivo conceito dinâmico ao conceito científico da energética! Como descreve o próprio Robert Mayer, também a ele o conceito primitivo se havia imposto compulsoriamente a partir do inconsciente, como uma inspiração. No entre tempo, o hábito de fazer a mesa girar acabou libertando-se de seus primórdios e alcançava o nível do espiritismo da moderna crença nos espíritos, um renascimento das religiões xamanistas de nossos antepassados. Este desenvolvimento de conteúdos reativados do inconsciente, que ainda persiste, levou nos últimos decênios a uma prodigiosa expansão de níveis subsequentes de desenvolvimento, isto é, a sistemas gnósticos ecléticos, à teosofia e antroposofia e, ao mesmo tempo, aos primórdios da psicologia analítica que tem sua origem na psicopatologia francesa, especialmente da escola dos hipnotistas, e procura averiguar cientificamente os fenômenos do inconsciente: os mesmos fenômenos que se tornam acessíveis à índole ingênua de seitas teosófico-gnósticas sob a forma de mistérios.

22   Deste desenvolvimento pode-se deduzir que a psicologia analítica não é um fato isolado, mas pertence a um determinado quadro histórico. A meu ver, a ocorrência deste distúrbio ou reativação do inconsciente, justamente por volta de 1800, se relaciona com a Revolução Francesa que foi não tanto uma revolução política mas muito mais uma revolução dos espíritos, uma explosão generalizada da energia armazenada pelo Iluminismo francês. A primeira destituição oficial do cristianismo pela Revolução deve ter causado uma profunda impressão no pagão inconsciente que existe em nós, pois desde então ele não teve mais sossego. No mais eminente alemão daquela época, Goethe, ele pôde mostrar-se vivo e, em Hölderlin, pôde pelo menos invocar em alta voz a suprema glória da Grécia. E desde então a descristianização da cosmovisão fez rápidos progressos, apesar de eventuais reações. Concomitantemente se deu a importação de deuses estrangeiros. Além do fetichismo e do xamanismo já citados, foi importado o budismo, desde Schopenhauer. As religiões mistéricas se difundiram bem depressa como também aquela forma mais elevada do xamanismo, a *Christian Science*. Encontramos uma tentativa de religião filosófica no movimento monístico. Este quadro lembra vivamente os primeiros séculos de nossa era, quando Roma começou a ridicularizar seus antigos deuses, com a consequente necessidade de introduzir deuses novos, mais eficientes. Também naquele tempo se importava praticamente tudo que aparecia, desde a mais baixa e vulgar superstição até os mais nobres frutos do espírito humano. Nosso tempo lembra fatalmente aquela época em que também tudo corria bem e em que irrompeu o inconsciente trazendo de volta coisas imemoriais. E o caos dos espíritos talvez tenha sido menos pronunciado naquela época do que hoje.

23   Como terá percebido o leitor, deixei de falar do aspecto médico do inconsciente, por exemplo, da questão de como o inconsciente produz sintomas nervosos. Fiz isto em outra oportunidade, por isso não vejo razões para voltar ao assunto aqui. Aliás, com isso não me afastei do meu ramo de especialização, pois a psicoterapia não abrange apenas atritos de família, questões de amores infelizes e coisas se-

Civilização em transição

melhantes, mas também a questão geral da adaptação psicológica em si mesma, ou seja, a questão de saber que atitude devemos tomar, de um lado, diante dos homens e dos fatos e, de outro, diante de nós mesmos. Um médico que trata do corpo precisa conhecer o corpo; um médico que trata da psique precisa conhecer a psique. Quem conhece a psique somente sob o ponto de vista da sexualidade ou da ânsia de poder pessoal, conhece apenas uma parte dela. Urge conhecer esta parte, mas também as outras partes e sobretudo a questão que apontei aqui sobre a moderna relação entre consciente e inconsciente. Não basta um olhar apenas biologicamente treinado para compreender este problema, pois com eugenia não se faz uma política prática, e considerar a vida humana sob o ponto de vista do instinto de conservação e de reprodução é excessivamente unilateral. Por certo o inconsciente oferece muitos aspectos diferentes. Mas até agora ficamos muito presos a determinadas peculiaridades externas das expressões inconscientes, por exemplo, à linguagem arcaica do inconsciente, e levamos tudo ao pé da letra. A linguagem do inconsciente é uma linguagem forte, rica em imagens como podem prová-lo nossos sonhos. Mas esta é a linguagem primitiva, como sempre foi – imagem fiel do mundo rico e colorido. Da mesma forma é constituído o inconsciente. É um reflexo compensatório ou complementar do mundo. Acho que não podemos atribuir ao inconsciente uma natureza puramente instintiva, nem uma realidade metafísica, e muito menos elevá-lo à condição de fundamento universal. Devemos entendê-lo como fenômeno psíquico, exatamente como o consciente. Sabemos tão pouco o que é a psique quanto o que é a vida. Enigma mais que suficiente para não sabermos até que ponto o "eu" é "mundo" e até que ponto o "mundo" é "eu"! Mas o inconsciente, em todo caso, *existe realmente, pois age de fato*. Mas seu tipo de realidade é diferente da realidade do mundo exterior, pois é uma realidade psicológica. Por isso, é como se nosso consciente se encontrasse entre dois mundos ou realidades, ou melhor, entre dois tipos completamente diferentes de fenômenos ou objetos psicológicos. Metade das percepções lhe advém dos sentidos; a outra metade da intuição: a visão de fenômenos interiores, provocados pelo inconsciente. A imagem exterior do mundo nos faz compreender tudo como efeito da atuação de forças físicas e fisiológicas, enquanto a imagem interior do mundo nos faz compreender tudo como resultado da ação de seres espirituais. A imagem do mundo que nos é transmitida pelo inconsciente é de natureza mitológica. Ao invés das leis da natureza encontramos desejos de deuses e demônios, e ao invés dos instintos naturais atuam almas e espíritos. As duas imagens do mundo não se toleram mutuamente e não existe lógica que possa uni-las: uma fere nosso sentimento, a outra nossa razão. E, no entanto, a humanidade sempre sentiu a necessidade de unir de alguma forma estas duas imagens do mundo. Nesta tarefa se empenharam filósofos, fundadores de religiões e artistas.

24   Procura-se e com certeza sempre se há de procurar o "caminho do meio", um ponto em que os opostos se unem. Schiller achou que tinha encontrado este caminho na arte, aliás no "símbolo" da arte. O artista deveria conhecer, portanto, o segredo do caminho do meio. Mas minha experiência me leva a duvidar disto. A meu ver, a união da verdade racional com a verdade irracional deve ser encontrada não tanto na arte, mas muito mais no símbolo, pois é da essência do símbolo conter ambos os lados, o racional e o irracional. Ao expressar um, exprime também o outro, de modo a abraçar os dois ao mesmo tempo, mas não sendo nem um e nem o outro.

25   Mas qual é a origem do símbolo? Com esta pergunta chegamos à função mais importante do inconsciente: *a função criadora de símbolos*. Com esta função acontece algo singular. Só existe sob certas condições. A função compensatória (complementar) é a função natural e sempre à disposição do inconsciente. Resulta do simples fato de que todas as emoções, pensamentos, desejos e tendências passíveis de interferir em nossa vida racional são dela excluídos, passando para o plano de fundo e caindo finalmente no inconsciente. É lá que aos poucos se vai reunindo tudo aquilo que foi reprimido ou recalcado, tudo que ignoramos ou desvalorizamos. Com o passar do tempo, tudo isso vai crescendo e começando a exercer influência sobre o consciente. Esta influência estaria diretamente em oposição à nossa atitude consciente, se o inconsciente consistisse apenas de conteúdos reprimidos e excluídos da consciência. Mas, como vimos, não é assim. O inconsciente contém também as obscuras fontes do instinto e da intuição, a imagem do homem como sempre foi desde tempos imemoriais, além daquelas forças que a mera racionalidade, conve-

niência e sensatez de uma vida burguesa jamais poderiam despertar para uma ação vital, aquelas forças criativas que sempre de novo conseguem levar a vida do homem a novos desdobramentos, novas formas e novos horizontes. Por isso, não considero a influência do inconsciente sobre a consciência simplesmente como oposição, mas como *compensação*, complementação, na medida em que é capaz de acrescentar à consciência tudo aquilo que impede o ressecamento e entorpecimento numa direção unilateral.

Esta função age automaticamente, mas, devido à atrofia dos instintos do homem civilizado, é muitas vezes fraca demais para modificar efetivamente a orientação consciente unilateral apoiada na sociedade humana como um todo. Por isso é e sempre foi necessário o emprego de artifícios para trazer à luz do dia a salutar colaboração das forças inconscientes. Foram principalmente as religiões que se incumbiram desta tarefa sob as mais diversas formas. Tomando as manifestações do inconsciente como sinais, revelações ou advertências divinos ou demoníacos, tinham para com o inconsciente uma concepção ou visão determinadas. Chamavam, desta forma, atenção especial para todos os fenômenos de natureza inconsciente, quer se tratasse de sonhos, visões, sentimentos, fantasias ou suas projeções (transferências para fora) em pessoas estranhas e incomuns, ou de acontecimentos extraordinários de natureza animada ou inanimada. Mas, com essa concentração da atenção no inconsciente, as religiões provocaram também um extravasamento de conteúdos e forças inconscientes na vida consciente, influenciando-a e alterando-a. Sob este aspecto, as ideias religiosas constituem um artifício que beneficia o inconsciente, reforçando a função compensatória com um valor superior de consciência – caso contrário permaneceria ineficaz. Ela confere ao conteúdo inconsciente um valor considerável, através de um dogma de fé ou de uma superstição, isto é, por meio de um conceito carregado de emoção. O conteúdo inconsciente não possui por natureza e *a priori* tal valor, embora possa adquiri-lo com o tempo, mas neste caso de forma desagradável. Quando os conteúdos inconscientes ficam reprimidos por serem continuamente ignorados, acabam por impor sua influência sobre o consciente, uma influência de caráter *patológico*. É por isso que ocorrem distúrbios nervosos tanto no homem primitivo como no europeu civilizado. Homens e mulheres negros histéricos também não são raridade. Em todo caso é dessas experiências que se origina, em grande parte, o medo primitivo dos demônios, tornando necessárias medidas de afastamento.

27 É natural que a função compensatória do inconsciente não contenha em si a avaliação consciente; ela depende exclusivamente do modo de pensar consciente. No máximo o inconsciente pode fornecer os germes das convicções conscientes ou da formação de símbolos. Por isso, pode-se dizer que a função criadora de símbolos do inconsciente existe ou não, dependendo das condições. Ela partilha essa qualidade paradoxal com o próprio símbolo. Basta lembrar aquela anedota do jovem rabino que era discípulo de Kant. Certo dia o jovem é procurado por um rabino idoso que queria reconduzi-lo à fé dos patriarcas. Mas todos os seus argumentos eram em vão. Finalmente o velho exibiu o *shofar* da má fama – o corno que é soprado durante a maldição dos hereges (como aconteceu com Spinoza). Perguntou então ao jovem: "Você sabe o que é isso?" O jovem respondeu imperturbavelmente: "Sei. É o chifre de um bode". Essa resposta fez o velho desmaiar de horror.

28 O que é o *shofar*? É *também* simplesmente o chifre de um bode. Às vezes o símbolo não é mais do que isso, mas só quando está morto. Mata-se um símbolo quando se consegue reduzir o *shofar* a um chifre de bode. Mas um chifre de bode, por meio da simbolização, pode tornar-se o *shofar*.

29 A função compensatória se manifesta em conjuntos de materiais psíquicos bem definidos, como por exemplo em sonhos, nos quais nada de "simbólico" se encontra, como tampouco num chifre de bode. Para desvendar seu caráter simbólico, é necessária uma disposição consciente bem específica, a saber, a vontade de entender o conteúdo do sonho como simbólico. De início, como mera hipótese, deixando que a experiência da vida venha a decidir se é útil ou necessário, ou recomendável entender simbolicamente os conteúdos dos sonhos, em vista de uma orientação de vida. Quero dar um pequeno exemplo para esclarecer esta questão que parece tão difícil: Uma paciente já de certa idade que, como muitos outros, descontrolou-se um pouco por causa do problema da guerra, contou-me o seguinte sonho que teve pouco antes de vir ao consultório:

Civilização em transição

Ela estava cantando hinos de igreja que reforçavam de modo es- 30
pecial sua fé em Cristo, entre outros o conhecido hino protestante

> O sangue de Cristo e sua justiça
> São meu adorno, meu traje de festa.
> Assim vestido quero diante de Deus aparecer
> Quando pelas portas do céu ingressar.
> Creio em Jesus que me garante como certo:
> Quem crê, esse não passará por julgamento.
> Etc.

Enquanto canta, vê em frente à janela um touro que salta como
louco. Num de seus saltos quebra uma perna. Vê o animal sofrendo.
Acha que deve ser sacrificado e não quer mais olhar. Nisto acorda.

O sofrimento do animai desperta lembranças de maus tratos in- 31
fligidos a animais dos quais foi testemunha involuntária. Ela detesta
essas coisas e se perturba muito por causa de sua identificação inconsciente com o animal maltratado (com-padecer!). Dentro dela há algo
que pode ser expresso através da imagem de um animal torturado.
Essa imagem foi evidentemente evocada pela ênfase especial da fé em
Cristo no hino que acabava de cantar, pois enquanto estava cantando, o touro ficou excitado e em sua agitação quebrou a perna. Esta
estranha relação desperta nela imediatamente a associação de uma
profunda inquietude religiosa, devido à guerra mundial, e que abalou
seriamente sua fé na bondade de Deus e na credibilidade da visão
cristã do mundo. A afirmação da fé cristã no hino pretende amenizar
este abalo, mas ao invés disso excita aquele elemento animal no inconsciente, personificado pelo touro. Este elemento é justamente
aquele representado pelo símbolo cristão do sacrifício: algo conquistado e oferecido em sacrifício. No mistério cristão é o cordeiro sacrificado. Na religião-irmã do cristianismo, o mitraísmo, que também
foi sua rival mais bem sucedida, o principal símbolo de culto não era
o cordeiro sacrificado, mas o *touro*. A costumeira imagem do altar
era a subjugação do touro pelo Deus-redentor Mitra. Historicamente, encontramos portanto uma relação bem próxima entre o cristianismo e o sacrifício do touro. O cristianismo suprimiu esse elemento
pagão, mas no momento em que a validade da fé cristã parece abalada, ele torna a manifestar-se em primeiro plano. É o elemento instintivo animal que ameaça irromper, mas a tentativa de libertação lhe

quebra a perna, isto é, o instinto se mutila a si mesmo. Deste elemento instintivo-animal se originaram também aqueles fatores que restringem o poder do instinto. Da mesma raiz da qual brota o instinto cego e irrefreado, nascem também as leis e formas naturais, capazes de domar e quebrar a força instintiva. Mas quando o instinto animal é varrido do consciente por meio da repressão, pode acontecer que irrompa espontaneamente com toda a força, de forma desordenada e incontrolável. Essa irrupção sempre acaba em catástrofe, em autodestruição. Assim, aquilo que originalmente era perigoso, transforma-se em algo lastimável, algo que realmente desperta compaixão. As terríveis forças desencadeadas pela guerra mundial levam à autodestruição porque carecem da sabedoria humana para orientá-las e sustentá-las. Nossa visão do mundo revelou-se extremamente mesquinha, incapaz de dar a essas forças uma forma cultural.

32 Se eu explicasse a esta minha paciente muito idosa que o touro era um "símbolo" sexual, nada teria ela ganho com isso. Ao contrário, simplesmente teria perdido seu ponto de vista religioso, o que nunca é vantagem. Num caso como este, não se trata de um dilema "ou-ou", mas de uma tentativa do inconsciente – se quisermos adotar uma interpretação simbólica – de harmonizar o alto valor do princípio cristão com o oposto aparentemente irreconciliável do instinto animal através da compaixão compreensiva. Não é por acaso que o cristianismo histórico não tem relação com o animal. Esta omissão (sobretudo em comparação com o budismo), frequentemente sentida por pessoas mais sensíveis, levou um poeta moderno a descrever um Cristo que sacrifica sua vida também pelos sofrimentos de animais irracionais. O mandamento cristão do amor ao próximo pode estender-se também ao animal, isto é, ao *animal em nós*, a acolher com amor tudo aquilo que um conceito excessivamente rígido reprimiu de modo drástico. Pela repressão no inconsciente, na fonte de onde brotou, o instinto animal se torna ainda mais animalesco. Nenhuma outra religião está tão manchada de sangue inocente, cruelmente derramado, quanto a Igreja cristã, e nunca o mundo viu guerra mais sangrenta do que a guerra das nações cristãs. Por isso o animalesco reprimido, quando aflora espontaneamente à superfície, assume formas perigosas e leva à autodestruição, ao suicídio das nações, quando irrompe com violência. Mas se cada pessoa tivesse um melhor relacio-

Civilização em transição

namento com seu "animal", teria outra visão da vida. Então a "vida" seria um princípio moral supremo e absoluto e a pessoa reagiria instintivamente contra qualquer instituição ou organização que tivesse o poder de destruir a vida em grande escala.

Este modesto sonho expõe simplesmente à sonhadora o valor do cristianismo, a percepção deste grande Bem, contrastando-o com a força contrária e indomável da natureza que, abandonada ao seu furor, se fere funestamente e desperta compaixão – e nada mais do que isso. Uma interpretação que atribuísse a emoção religiosa a uma repressão do instinto animal seria – sobretudo neste caso – totalmente estéril e inutilmente destruidora. Se, ao contrário, afirmarmos que o conteúdo do sonho é simbólico e pretende dar à sonhadora a possibilidade de reconciliar-se consigo mesma, teremos dado o primeiro passo para uma interpretação que visa trazer os valores opostos a uma harmonia simbólica e abrir um novo caminho de evolução interna. Mantendo coerentemente esta hipótese, os sonhos futuros deveriam propiciar então os meios de compreender as implicações mais amplas da união simbólica do elemento animal com as mais elevadas conquistas morais e intelectuais do espírito humano. A meu ver, isto de fato acontece, pois o inconsciente assume continuamente seu papel compensatório de acordo com a respectiva disposição consciente. Por isso nossa posição *consciente* diante do problema do inconsciente não é absolutamente indiferente. Quanto mais negativa, mais crítica, mais hostil e desdenhosa for nossa atitude perante o inconsciente, tanto mais contrários serão os conteúdos dele e tanto mais nos escapará o verdadeiro valor do inconsciente.

Portanto, o inconsciente só terá para nós uma função criadora de símbolos se estivermos dispostos a reconhecer nele um elemento simbólico. Os produtos do inconsciente são pura natureza. A natureza não é por si só um guia, pois não existe em função do homem. Mas se quisermos valer-nos dela como tal, poderemos dizer com os antigos: *Naturam si sequemur ducem, nunquam aberrabimus* (se tivermos a natureza por guia, nunca trilharemos caminhos errados). Os navios não são conduzidos pelo fenômeno da agulha magnética. É preciso fazer da bússola o guia e ainda aplicar-lhe determinada correção, pois não aponta exatamente para o Norte. O mesmo acontece com a função orientadora do inconsciente. Pode-se usar o inconsciente como fonte dos símbolos, mas com a necessária correção consciente que, aliás, temos que aplicar a todo fenômeno natural, para que possa servir aos nossos objetivos.

35   Pode-se achar esta concepção pouco científica, pois em lugar algum se vê uma redução às causas fundamentais, de modo a se poder dizer com toda certeza que tal coisa "nada mais" é do que isto ou aquilo. Para todos que procuram explicar as coisas deste modo, a sexualidade como fator causal é muito mais conveniente. De fato, no caso que mencionei, uma explicação sexual pode facilmente ser aduzida. Mas resta perguntar: o que ganha a paciente com isso? De que serve tal resposta ao probelma de uma mulher no limiar da velhice? Ou será que o tratamento psíquico deve ser reservado a pessoas de menos de quarenta anos?

36   É claro que também se pode colocar outra pergunta: O que lucra a paciente com uma resposta que leva a sério o problema religioso? O que é, afinal de contas, um problema religioso? Em última análise, o que tem o método científico a ver com religião?

37   Para solucionar essas questões, a instância mais competente é o próprio paciente. De que lhe serve esta ou aquela resposta? Interessa-lhe por acaso a ciência? Tratando-se de pessoa religiosa, sua relação com Deus é muito mais importante do que uma explicação cientificamente satisfatória, assim como à pessoa fisicamente doente pouco lhe importa o caminho que leva à cura, desde que fique curada. Nosso caso – como aliás todo e qualquer outro – só é tratado corretamente se o for individualmente. Isto significa embarcar no problema do paciente e não simplesmente dar-lhe uma explicação, talvez biologicamente correta e baseada em princípios "científicos", mas que ultrapassa sua compreensão.

38   A meu ver, uma psicologia científica precisa simplesmente ajustar-se aos fatos vivos da psique, observá-los cuidadosamente como tais e assim chegar às experiências mais profundas que ainda lhe escapam. Por isso, se esta ou aquela psique individual tem um conflito sexual, e esta ou aquela outra um problema religioso, a verdadeira ciência deve primeiramente reconhecer a evidente diferença entre eles e ocupar-se respectivamente com o problema religioso ou com o problema sexual sem levar em conta se o credo biológico reserva ou não um lugar para os deuses. O pesquisador realmente imune a pre-

Civilização em transição

conceitos não pode, aliás, deixar que seu credo individual venha violentar ou interferir no material com que trabalha; e o material patológico não é exceção a esta regra. Considera-se hoje uma ingenuidade imperdoável rotular, por exemplo, o conflito neurótico exclusivamente sob a categoria sexual ou da ânsia de poder. Tal procedimento é tão arbitrário quanto afirmar que não existe inconsciente nem conflito gerador de doenças. Se admitimos que as ideias são forças poderosas em geral, devemos admitir também que são poderosas na psique individual, tanto no consciente quanto no inconsciente. Ninguém duvida que a sexualidade seja um fator psicologicamente ativo; tampouco cabe duvidar que as ideias sejam fatores psicologicamente ativos. Entre o mundo das ideias e o mundo dos instintos existe, na verdade, uma diferença tão radical que, via de regra, só um dos polos é consciente. No outro polo domina o inconsciente. Assim, se alguém, em seu consciente, estiver inteiramente sob a representação e a sugestão do instinto, seu inconsciente se colocará claramente do lado da ideia. Mas como a influência do inconsciente só atinge o consciente indiretamente e o influencia em segredo, surge no consciente uma formação de compromisso: o instinto se transforma sub-repticiamente em ideia fixa, isto é, perde gradativamente sua realidade, sendo enchida pelo inconsciente até tornar-se uma ideia tão unilateral quanto generalizada. Pode também acontecer o contrário: alguém se coloca conscientemente no campo das ideias mas percebe que o instinto inconsciente vai rebaixando, secreta e intimamente, suas ideias à condição de instrumento dos desejos inconscientes.

Como os tempos atuais e seus jornais parecem uma clínica psiquiátrica gigantesca, qualquer observador atento tem oportunidade de sobra para captar estes aspectos intuitivamente. Mas não se deve esquecer a seguinte regra: *o inconsciente de uma pessoa se projeta sobre outra pessoa*, isto é, aquilo que alguém não vê em si mesmo, passa a censurar no outro. Este princípio tem uma validade geral tão impressionante que seria bom se todos, antes de criticar os outros, se sentassem e ponderassem cuidadosamente se a carapuça que querem enfiar na cabeça do outro não é aquela que se ajusta perfeitamente a eles.

Com esta observação aparentemente irrelevante, deparamos com uma das propriedades mais importantes do inconsciente, ou seja, com o fato de que ele está, por assim dizer, *acessível, a qualquer momento*, à nossa observação, com todos os seus componentes.

41   A razão desta qualidade paradoxal está no fato de que tudo que é inconsciente, na medida em que for ativado por pequenas parcelas de energia, se projeta para fora, sobre determinados objetos mais ou menos apropriados. Perguntará o leitor, com certeza, como é que podemos saber isso? A existência destas projeções foi gradativamente reconhecida quando se descobriu que no processo de adaptação psicológica ocorriam distúrbios e defeitos cuja causa parecia encontrar-se no objeto. Investigações mais minuciosas mostraram que se tratava de um conteúdo inconsciente do sujeito que, por não ser reconhecido pelo sujeito, se transferia aparentemente para o objeto e ali ampliava muito algum ponto semelhante, parecendo razão suficiente do distúrbio.

42   O fato desta projeção foi primeiramente reconhecido nos distúrbios de adaptação psicológica. Depois também naquilo que promovia adaptação, isto é, nas propriedades aparentemente positivas do objeto. Neste caso, trata-se de propriedades valiosas, mas não percebidas, da própria personalidade, que aparecem no objeto tornando-o particularmente desejável.

43   Mas toda a extensão do caráter projetivo do inconsciente só foi conhecida através da análise daqueles obscuros e inexplicáveis sentimentos que conferem uma incompreensível magia a certos lugares, certas nuances da natureza, certas obras de arte, certos pensamentos e certas pessoas. Esta magia também nasce da projeção, e precisamente da projeção do inconsciente coletivo. Se forem objetos inanimados os portadores do caráter "mágico", não raro sua mera enumeração é suficiente para revelar seu significado como projeção de uma associação mitológica no inconsciente coletivo. Trata-se em geral de determinados conteúdos ou motivos que encontramos também na literatura dos mitos e dos contos de fada. Menciono como exemplo o tema da casa assombrada em que mora a bruxa ou o feiticeiro, em que acontece ou aconteceu um crime hediondo, onde aparecem fantasmas, onde se esconde um tesouro e assim por diante. A projeção desta imagem primitiva é reconhecida quando, algum dia, num lugar qualquer, deparamos de repente com aquela casa misteriosa ou assombrada, isto é, quando uma casa de verdade nos transmite esta sensação mágica. Nestes casos, toda a atmosfera que envolve o lugar parece simbólica, sendo portanto a projeção de uma fantasia inconsciente de caráter coerente.

Podemos encontrar este fenômeno em sua mais bela forma entre os primitivos. Seu país é ao mesmo tempo uma topografia de seu inconsciente. Naquela árvore imponente mora o deus do trovão, naquela fonte mora "a velha", naquele bosque está sepultado o lendário rei, naquele vau as mulheres não podem cavalgar devido à presença de um certo espírito, junto àquela rocha não se pode acender fogo por causa de um demônio que vive dentro dela, aquele monte de pedras é habitado pelos espíritos dos ancestrais e as mulheres precisam recitar depressa uma fórmula mágica para não engravidar, pois o espírito de um ancestral poderia facilmente penetrar em seu ventre. Todo tipo de figuras e sinais marcam esses lugares e um temor reverencial circunda o ambiente. É assim que o homem primitivo vive em sua terra e ao mesmo tempo no país de seu inconsciente. Em toda parte seu inconsciente lhe vem ao encontro, vivo e real. Como é diferente a relação que temos com a terra em que vivemos! Sensações totalmente estranhas a nós acompanham o homem primitivo a cada passo. O que lhe diz o grito do pássaro? Ou o que significa aquela antiga árvore? Todo este mundo de sentimentos não está ao nosso alcance e é substituído por uma pálida satisfação estética. Todavia, o mundo sentimental dos primitivos não está totalmente perdido para nós. Continua vivo no inconsciente. Quanto mais nos afastarmos dele através de nosso esclarecimento e de nossa superioridade racional, mais ele recuará, mas tornar-se-á tanto mais potente com tudo aquilo que cai nele, tudo que é recusado ou excluído por nosso racionalismo unilateral. Mas essa parcela perdida da natureza se vingará em nós retornando sob forma distorcida ou deformada, por exemplo, como a epidemia do tango, como futurismo, dadaísmo e tudo o mais que se pode rotular como insensatez e mau gosto.

Também a desconfiança do primitivo com relação à tribo vizinha, que parecia estar superada há muito tempo pelas organizações globais, retornou em gigantescas proporções nesta guerra. Mas não se trata simplesmente de incendiar a aldeia vizinha ou fazer "rolar" algumas cabeças. Países inteiros são devastados, milhões de pessoas são assassinadas. Nenhum mérito se admite à nação inimiga e os próprios defeitos aparecem no outro fantasticamente ampliados. Onde estão hoje as cabeças superiores? Se é que existem, ninguém lhes dá ouvidos. Predomina, ao invés, uma fúria assassina generalizada, a fatalidade de um destino universal ineludível, contra o qual o indivíduo não mais é capaz de defender-se. E, não obstante, este fenômeno coletivo também se encontra em cada indivíduo, pois é de indivíduos que se compõe a nação. Por isso, cada um precisa descobrir os meios e modos de enfrentar o mal. De acordo com nossa atitude racionalista, pensamos poder resolver as coisas através de organizações internacionais, de leis e outras "boas intenções" semelhantes. Na verdade, porém, só uma mudança de mentalidade de cada indivíduo poderá levar a uma renovação do espírito das nações.

46   Existem teólogos e humanistas bem intencionados que querem quebrar o princípio do poder – mas isso nos outros. Precisamos quebrar esse princípio primeiro em nós mesmos. Só então seremos fidedignos. Temos que ouvir a voz da natureza que nos fala do fundo do inconsciente. Então cada um estará tão preocupado consigo mesmo que desistirá de querer organizar o mundo.

47   Talvez a pessoa leiga ache estranha a inclusão de problemas tão gerais na minha discussão de um conceito psicológico. Não se trata de uma digressão do tema, como poderia parecer, mas esses problemas fazem parte essencial do assunto. Também a questão da relação entre consciente e inconsciente não é uma questão especial e sim algo que tem a ver intimamente com nossa história, com nosso tempo atual, com nossa cosmovisão. Muita coisa só se torna inconsciente porque nossa concepção do mundo não lhe dá espaço, porque nossa educação e formação jamais lhe deu estímulo e, se alguma vez apareceu no consciente como eventual fantasia, foi imediatamente reprimida. Os limites entre consciente e inconsciente são em grande parte determinados por nossa cosmovisão. Por isso devemos falar de problemas gerais se quisermos tratar adequadamente do conceito de inconsciente. Se quisermos compreender a natureza do inconsciente, não podemos nos ocupar somente com os problemas atuais, mas também com a história do espírito humano em geral.

48   Esta preocupação com o inconsciente tem interesse não apenas teórico, mas prático. Pois, da mesma forma que a cosmovisão que tivemos até agora é fator decisivo na constituição e conteúdo do inconsciente, assim também a reformulação de nossa visão do mundo, em consonância com os conteúdos ativos do inconsciente, tornou-se uma tarefa necessária na prática. É praticamente impossível curar de-

Civilização em transição

finitivamente distúrbios nervosos, causados por dificuldades de caráter, com consentimento excepcional do indivíduo, pois o homem
não pode viver como indivíduo isolado, fora da sociedade humana.
O princípio sobre o qual constrói sua vida deve ser um princípio aceito de modo geral, do contrário prescindirá daquela moralidade natural indispensável ao homem como membro da comunidade. Mas este
princípio, se não for relegado à obscuridade do instinto inconsciente,
tornar-se-á uma cosmovisão bem elaborada, necessária a todos aqueles que costumam prestar contas a si mesmos sobre seu modo de pensar e de agir. Isto pode explicar por que, nesta curta palestra, abordei
questões que exigiriam, cada uma delas, caso se pretendesse fazer
uma análise exaustiva, muito mais que uma cabeça e muito mais que
um período de vida.

II

Alma e terra[*]

A questão "alma e terra" soa algo poético. Sem querer, pensa-se imediatamente numa espécie de alma "celestial", a exemplo da teoria chinesa sobre a alma que distingue uma alma *shen* e uma alma *kwei*, a primeira relacionada com o céu e a segunda com a terra. Como nós ocidentais nada sabemos sobre a substância da alma e por isso também não podemos afirmar se uma parte dela é de natureza mais celestial e a outra mais terrena, temos que contentar-nos em falar de duas maneiras diferentes de ver este complexo fenômeno que chamamos *alma*, ou de dois aspectos sob os quais ela se apresenta. Ao invés de postular uma alma celestial (*shen*), podemos considerá-la como um princípio criador, sem causa; e ao invés de postular uma alma terrena (*kwei*), podemos considerá-la como produto de causas e efeitos. Retomando nossa questão inicial, alma e terra, a última hipótese parece mais adequada, isto é, a psique seria entendida como *um sistema de adaptação determinado pelas condições ambientais da terra*. Nem é preciso alertar que uma interpretação como esta é unilateral, do ponto de vista causal, uma vez que se refere a apenas um aspecto da alma. O outro aspecto foge de nossa problemática e por isso não será abordado.

---

[*] Conferência pronunciada para a Sociedade de Filosofia Livre, Darmstadt, 1927. Originalmente publicado como parte do ensaio "Die Erdbedingtheit der Psyche", em *Mensch und Erde*, organizado pelo conde Hermann Keyserling (Darmstadt, 1927), p. 83-137; em resumo sob o título "Die Struktur der Seele", em *Europäische Revue*, IV/1 e 2, 1928, p. 27-37 e 125-135. Berlim. Mais tarde o texto foi dividido em "Die Struktur der Seele" ("A estrutura da alma". OC, 8, 1967) e "Seele und Erde", ambos publicados em *Seelenprobleme der Gegenwart* (Psychologische Abhandlungen, III). Zurique: [s.e.], 1931. Reimpressões em 1933, 1939, 1946, 1950; edição de bolso em 1969.

Tendo em vista nosso objeto de estudo – o fenômeno da psique – convém definir cuidadosamente o que se entende por este termo "psique". Existem teorias que querem limitar os fenômenos "psíquicos" exclusivamente ao consciente. Hoje em dia, porém, esta limitação seria absolutamente falha. A moderna psicopatologia dispõe de muitas observações de atividades psíquicas, análogas às funções do consciente, que no entanto são inconscientes. Pode-se pensar, sentir, lembrar, decidir e agir inconscientemente. Tudo que acontece no consciente também pode – sob certas condições – acontecer *inconscientemente*. A melhor maneira de explicar esta possibilidade é apresentar as funções e conteúdos psíquicos como uma paisagem noturna sobre a qual incide o jato luminoso de um refletor. O que aparece sob esta luz da percepção é consciente; o que está fora dela, no escuro, é inconsciente, mas nem por ver isso menos real e atuante. Se mudarmos a posição do jato de luz, os conteúdos ainda há pouco conscientes passarão para o campo do inconsciente e novos conteúdos passam a entrar no campo luminoso do consciente. Os conteúdos que desapareceram na escuridão continuam a agir e manifestam-se de modo indireto, mais comumente sob a forma de sintomas, como Freud já os descreveu em *Psicopatologia da vida quotidiana*. Também é possível demonstrar experimentalmente as disposições e inibições que existem no inconsciente por meio do experimento de associações.

Se levarmos em consideração as observações da psicopatologia, a psique nos aparecerá como um amplo campo de fenômenos, em parte conscientes e em parte inconscientes. O campo inconsciente da psique não é diretamente acessível à observação – do contrário não seria inconsciente – mas podemos *deduzi-lo* a partir dos efeitos exercidos sobre o consciente pelos fenômenos inconscientes. E nossas conclusões jamais podem chegar além do "tudo acontece como se...".

Devo portanto fazer uma análise mais profunda da natureza e estrutura do inconsciente, pois, do contrário, não me seria possível tratar adequadamente do condicionamento terrestre da psique. Trata-se dos primórdios e fundamentos da psique, portanto de coisas que desde tempos imemoriais estão enterradas na obscuridade, e não simplesmente dos corriqueiros fatos das sensações e da adaptação consciente ao meio ambiente. Estes fatos pertencem à psicologia do consciente e – como já disse – não quero confundir consciente com psique. A psique é um campo de experiência muito mais vasto e mais obscuro que a estreita área iluminada da consciência. *Da psique também faz parte o inconsciente.*

53   Em "Estrutura da alma" tentei dar uma visão geral da estrutura do inconsciente. Seus conteúdos – os *arquétipos* – são de certa forma os fundamentos da psique consciente ocultos na profundidade ou, usando outra comparação, suas raízes afundadas não só na terra, em sentido estrito, mas no mundo em geral. Os arquétipos são sistemas de prontidão que são ao mesmo tempo imagens e emoções. São hereditários como a estrutura do cérebro. Na verdade são o aspecto psíquico do cérebro. Constituem, por um lado, um preconceito instintivo muito forte e, por outro lado, são os mais eficientes auxiliares das adaptações instintivas. Propriamente falando, são a parte *ctônica* da psique – se assim podemos falar – aquela parte através da qual a psique está vinculada à natureza, ou pelo menos em que seus vínculos com a terra e o mundo aparecem claramente. É nestes arquétipos ou imagens primordiais que a influência da terra e de suas leis sobre a psique se manifesta com maior nitidez.

54   Trata-se de um problema não só muito complexo, mas também muito sutil. Ao tratarmos desta questão, temos que contar com dificuldades de todo tipo, principalmente com o fato de se entender o arquétipo e sua função simplesmente como parte de uma psicologia pré-histórica irracional e não como um sistema racional concebível. Permitam-me a seguinte comparação: suponhamos que nos incumbiram de descrever e explicar um edifício cujo andar mais alto foi construído no século XIX e cujo andar térreo data do século XVI. Investigações mais acuradas das paredes nos revelam ainda que esse edifício foi reconstruído a partir de uma torre do século XI. No porão descobrimos alicerces romanos e abaixo do porão encontra-se uma caverna soterrada. No fundo dela se encontram instrumentos de pedra na camada superior e restos da fauna da época na camada inferior. Essa construção se assemelha de certa forma à imagem de nossa estrutura psíquica: vivemos no andar mais alto e só vagamente sabemos que o andar térreo é relativamente antigo. E sobre o que se encontra abaixo da superfície não temos conhecimento algum.

55   É claro que se trata de uma analogia bem precária, como aliás todas as analogias, pois na psique não existem relíquias mortas. Tudo é

Civilização em transição 41

vivo e nosso andar mais alto, o consciente, está continuamente sob a influência dos fundamentos vivos e ativos. Como o edifício, a vida consciente é sustentada por eles. E assim como o prédio se ergue livre sobre a terra, também nosso consciente se ergue sobre a terra, no espaço, com vista livre. Mas, à medida que formos descendo, o horizonte começará a estreitar-se e entraremos cada vez mais na escuridão das coisas até tocar, finalmente, a rocha nua e através dela épocas pré-históricas em que caçadores defendiam sua precária existência frente às forças elementares de uma natureza hostil. Aqueles homens ainda estavam de plena posse de seus instintos animais, sem os quais sua vida teria sido impossível. A indiscriminada ação dos instintos não é compatível com uma consciência fortemente desenvolvida. O consciente do homem primitivo é de natureza esporádica, como o da criança, e seu mundo é muito limitado, também como o da criança. De acordo com a lei filogenética, recapitulamos, em nossa infância, reminiscências da pré-história da raça e da humanidade em geral. Filogeneticamente, procedemos e evoluímos dos obscuros confins da terra. Por isso os fatores que mais nos afetaram se transformaram em arquétipos e são estas imagens primordiais que nos influenciam mais diretamente e por isso também parecem ser as mais poderosas. Digo "parecem" porque aquilo que psiquicamente nos parece ser o mais importante, necessariamente não precisa sê-lo, ou pelo menos não precisa continuar sendo.

Quais são então os arquétipos relativamente mais imediatos? Esta pergunta nos leva diretamente ao problema das funções arquetípicas e, portanto, ao próprio cerne da dificuldade. A partir de que ponto de vista devemos responder à pergunta? A partir do ponto de vista da criança ou do homem primitivo, ou a partir de nossa moderna consciência adulta? Como se pode reconhecer o arquétipo? E quando temos que recorrer obrigatoriamente a esta hipótese? 56

Gostaria de sugerir que *toda reação psíquica desproporcional em relação à sua causa deve ser examinada para saber se ela também foi ao mesmo tempo condicionada por um arquétipo*[1]. 57

---

1. Cf. JUNG, C.G. "Instinto e inconsciente". In: JUNG. C.G. *A natureza da psique*. Petrópolis: Vozes, 2011 [OC, 8/2, cap. VI].

42 · Obra Completa — Vol. 10/3

58   O que quero dizer com isso pode ser melhor explicado por um exemplo: suponhamos que uma criança tenha medo da própria mãe. Primeiro temos que nos assegurar de que não há razão racional para tal medo, como consciência pesada da criança, violência da parte da mãe ou coisa semelhante, e que nada aconteceu à criança que pudesse explicar o medo. Descartando-se tudo isso, eu sugeriria que a situação fosse analisada do ponto de vista do arquétipo. Em geral, tais medos aparecem à noite ou em sonhos. A criança sonha com a mãe como bruxa que a persegue. O material consciente que está por trás desses sonhos são em geral contos como o de Joãozinho e Maria. Admite-se, por isso, que não se deve contar tais histórias à criança, pois seriam elas a causa do medo. Não acho correta esta maneira de raciocinar, embora possa conter uma pontinha de verdade, pois o motivo da bruxa é o mais apropriado para os medos infantis como sempre se provou. É por isso que existem tais contos. Os medos noturnos infantis são um fenômeno típico que constantemente se repete em todo lugar e sempre aparece nos temas típicos desses contos.

59   Mas os contos são apenas formas infantis de lendas, sagas e superstições tomadas da "religião noturna" dos primitivos. O que chamo de "religião noturna" é a *forma mágica de religião* cujo sentido e finalidade é o convívio com os poderes obscuros, com demônios, bruxas, feiticeiros e espíritos. Assim como o conto infantil é uma repetição filogenética da antiga religião noturna, o medo infantil é uma repetição da psicologia primitiva, uma relíquia ou resíduo filogenético.

60   É normal que este resíduo demonstre certa vitalidade, pois um determinado medo noturno não é fenômeno anormal nem mesmo entre adultos civilizados. Só uma exagerada intensificação deste medo pode ser considerada anormal. Portanto, a questão é esta: sob que circunstâncias pode este medo crescer? Pode o aumento ser explicado exclusivamente pelo arquétipo da bruxa que aparece no conto, ou devem ser aduzidas outras razões para explicá-lo?

61   O arquétipo poderia ser responsabilizado por apenas um determinado e pequeno grau do medo. Um medo maior, considerado anormal, deveria ser atribuído a causas especiais. Freud, como sabemos, diz que este medo se deve à colisão da tendência incestuosa da criança com a proibição do incesto. Portanto, explica-o sob o ponto de vista da criança. Não duvido que crianças possam ter tendências

Civilização em transição 43

"incestuosas" no sentido amplo usado por Freud. Mas duvido muito que estas tendências possam ser atribuídas, sem mais, à psicologia infantil *sui generis*. Existem razões de sobra para se acreditar que a psique da criança ainda esteja sob o domínio da psique dos pais, principalmente da mãe, e a tal ponto que a psique infantil deva ser considerada como apêndice funcional da psique dos pais. A individualidade psíquica da criança só se desenvolve mais tarde, depois de se estabelecer uma suficiente continuidade da consciência. O fato de a criança começar a falar de si mesma na terceira pessoa é, a meu ver, prova bem clara da impessoalidade de sua psicologia.

Por isso, sinto-me inclinado a explicar as possíveis tendências incestuosas da criança antes a partir da psicologia dos pais, assim como toda neurose infantil deveria ser considerada em primeiro lugar à luz da psicologia parental. Uma causa frequente para explicar o crescente medo infantil é, portanto, uma particular "tendência a criar complexos" da parte dos pais, isto é, sua repressão e fuga de determinados problemas vitais. Tudo o que cai no inconsciente assume forma mais ou menos arcaica. Se, por exemplo, a mãe reprimir um complexo penoso, gerador de medo ou angústia, ela o sentirá como um mau espírito que a persegue – *a skeleton in the cupboard* (um esqueleto no guarda-louça) – como dizem os ingleses. Este modo de falar mostra que o complexo já adquiriu uma força arquetípica. Um "pesadelo" a oprime, um "incubo" a atormenta. E ela contagia a criança mesmo que lhe conte ou não "histórias noturnas", ou seja, "histórias de terror"; e, através de sua própria psicologia, desperta imagens arquetípicas de medo na criança. Talvez tenha fantasias eróticas com um homem que não é seu marido. A criança é o sinal visível de seu vínculo conjugal. Sua resistência contra este vínculo se dirige inconscientemente contra a criança, que deve ser repudiada. A nível arcaico, isto corresponde ao infanticídio. Deste modo a mãe se transforma na bruxa má que devora a criança.

Assim como na mãe, também na criança existem possibilidades de representações arcaicas, e aquele motivo que no decorrer de toda a história da humanidade produziu pela primeira vez o arquétipo e continuará a criá-lo é o mesmo que o reaviva ainda hoje sem cessar.

Não foi por acaso que escolhi precisamente o exemplo de uma manifestação infantil do arquétipo. A imagem primitiva mais imediata é certamente a da mãe, pois ela é, em todos os sentidos, a vivência mais próxima e mais poderosa que atua no período mais impressionável da vida humana. Como a consciência está muito pouco desenvolvida na infância, não se pode falar propriamente de uma vivência "individual". Ao contrário, a *mãe* é uma vivência arquetípica. A criança a vivencia de modo mais ou menos inconsciente, não como uma personalidade determinada, individual e sim como a mãe, um arquétipo carregado de uma infinidade de significados possíveis. No decorrer da vida esta imagem empalidece e é substituída por uma imagem consciente, relativamente individual, considerada a única imagem materna possível. Mas no inconsciente a mãe continua sendo uma poderosa imagem primitiva que, no curso da vida individual e consciente, passa a colorir e até a determinar as relações com a mulher, a sociedade, o mundo dos sentimentos e dos fatos, de uma maneira tão sutil que em geral o consciente nem percebe este processo. Pensa-se que tudo isso não passa de metáfora. Mas torna-se um fato bem concreto quando, por exemplo, um homem se casa com uma mulher só porque ela se parece ou não com a mãe dele. A mãe Germânia é para os alemães o que a *douce France* é para os franceses, isto é, uma figura muito importante por trás do cenário político, que só pode passar despercebida a um intelectual alheio ao mundo. O colo abrangente da *Mater Ecclesia* não é apenas uma metáfora, como também não o é a Mãe Terra, a Mãe Natureza e a "matéria" em geral.

65   O arquétipo da mãe é o mais imediato e próximo a uma criança. Mas, com o desenvolvimento do consciente, também o pai entra em cena e reaviva um arquétipo que, sob muitos aspectos, se opõe ao da mãe. O arquétipo da mãe corresponde à definição chinesa do *yin* e o arquétipo do pai, à definição do *yang*. Ele determina a relação com o homem, com a lei e o Estado, com a razão e o espírito, com o dinamismo da natureza. A "pátria" supõe limites, isto é, localização determinada, mas o chão é solo materno em repouso e capaz de frutificar. O Reno é um pai, como o Nilo, o vento, a tempestade, o raio e o trovão. O pai é autor e autoridade e, por isso, é lei e Estado. É aquilo que se move no mundo como o vento, é aquilo que cria e dirige com ideias invisíveis – imagens aéreas. É o sopro criador do vento – pneuma, spiritus, atmã, o espírito.

66   Portanto, também o pai é um poderoso arquétipo que vive no íntimo da criança. Também o pai é, antes de tudo, *o pai*, uma imagem

Civilização em transição

abrangente de Deus, um princípio dinâmico. No correr da vida, também esta imagem autoritária vai retrocedendo ao plano de fundo: o pai se transforma numa personalidade limitada e demasiado humana. Por outro lado, a imagem do pai vai ocupando todas as dimensões possíveis. Assim como foi lento em descobrir a natureza, o homem também só descobriu aos poucos o Estado, a lei, o dever, a responsabilidade e o espírito. Na medida em que a consciência em evolução se torna capaz de compreender, a importância da personalidade parental definha. Mas no lugar do pai surgiu a sociedade dos homens e no lugar da mãe veio a família.

Segundo penso, seria incorreto dizer que tudo que tomou o lugar dos pais nada mais é do que substituição da inevitável perda das imagens primitivas dos pais. O que tomou o lugar deles não é simples substituição, mas uma realidade já vinculada aos pais e que se impôs à psique da criança através da imagem primitiva deles. A mãe que providencia calor, proteção e alimento é também a lareira, a caverna ou cabana protetora e a plantação em volta. A mãe é também a roça fértil e seu filho é o grão divino, o irmão e amigo dos homens. A mãe é a vaca leiteira e o rebanho. O pai anda por aí, fala com os outros homens, caça, viaja, faz guerra, espalha seu mau humor qual tempestade e, sem muito refletir, muda a situação toda num piscar de olhos. Ele é a guerra e a arma, a causa de todas as mudanças. É o touro provocado para a violência ou para a preguiça apática. É a imagem de todas as forças elementares, benéficas ou prejudiciais.

Tudo isso a criança já experimenta bem cedo e diretamente, em parte através dos pais e em parte com os pais. Quanto mais a imagem dos pais for diminuindo ou se humanizando, com tanto mais força se manifestará tudo isso que parecia mero pano de fundo ou uma espécie de efeito marginal. A terra em que a criança brincava, o fogo ao qual se esquentava, a chuva e o vento forte que a faziam sentir frio sempre foram realidades, mas que, devido a uma consciência ainda nebulosa, eram consideradas e entendidas como atributos dos pais. Eis que então surgem, como que da névoa, os aspectos materiais e dinâmicos da terra, revelando-se como forças independentes, não mais trazendo a máscara dos pais. Portanto, *já não são um substituto,mas a realidade que corresponde a uma consciência mais elevada.*

69   Mas algo se perde nesta evolução: é o sentimento insubstituível da vinculação e união direta com os pais. Este sentimento não é mero sentimentalismo mas um fato psicológico importante, designado por Lévy-Bruhl, em contexto bem diferente, como "participation mystique". O fato significado por esta expressão um tanto difícil de entender desempenha papel importante não só na psicologia primitiva, mas também em nossa psicologia analítica. Resumindo, este fato consiste *numa identidade, numa inconsciência mútua.* Talvez tenha que explicar isto melhor: quando o mesmo complexo inconsciente está constelado em duas pessoas ao mesmo tempo, surge um efeito emocional estranho, ou seja, uma projeção que provoca atração ou repulsa entre ambos. Quando estou, juntamente com outra pessoa, inconsciente sobre um mesmo fato importante, torno-me, em parte, idêntico a ela e me comportarei em relação a ela como me comportaria em relação ao complexo em questão, se tivesse consciência dele.

70   Esta "participation mystique" existe entre pais e filhos. Exemplo bem conhecido é a sogra que se identifica com a filha e, através dela, casa com o genro; ou o pai que pensa estar ajudando o filho quando o obriga a satisfazer os seus – os do pai – desejos como, por exemplo, na escolha da profissão ou no casamento. Por sua vez, o filho que se identifica com o pai é um exemplo igualmente bem conhecido. Mas existe uma vinculação muito estreita entre mãe e filha que, às vezes, pode ser demonstrada inclusive através do experimento de associações[2]. Mesmo sendo a "participation mystique" um fato inconsciente para a pessoa, sentirá ela a diferença quando aquela não mais existir. Existirá sempre, por assim dizer, certa diferença entre a psicologia de um homem cujo pai ainda vive e a de um homem cujo pai já faleceu. Enquanto subsistir uma "participation mystique" com os pais, pode ser mantido um estilo de vida relativamente infantil. Pela "participation mystique", alguém recebe vida de fora, sob a forma de motivações inconscientes, com relação às quais não há responsabilidade, porque são inconscientes. Devido à consciência infantil, o peso da vida é mais leve ou assim parece. Não se está sozinho, vive-se inconscientemente em dois ou em três. O filho se imagina no colo da mãe, protegido pelo pai.

---

2. "Estudos diagnósticos das associações". In: JUNG, C.G. *Estudos experimentais*. Petrópolis: Vozes, 2011 [OC, 2].

Civilização em transição

O pai renasce no filho. A mãe rejuvenesceu o pai em seu jovem esposo e, assim, não perdeu ela sua juventude. Não preciso trazer exemplos da psicologia primitiva. Basta uma referência a eles.

Tudo isso desaparece com a ampliação e desenvolvimento da consciência. A consequente extensão das imagens dos pais sobre o mundo ou, antes, a invasão do mundo na nebulosidade infantil, acaba com esta identificação inconsciente com os pais. Este processo se realiza conscientemente nos ritos de iniciação ou na sagração dos homens das tribos primitivas. Com isso, o arquétipo dos pais passa a um plano secundário; já não está "constelado". Surge, contudo, certa "participation mystique" com o clã, a sociedade, a Igreja ou a nação. Mas esta participação é geral e impessoal; e sobretudo dá pouco espaço à inconsciência. Se alguém fosse inconscientemente confiante ou inocente demais, a lei e a sociedade rapidamente o despertariam para a consciência. Devido ao amadurecimento sexual, surge a possibilidade da nova "participation mystique" pessoal e, portanto, também a possibilidade de substituir aquela participação pessoal, que foi perdida, da identidade com os pais. Um novo arquétipo é constelado: no homem, o arquétipo da mulher e, na mulher, o do homem. Também estas duas figuras estavam escondidas por trás da máscara da imagem dos pais; aparecem agora às claras e muitas vezes fortemente ou predominantemente influenciadas pela imagem dos pais. Por razões que ainda discutirei mais adiante, dei ao arquétipo feminino que está no homem o nome de *anima* e ao arquétipo masculino que está na mulher o nome de *animus*.

Quanto mais forte for a influência inconsciente sofrida pela imagem dos pais, tanto mais ela atuará na escolha da figura do amado como substituto positivo ou negativo dos pais[3]. A larga influência exercida pela imagem dos pais não é fenômeno anormal, mas, ao contrário, um fenômeno normal e portanto bem genérico. Inclusive é muito importante que assim seja, pois de outra forma os pais não renasceriam nos filhos, isto é, a imagem dos pais se perderia completamente, a ponto de não haver continuidade na vida do indivíduo. Este não conseguiria conectar sua infância com a vida adulta, permanecendo assim

---

3. JUNG, C.G. *O eu e o inconsciente*. Petrópolis: Vozes, 2011 [OC, 7/2].

inconscientemente uma criança – o que constitui o melhor fundamento de neurose futura. Sofrerá de todas aquelas doenças que atacam os novatos sem história, sejam eles indivíduos ou grupos sociais.

73 Em certo sentido, é normal que as crianças casem, por assim dizer, novamente com seus pais. Psicologicamente isto é tão importante quanto biologicamente um certo distanciamento dos antepassados é importante para o desenvolvimento da boa raça. Desta forma há continuidade, um razoável prolongamento do passado no presente. Somente o demasiado ou o pouco demais neste sentido seriam prejudiciais.

74 Enquanto na escolha do amor for decisiva a semelhança positiva ou negativa com os pais, a libertação no que diz respeito à imagem dos pais e, por isso, da infância, não será completa. Ainda que a infância deva ser englobada por causa da continuidade histórica, isto não deve acontecer às custas do desenvolvimento ulterior. Há um momento, por volta da metade da vida, em que fenecem as últimas ilusões da infância – e isto sobretudo numa vida que imaginamos ideal, pois muitos vão à sepultura com o cérebro infantil – e surge da imagem dos pais o arquétipo da pessoa adulta, uma imagem do homem como a mulher a experimentou desde tempos imemoriais e uma imagem da mulher que o homem vem trazendo desde a eternidade.

75 Há realmente muitos homens que sabem descrever exatamente e em detalhes a imagem da mulher que trazem dentro de si. Mas encontrei poucas mulheres que soubessem fazer descrição idêntica da imagem do homem. Assim como a imagem primitiva da mãe é um quadro genérico de todas as mães dos tempos passados, também a imagem da *anima* é supraindividual e apresenta em muitos homens – individualmente bem diferentes – traços absolutamente coincidentes, de modo que poderíamos reconstruir a partir disso quase um tipo definido de mulher. Impressionante é que este tipo prescinde completamente do elemento *materno*, no sentido comum da palavra. Se o caso for propício, é companheira e amiga; se for adverso, é prostituta. Encontramos estes tipos perfeitamente descritos com todas as suas qualidades humanas e demoníacas, em romances fantásticos como, por exemplo, *She* e *Wisdom's Daughter*, de Rider Haggard; *L'Atlantide*, de Benoit; fragmentariamente na figura de Helena, em *Fausto*, 2ª. parte e, de forma bem sucinta e eloquente, na lenda de *Simão o*

Civilização em transição 49

mago, cuja caricatura também aparece nos *Atos dos Apóstolos*. Em suas viagens, o mago Simão vinha sempre acompanhado de uma jovem chamada Helena. Simão a teria encontrado num bordel de Tiro. Era uma reencarnação da Helena de Troia. Não sei até onde o motivo de Fausto e Helena foi derivado conscientemente da lenda de Simão. Relação semelhante encontramos em *Wisdom's Daughter*, e aí temos certeza que não houve continuidade consciente.

Por um lado, a ausência do comum elemento materno demonstra o completo abandono da imagem materna; e, por outro lado, indica a ideia de uma relação puramente humano-individual sem qualquer intuito natural de procriação. A grande maioria dos homens do nosso atual nível cultural jamais conseguiu ir além do sentido maternal da mulher e é por isso que a *anima* também não é capaz de ultrapassar o estágio primitivo-infantil da prostituta. Consequentemente, a prostituição é um dos principais subprodutos do casamento civilizado. Na lenda de Simão e na 2ª. parte de *Fausto* podemos encontrar os símbolos da completa maturidade. Esta maturidade é uma *maturidade da natureza*. O monaquismo cristão e budista defrontou-se com o mesmo problema, mas acabou sempre por sacrificar a carne. Deusas ou semideusas substituem aqui a pessoa humana que poderia assumir a projeção da *anima*.

76

Entramos assim num domínio extremamente controvertido e não pretendo arriscar-me a ir adiante. É melhor voltar ao problema mais elementar, isto é, à questão de saber como podemos conhecer a existência de um arquétipo feminino deste tipo.

77

Na medida em que um arquétipo não é projetado nem amado ou odiado num objeto, continua totalmente idêntico ao indivíduo que é obrigado a representá-lo. Nestas condições, um homem representará portanto sua *anima*. Já temos no nosso vocabulário uma palavra que caracteriza perfeitamente esta atitude: é o termo "animosidade". A melhor interpretação desta expressão é "possessão pela anima". Trata-se de uma condição de emoções incontroláveis. O termo "animosidade" só é usado para emoções desagradáveis, mas na realidade a *anima* também pode provocar sentimentos positivos[4].

78

---

4. WILHELM, R. *O segredo da flor de ouro*. Um livro de vida chinês. Petrópolis: Vozes, 1984 [Com comentário europeu de C.G. Jung. Contribuição de Jung em OC, 13]. Cf. tb. JUNG, C.G. O eu e o inconsciente. Op. cit.

79   O domínio de si mesmo é um ideal tipicamente masculino a ser alcançado pela repressão da sensibilidade. Sentir é uma virtude especificamente feminina e, como o homem, para atingir seu ideal de virilidade, reprime todos os traços femininos que possui – como a mulher possui traços masculinos – reprime também certas emoções como se fossem uma fraqueza feminina. Ao fazer isso, acumula em seu inconsciente essa feminilidade ou sentimentalidade que, ao manifestar-se, acaba traindo nele a existência de um ser feminino. Como sabemos, precisamente os homens mais viris são interiormente os mais sujeitos aos sentimentos femininos. Isso explicaria também o maior número de suicídios entre os homens e, por outro lado, a extraordinária força e firmeza que mulheres superfemininas conseguem desenvolver. Se examinarmos atentamente as emoções incontroláveis de um homem e tentarmos reconstruir a provável personalidade de onde provêm essas emoções, chegaremos imediatamente a uma figura feminina, precisamente aquela que chamei de *anima*. Por isso a antiga crença admitiu a existência de uma alma feminina, uma "psique" ou "anima" e não foi sem boas razões psicológicas que a Igreja da Idade Média se fazia esta pergunta: *Habet mulier animam?* (Será que a mulher tem alma?).

80   Com a mulher acontece justamente o contrário. Quando o *animus* irrompe nela não são os sentimentos que aparecem – como no homem – mas ela começa a discutir e raciocinar. E, como os sentimentos da *anima* são arbitrários e capciosos, os argumentos femininos são considerados ilógicos e irracionais. Pode-se falar diretamente de um pensamento do *animus* que sempre tem razão, sempre tem a última palavra e acaba sempre num categórico "esta é justamente a razão...". A *anima* é sentimento irracional e o *animus* pensamento irracional.

81   Até onde vai minha experiência, um homem sempre compreende mais facilmente o que se entende por *anima*, pois frequentemente possui dela uma imagem bem definida, de modo que poderia indicar, entre um grande número de mulheres de todos os tempos, aquela que melhor corresponde ao tipo da *anima*. Mas, via de regra, encontrei muita dificuldade em fazer uma mulher compreender o que é o *animus*, e jamais encontrei qualquer uma delas que fosse capaz de me dar indicações precisas sobre a personalidade do *animus*. Tudo isso me faz concluir que provavelmente o *animus* não possui uma perso-

Civilização em transição 51

nalidade palpavelmente definida. Em outras palavras, que ele não é uma unidade mas, antes, uma pluralidade. Parece que isso tem a ver com a psicologia específica do homem e da mulher. A nível biológico, o principal interesse da mulher é segurar *um* único homem, enquanto o principal interesse do homem é conquistar uma mulher e, por natureza, raramente se limita a uma única conquista. Assim, uma única personalidade masculina exerce um papel decisivo sobre uma mulher, enquanto a relação do homem com a mulher é menos definida, pois pode ver em sua mulher uma entre as demais. O homem também sempre coloca o acento no caráter social e legal do casamento, ao passo que a mulher vê o casamento como uma relação exclusivamente pessoal. Por isso a consciência da mulher é em geral limitada a um homem, enquanto a consciência do homem tem a tendência de ir além da relação pessoal – tendência que muitas vezes se opõe a tudo que é pessoal. No inconsciente podemos encontrar então uma compensação por via dos contrários. Tudo isso está em perfeita harmonia com a figura da *anima* do homem, de contornos relativamente definidos, e com o indefinido polimorfismo do *animus* da mulher.

Esta descrição da *anima* e do *animus* que acabei de esboçar é forçosamente muito limitada. Mas seria levar longe demais esta limitação se eu descrevesse a *anima* simplesmente como a imagem primordial da mulher, consistindo principalmente de sentimentos irracionais, e o *animus* meramente como a imagem primordial do homem, consistindo de concepções irracionais. Ambas as figuras representam problemas mais amplos, porque são as formas primitivas desses fenômenos psicológicos que, desde os tempos mais remotos, foram chamados de *alma*. E são também a causa daquela necessidade humana fundamental de falar de almas e demônios. 82

Nenhum fenômeno psicológico autônomo é impessoal ou neutro. Esta é uma categoria da consciência. Todos os fatores psíquicos autônomos possuem caráter de personalidade, a começar pelas "vozes" que os dementes ouvem, até os espíritos controladores dos médiuns e as visões dos místicos. Portanto a *anima* e o *animus* também possuem caráter de personalidade e nada melhor para expressá-la do que a palavra "alma". 83

Gostaria de prevenir aqui contra um mal-entendido. O conceito de "alma" que agora estou usando se aproxima mais da primitiva ideia, 84 por exemplo, da alma *ba* e da alma *ka* dos egípcios, do que da concepção cristã de "alma" que já é uma tentativa de compreensão filosófica de uma substância metafísica individual. Minha concepção puramente fenomenológica da alma nada tem a ver com isso. Não estou interessado em mística psicológica, mas apenas estou tentando compreender cientificamente os fenômenos primitivos que estão à base da crença na alma.

85 Como o complexo de fatos representado pela *anima* e pelo *animus* corresponde melhor ao que em todos os tempos e povos se tem descrito como alma, não surpreende que ambos esses complexos estejam envolvidos numa atmosfera extraordinariamente mística, quando se examina mais de perto seu conteúdo. Quando a *anima* é projetada, surge imediatamente um estranho sentimento histórico, que Goethe expressou nestes termos: "Ah! tu foste, em tempos bem longínquos, minha irmã ou minha mulher"[5]. Rider Haggard e Benoit remontam à Grécia e ao Egito para satisfazer este inevitável sentimento histórico.

86 Curiosamente – até onde pôde chegar minha experiência – o *animus* parece desprovido desse sentido místico da história. Estou até inclinado a afirmar que ele está mais preocupado com o presente e com o futuro. Suas tendências são principalmente nomotéticas e prefere falar como as coisas deveriam ser ou pelo menos dá uma concepção apodítica das coisas que são bastante obscuras e controvertidas, e faz isto de modo tão absoluto que a mulher se acha dispensada de toda obrigação de reflexão ulterior, provavelmente por ser muito penosa.

87 Mais uma vez só posso explicar esta diferença como compensação por contraste. O homem, na sua atividade consciente, faz planos e procura criar o futuro, embora seja um traço especificamente feminino quebrar a cabeça para saber quem foi a tia-bisavó de alguém. É justamente esta paixão por genealogias que aparece claramente em Rider Haggard, marcada de sentimentos ingleses, enquanto em Benoit a mesma tendência se apresenta sob o picante sabor da *crônica familiar e escandalosa*. Insinuações de ideias de reencarnação, sob a forma de sentimentos irracionais, estão fortemente ligadas à *anima*, enquanto a

---

5. Na poesia "Warum gabst du uns die tiefen Blicke?" [À senhora Von Stein].

mulher geralmente admite conscientemente tais sentimentos, se não estiver demasiadamente submissa ao racionalismo do homem.

O sentimento histórico sempre possui o caráter de sentido e fatalidade, por isso leva diretamente a problemas como a imortalidade e a divindade. Mesmo no cético e racionalista Benoit, os que morreram de amor são conservados por toda a eternidade através de um método particularmente eficaz de mumificação, para não mencionar o florescente misticismo de Rider Haggard em *The Return of She – documento psicológico de primeira ordem.* 88

Como o *animus* em si mesmo não é sentimento nem inclinação, prescinde completamente deste aspecto que acabamos de descrever. Mas sua essência mais profunda é de natureza histórica. Infelizmente não dispomos de bons exemplos literários do *animus*, pois as mulheres escrevem menos que os homens, e quando escrevem parecem provar uma certa falta dessa ingênua introspecção, ou pelo menos preferem guardar o resultado de sua introspecção em outro compartimento, provavelmente porque nenhum sentimento está em jogo. Só conheço um documento desse tipo e sem preconceitos, o romance de Marie Hay: *The Evil Vineyard.* Nesta história tão despretensiosa, o caráter histórico do *animus* se manifesta sob um hábil disfarce, certamente não intencionado pela autora. 89

O *animus* consiste numa suposição inconsciente, *a priori*, de um *julgamento não pensado*. A existência deste julgamento só pode ser inferida da atitude da consciência a propósito de certas coisas. Vou dar um pequeno exemplo: Certa mãe cercou seu filho com um cerimonial de cuidados tão solene e atribuiu-lhe uma importância tão extraordinária que tudo isso acabou provocando nele uma neurose logo depois da puberdade. Não foi fácil descobrir a razão desta atitude tão insensata da mãe. Um exame mais aprofundado acabou desvendando que existia dentro dela um dogma inconsciente que afirmava: meu filho é o messias que há de vir. Eis uma manifestação bem comum do arquétipo do herói, muito difundido entre as mulheres e que é projetado sobre o pai, o marido ou o filho, sob a forma de uma ideia que então rege inconscientemente o comportamento. Um belo e bem conhecido exemplo disso é Annie Besant que também descobriu seu salvador, seu messias. 90

91   No relato de Marie Hay, a heroína levou o marido à loucura por sua atitude, baseada numa suposição inconsciente e jamais expressa, de que é um horrível tirano que a mantém prisioneira, um tirano como... Esta comparação jamais concluída, ela a deixou a cargo do marido. E ele acabou descobrindo a figura de um tirano do *Cinquecento* (do século XVI) com o qual se identificou e perdeu a razão. O *animus* não carece absolutamente do caráter histórico, embora se expresse de um modo fundamentalmente diferente da *anima*. Também na problemática religiosa do *animus* predominam as faculdades de julgar, em oposição às faculdades de sentir do homem.

92   Finalmente, gostaria de alertar que a *anima* e o *animus* não são as únicas figuras autônomas, ou "almas" do inconsciente, embora, na prática, sejam as mais imediatas e as mais importantes. Mas como ainda pretendo estudar um outro aspecto do problema do condicionamento terrestre, talvez tenha que abandonar este difícil campo de experiências íntimas extremamente sutis e voltar-me para aquele outro aspecto em que não mais será preciso tatear com dificuldade no escuro, mas olhar o vasto mundo das coisas que acontecem no dia a dia.

93   Assim como no processo evolutivo a psique foi moldada por condições terrestres, o mesmo processo pode repetir-se, por assim dizer, diante dos nossos olhos ainda agora. Imaginemos um grande contingente de uma raça europeia transplantado para um solo estrangeiro e sob condições climáticas totalmente diferentes. É de se esperar que esse grupo humano sofra certas modificações psíquicas e talvez até mutações físicas, no curso de algumas gerações, mesmo sem haver mistura com sangue estrangeiro. Temos um exemplo disto bem perto de nós. Trata-se dos judeus que se espalharam pelos diversos países da Europa e que apresentam diferenças marcantes que só podem ser explicadas pelas peculiaridades dos povos entre os quais vivem. Não é difícil distinguir um judeu espanhol de um judeu norte-africano e um judeu alemão de um judeu russo. Pode-se até distinguir entre vários tipos de judeus russos, o tipo polonês do norte da Rússia e o tipo cossaco. Apesar da semelhança racial, há diferenças pronunciadas cujas causas ainda são obscuras. É muito difícil definir exatamente essas diferenças, ainda que um bom conhecedor de pessoas as perceba de imediato.

Civilização em transição

O maior experimento de transplante de uma raça, nos tempos modernos, foi feito por ocasião da colonização do continente norte-americano, com o estabelecimento de uma população predominantemente germânica. Diante de tão variadas condições climáticas, era de se esperar também uma grande variedade de modificações do tipo racial primitivo. A miscigenação com povos indígenas foi tão pequena que seu papel é insignificante. Boas demonstrou que as mudanças anatômicas já começaram a aparecer na segunda geração de imigrantes, principalmente nas medidas do crânio. Entre os imigrantes começou a formar-se o tipo *yankee*, tão semelhante ao tipo indígena que, na minha primeira visita ao Centro-Oeste, ao observar uma leva de centenas de trabalhadores saindo de uma fábrica, disse ao meu companheiro que jamais havia pensado que existisse uma porcentagem tão elevada de sangue indígena. Ele me respondeu, rindo, que apostava que não encontraria em todo aquele contingente uma gota sequer de sangue índio. Isso já aconteceu há muitos anos, numa época em que eu nem sonhava com a misteriosa indigenização do povo americano. Só cheguei a conhecer esse mistério depois de haver tratado analiticamente muitos pacientes americanos. Revelaram-se então diferenças marcantes em comparação com os europeus.

O que também me impressionou foi a grande influência do negro, uma influência psicológica, é claro, não devida à miscigenação. O característico modo americano de exteriorizar as próprias emoções, especialmente através da maneira de rir, pode ser melhor estudado nas charges cômicas dos suplementos de seus jornais. O modo de rir inimitável de Roosevelt pode ser encontrado em sua forma original no *American Negro*. O peculiar modo de andar com as articulações relativamente soltas, gingando e rebolando as ancas, tão frequentemente observado nas americanas, também provém do negro. A música americana tirou sua inspiração principal do negro, como aconteceu também com a dança. A expressão do sentimento religioso, os *revival meetings* (os *Holy Rollers* e outras formas esquisitas) foram fortemente influenciados pelo negro. E a famosa ingenuidade americana, em sua forma charmosa e em suas formas mais desagradáveis, facilmente pode ser comparada à puerilidade do negro. O temperamento geralmente muito vivaz do americano que se manifesta não só nos jogos de *baseball*, mas principalmente no grande prazer que sentem num "bate-papo" – exemplo eloquente disso é a tagarelice sem fim dos jornais americanos – dificilmente pode provir dos antepassados germânicos; assemelha-se muito mais ao "bate-papo" da população negra. A quase absoluta falta de privacidade e a enorme sociabilidade que tudo absorve lembra a vida primitiva nas cabanas abertas onde havia uma completa identidade entre todos os membros da tribo. A mim me parece que as portas das casas americanas se mantinham sempre abertas e não havia cercas em volta dos jardins nas cidades e povoados americanos. Tudo parece ser rua, espaço comum a todos.

96 É claro que é muito difícil determinar o que de tudo isso deve ser atribuído à simbiose com o negro e o que deve ser imputado à circunstância de que a América ainda é uma "nação de pioneirismo", um solo virgem. Mas, no conjunto, a ampla influência do negro no caráter geral do povo não pode ser negada.

97 Pode-se também observar esta contaminação pelo primitivo em outros países, é claro, mas nunca em tão elevado grau e de forma tão marcante. Na África, por exemplo, os brancos constituem a minoria e precisam defender-se do negro observando as mais rígidas formas sociais para não correr o risco do chamado *going black* (tornar-se negro). Se o branco sucumbir à influência primitiva, estará perdido. Mas na América, o negro, por ser a minoria, não exerce influência degenerativa mas só uma influência específica, que não pode ser considerada desfavorável, a menos que se tenha caído numa jazz-fobia.

98 É de estranhar que nada ou quase nada se perceba com relação ao índio. As semelhanças fisionômicas a que já aludimos não são oriundas da África, mas são especificamente americanas. Será que o corpo reagiria à América e a psique à África? Devo responder esta questão afirmando simplesmente que só as maneiras, o comportamento exterior, sofreram influência negra; o que acontece na psique mereceria pesquisa mais profunda.

99 É natural que nos sonhos de meus pacientes americanos o negro tenha papel importante, como expressão do lado inferior de sua personalidade. Um europeu, em caso semelhante, sonharia com vagabundos ou outros representantes das classes mais baixas. Mas, como a maioria dos sonhos, especialmente os que ocorrem nos primeiros estágios da análise, são superficiais, só foi no curso de análises bem

Civilização em transição

radicais e muito profundas que cheguei aos símbolos relacionados com o índio. A progressiva tendência do inconsciente, em outras palavras, seu motivo do herói, toma como símbolo o índio, fato que se pode averiguar a partir de certas moedas da União cunhadas com a efígie da cabeça de um índio. Talvez se faça isso como tributo ao índio, outrora detestado e agora indiferente. Mas serve para comprovar o fato, acima mencionado, de que o americano escolhe o índio como símbolo ideal do herói. Com certeza a nenhum governo americano ocorreria a ideia de cunhar moedas com a efígie da cabeça de Cetewayo ou de qualquer outro herói negro. As monarquias preferem a efígie de seu soberano e as democracias preferem honrar outros símbolos de seus ideais. Em meu livro *Símbolos da transformação* citei um exemplo detalhado desta fantasia americana do herói e seria fácil aduzir muitos outros exemplos.

O herói é sempre a encarnação de um desejo muito forte ou de uma aspiração que se gostaria de realizar o quanto antes. Por isso é importante saber que tipo de fantasia preenche esse motivo do herói. Na fantasia americana é o caráter do índio que desempenha o papel mais importante. A concepção americana do esporte está muito além do comodismo europeu. Só os ritos de iniciação dos índios podem comparar-se à brutalidade e selvageria de um rigoroso treinamento americano. Por isso a performance do esporte americano é admirável. Por trás de tudo que o americano realmente quer, podemos encontrar o índio. Sua extraordinária concentração num objetivo, sua tenacidade em alcançá-lo, a firmeza com que suporta as maiores dificuldades – em tudo isso se manifestam plenamente as legendárias virtudes do índio[6].

O motivo do herói afeta não só a atitude geral em face da vida, mas também o problema religioso. Qualquer atitude absoluta é sempre uma atitude religiosa, e onde quer que o homem se torne absoluto, aí se pode ver sua religião. Entre meus pacientes americanos, pude constatar que a figura de seu herói possui traços derivados da religião indígena. A figura mais importante da religião dos índios é o

100

101

---

6. Cf. JUNG, C.G. cap. XXII deste volume. Traduzido de "Your Negroid and Indian Behavior".

xamã, médico e conjurador dos espíritos. A primeira descoberta americana importante neste domínio, e também para a Europa, foi o espiritismo, e a segunda a *Christian Science* e outras formas de *mental healing* (cura pela mente). A *Christian Science* é um ritual de exorcismo. Renegam-se os demônios da doença e cantam-se fórmulas de encarnação apropriadas sobre o corpo recalcitrante. Usa-se a religião cristã, produto de uma cultura de alto nível, como forma mágica de cura. É impressionante a pobreza de conteúdo espiritual, embora a *Christian Science* seja uma força viva, uma força que deriva da terra, do solo, e opera aqueles milagres que procuraríamos em vão nas Igrejas oficiais.

102   Não há país no mundo em que a "palavra forte", a fórmula mágica, o *slogan* diríamos, tem uma eficácia tão grande como na América. O europeu zomba disto mas esquece que a fé no poder mágico da palavra pode mover mais que montanhas. O próprio Cristo foi uma palavra, a Palavra, o Verbo. Esta psicologia se tornou estranha a nós, mas ainda continua viva no americano. Resta saber o que a América ainda fará com ela.

103   Por conseguinte, o americano nos apresenta uma estranha figura: a de um europeu com maneiras de negro e alma de índio. Partilha a sorte de todo usurpador de um solo estrangeiro. Certos australianos primitivos afirmam que não se pode conquistar um solo estrangeiro porque nele vivem estranhos espíritos de ancestrais que se reencarnariam nos recém-nascidos. Há uma grande verdade psicológica nisto. A terra estranha assimila o conquistador. Mas, ao contrário dos conquistadores da América Latina, os conquistadores da América do Norte preservaram com o mais rígido puritanismo os níveis de vida europeus, embora não conseguissem impedir que a alma de seus inimigos índios se infiltrasse na alma deles. Onde quer que seja, a terra virgem faz com que pelo menos o inconsciente do conquistador desça ao nível de seus habitantes autóctones. Existe, portanto, uma diferença entre o consciente e o inconsciente do americano, que não se encontra no europeu, isto é, uma tensão entre um nível de cultura altamente consciente e um primitivismo inconsciente imediato. Esta tensão é um potencial psíquico que dota o americano de um espírito de iniciativa que ninguém consegue deter e de um entusiasmo simplesmente invejável e que nós não conhecemos na Europa. E, preci-

Civilização em transição

samente porque ainda estamos de posse de nossos espíritos ancestrais, isto é, tudo para nós é tradição histórica, permanecemos em contato com o nosso inconsciente, mas também somos entravados por esse contato, e de tal forma entravados pelo condicionamento histórico que seriam necessárias as maiores catástrofes para cairmos em nós mesmos e não persistirmos, por exemplo, num comportamento político semelhante ao de 500 anos atrás. O contato com o inconsciente nos prende à nossa terra tornando difícil deslocar-nos, e isto certamente não é vantagem nem para o progresso, nem para qualquer outro tipo de adaptação ou mudança desejável. Mas não quero falar muito mal de nossa relação com a boa terra-mãe. *Plurimi pertransibunt* (muitos passarão), mas quem está arraigado no solo permanecerá. Alienar-se do inconsciente e alienar-se do condicionamento histórico é sinal de falta de *raízes*. Este é o perigo que ronda o conquistador de terras estrangeiras, e também de todo indivíduo que, aderindo unilateralmente a um ismo qualquer, acaba perdendo o vínculo com a obscura, maternal e terrena origem primitiva de seu ser.

III

O homem arcaico[*]

104   Arcaico significa primitivo, original. Falar algo importante sobre o homem civilizado de hoje é uma das tarefas mais difíceis e ingratas que se possa imaginar, pois quem se propõe a fazê-lo está limitado pelas mesmas hipóteses e é cegado pelos mesmos preconceitos daqueles sobre os quais deveria fazer afirmações importantes. Tratando-se do homem arcaico, parece que a situação é mais favorável. Estamos bem distantes, no tempo, de seu mundo; nossa diferenciação psíquica é superior à dele, de modo que podemos contemplar de um mirante mais elevado seu mundo e seu sentido.

105   Com esta afirmação já estabeleci os limites do tema de minha conferência. Sem esta delimitação seria impossível apresentar um quadro bem abrangente dos fenômenos psíquicos do homem arcaico. Quero limitar-me exclusivamente a este quadro, omitindo nessas minhas reflexões a antropologia do homem primitivo. Quando falamos do homem em geral, não visamos logo sua anatomia, sua conformação craniana ou a cor da pele, mas pensamos antes em seu mundo psíquico-humano, em sua consciência e seu modo de viver. Tudo isto é objeto da psicologia. Temos, portanto, que ocupar-nos essencialmente com a psicologia arcaica, isto é, a psicologia primitiva. Apesar dessa limitação, acabamos estendendo nosso tema, pois a psicologia

---

[*] Conferência pronunciada no Círculo de Leitura de Hottingen, em Zurique, outubro de 1930. Publicado em *Europäische Revue*, VII/3, 1931, p. 182-203. Berlim. Reelaborado sob o mesmo título em *Seelenprobleme der Gegenwart* (Psychologische Abhandlungen, III), Zurique: [s.e.], 1931. Reedições em 1933, 1939, 1946, 1950, brochura em 1969.

Civilização em transição 61

arcaica não só é psicologia do primitivo, mas também do homem moderno civilizado. E não só de alguns poucos fenômenos atávicos da sociedade moderna, mas sobretudo de cada homem civilizado que, independentemente de seu elevado grau de consciência, continua sendo um homem arcaico nas camadas mais profundas de sua psique. Da mesma forma que nosso corpo continua sendo o corpo de um mamífero, com toda uma série de vestígios de estágios mais primitivos da evolução que remetem a animais de sangue frio, também nossa psique é produto de um processo evolutivo que, se remontarmos às origens, manifesta inúmeros traços arcaicos.

Quando entramos pela primeira vez em contato com os povos 106 primitivos, ou quando estudamos obras científicas que tratam da psicologia primitiva, ficamos impressionados com o caráter insólito do homem arcaico. O próprio Lévy-Bruhl, autoridade no campo da psicologia primitiva, não se cansa de enfatizar a extraordinária diferença entre os "estados pré-lógicos" e nossa consciência. Como homem civilizado, parece-lhe inexplicável que o primitivo não se dê conta das óbvias ligações da experiência, negue diretamente as causas mais tangíveis e considere suas "representações coletivas" como válidas *e o ipso*, ao invés de explicá-las simplesmente pelo acaso ou por uma causalidade racional. Por "representações coletivas" Lévy-Bruhl entende ideias difundidas em geral, cuja veracidade é de caráter apriorístico, como espíritos, bruxarias, poderes de curandeiros e feiticeiros etc. Para nós é simplesmente óbvio, por exemplo, que pessoas de idade avançada morrem naturalmente ou em consequência de doenças reconhecidas como fatais; mas para o primitivo não. Na opinião dele, ninguém morre de velhice e argumenta que já houve pessoas que alcançaram idade bem mais avançada. Assim também ninguém morre de doença, pois pessoas que tiveram a mesma doença ficaram curadas ou jamais a contraíram. Para ele, a verdadeira explicação sempre é mágica: ou foi um espírito que matou o homem, ou ele morreu em consequência de bruxaria. Muitas tribos primitivas só admitem que a morte seja natural em caso de batalha. Outras ainda consideram também a morte na batalha como artificial, seja porque o adversário era feiticeiro, ou porque dispunha de arma enfeitiçada. Essa ideia grotesca pode, conforme o caso, tomar forma bem mais surpreendente. Foi o que aconteceu quando, certa vez, um europeu matou um crocodilo e encontrou no estômago dele dois anéis de tornozelo. Os indígenas reconheceram que tais anéis pertenciam a duas mulheres que haviam sido devoradas algum tempo antes por um crocodilo. Apelou-se imediatamente para a bruxaria. Uma ocorrência tão natural, que jamais levantaria num europeu qualquer suspeita, foi interpretada de maneira totalmente inesperada, à luz de um dos pressupostos psíquicos que Lévy-Bruhl chama de "representações coletivas" dos primitivos. Um feiticeiro desconhecido teria ordenado ao crocodilo que pegasse as mulheres e as trouxesse a ele. O crocodilo teria obedecido à ordem. Como explicar então os dois anéis em seu estômago? Os crocodilos – disseram – jamais devoram pessoas sem serem intimados. O crocodilo teria recebido os anéis do feiticeiro como recompensa.

107 Este interessante episódio é um perfeito exemplo da maneira arbitrária de explicar as coisas, característica do estágio "pré-lógico". Dizemos que é pré-lógico porque a explicação nos parece totalmente absurda e ilógica. Mas só nos parece assim porque partimos de pressupostos totalmente diferentes dos do homem primitivo. Se estivéssemos tão persuadidos quanto ele da existência da feitiçaria ou de outros poderes misteriosos, ao invés de acreditar nas assim chamadas causas naturais, as conclusões dele nos pareceriam perfeitamente lógicas. De fato, o primitivo não é nem mais lógico nem mais ilógico do que nós. O que é diferente são os pressupostos de que parte. É isso que o distingue de nós. O primitivo pensa e vive de acordo com hipóteses completamente diferentes das nossas. Tudo que não está dentro da ordem geral e pode, por conseguinte, perturbá-lo, assustá-lo ou surpreendê-lo, ele o atribui ao que chamamos de sobrenatural. Para ele o sobrenatural não existe. Tudo faz parte do seu mundo de experiência. Para nós é natural dizer: esta casa foi incendiada por um raio. Para o primitivo o natural seria dizer: um feiticeiro se serviu do raio para incendiar precisamente esta casa. Não há absolutamente nada no mundo do primitivo que não possa, em princípio, ser explicado desta forma, quer se trate de algo simplesmente incomum ou de algo muito impressionante. Sendo assim, ele age exatamente como nós: não reflete sobre suas hipóteses. Para ele é *a priori* certo que a doença ou outros eventos foram provocados por espíritos ou por bruxaria, enquanto para nós é evidente que a doença provém de uma causa na-

Civilização em transição

tural. Nós pensamos tão pouco em bruxaria quanto ele em causas naturais. Em si, seu funcionamento mental não difere basicamente do nosso. Como já disse, a diferença está simplesmente nos pressupostos.

Também se supôs que o primitivo tivesse sentimentos diferentes dos nossos, outro tipo de moral, uma índole por assim dizer "pré-lógica". Evidentemente sua moral difere da nossa. Perguntado acerca da diferença entre o bem e o mal, um chefe negro deu esta resposta: "Se eu roubar a mulher de um inimigo meu, isso é bom; mas se ele roubar a minha, isso é mau". Em muitos lugares é um terrível insulto andar sobre a sombra de alguém, e em outros é um pecado imperdoável raspar o couro da foca com uma faca de aço ao invés de usar uma pedra de fogo. Mas sejamos honestos: entre nós também não é pecado comer o peixe com a faca? Guardar o chapéu no quarto? Cumprimentar uma dama com o cigarro na boca? Esses gestos, tanto entre nós como entre os primitivos, nada têm a ver com o *ethos*. Existem caçadores de cabeças que são gentis e leais, e há outros que praticam pia e conscientemente ritos de crueldade, ou cometem homicídios por convicção sagrada; e tudo que admiramos como atitude ética, no fundo o primitivo também admira. Seu bem não é menos bem que o nosso, como seu mal tanto é mal quanto o nosso. Só variam as formas. A função ética é a mesma.

Também se admitiu que o primitivo tivesse sentidos mais aguçados que os nossos, ou que fossem um tanto diferentes. O que ele possui é uma diferenciação profissional do sentido de orientação, ou do ouvido ou da vista. Quando tem que confrontar-se com coisas que escapam de seu domínio, ele é extremamente lerdo e desajeitado. Uma vez mostrei a alguns caçadores nativos, que tinham verdadeiros olhos de gavião, jornais ilustrados cujas figuras humanas qualquer criança das nossas teria imediatamente reconhecido. Mas os caçadores viraram e reviraram as ilustrações e finalmente um deles exclamou, contornando a figura com o dedo: "São homens brancos". O fato foi festejado por todos como uma grande descoberta.

O sentido de direção, incrivelmente desenvolvido em muitos primitivos, é essencialmente profissional, e se explica pela absoluta necessidade de orientar-se no meio das florestas e savanas. O próprio europeu consegue, em pouco tempo – por medo de perder-se fatalmente no meio da selva, apesar de usar a bússola – perceber coisas que antes nem sonhava.

111 Em princípio, nada indica que o primitivo pense, sinta ou perceba de modo diferente do nosso. A função psíquica é essencialmente a mesma, embora sejam diferentes os postulados. Além disso, é relativamente irrelevante que ele tenha ou pareça ter uma consciência mais limitada que a nossa, ou que ele tenha pouca ou quase nenhuma capacidade de concentrar-se numa atividade mental. Esta constatação até parece estranha ao europeu. Por exemplo, jamais pude prolongar minha conversa com eles além de duas horas porque, passado esse tempo, já se mostravam cansados e achavam difícil concentrar-se, apesar de eu só fazer perguntas bem fáceis, numa conversa bem informal. Mas essas mesmas pessoas eram capazes de mostrar uma impressionante concentração e resistência numa caçada ou numa jornada. Meu carteiro, por exemplo, podia correr cerca de 120 quilômetros sem parar; vi também uma mulher grávida de seis meses carregando uma criança nas costas e fumando um longo cachimbo dançar quase uma noite inteira, num calor de 34 graus, em volta de uma fogueira, sem cair de cansaço. Por conseguinte, não se pode negar que os primitivos sejam capazes de concentrar-se em coisas que lhes interessam. Quando somos obrigados a concentrar-nos em coisas que não nos interessam, podemos imediatamente perceber como diminui nosso poder de concentração. Somos tão dependentes de nossos impulsos emocionais quanto os primitivos.

112 É certo que os primitivos são mais simples e mais infantis que nós – tanto no bem quanto no mal. Em si, isto não é de estranhar. No entanto, quando penetramos no mundo do homem arcaico, parece que sentimos algo extremamente estranho. Este sentimento, tanto quanto pude analisá-lo, procede sobretudo do fato de serem essencialmente diferentes dos nossos os pressupostos do homem arcaico, ou seja, o primitivo vive por assim dizer num mundo diferente do nosso. Enquanto não compreendermos seus pressupostos, ele continuará sendo um enigma para nós, enigma difícil de solucionar, mas que se tornará relativamente fácil a partir do momento em que chegarmos a compreendê-lo. Poderíamos dizer isto também desta maneira: o primitivo deixa de ser um enigma para nós desde que conheçamos *nossos* próprios pressupostos.

Nosso pressuposto racional é que tudo tem uma causa natural e 113
perceptível. Estamos convencidos disto *a priori*. A causalidade é um
dos nossos dogmas mais sagrados. No nosso mundo não há lugar legítimo para forças invisíveis e arbitrárias ou os assim chamados poderes sobrenaturais, a menos que penetremos, com os modernos físicos, no mundo incógnito e infinitamente pequeno do núcleo atômico
onde, ao que parece, acontecem coisas estranhas. Mas estamos longe
disto. Invade-nos um sentimento estranho diante de poderes invisíveis e arbitrários, pois não faz muito tempo que conseguimos escapar
do temível mundo dos sonhos e superstições, construindo para nós
uma imagem do mundo à altura de nossa consciência racional – a
mais recente e maior conquista do homem. Estamos num universo
que obedece a leis racionais. É verdade que ainda estamos longe de
conhecer as causas de tudo que acontece, mas serão descobertas com
o tempo, satisfazendo as nossas expectativas racionais. Esta continua
sendo a nossa esperança. Existem também acasos, mas são meramente acidentais e certamente têm uma causalidade própria. Os acasos se
opõem a uma consciência que ama a ordem, pois perturbam o curso
regular do mundo de maneira ridícula e, por isso, irritante. Contra
esses acasos sentimos a mesma repugnância que sentimos pelas forças
invisíveis e arbitrárias que nos lembram demais os diabretes ou os caprichos de um *deus ex machina*. São os piores inimigos de nossos cál-
culos minuciosos e permanente ameaça a todos os nossos empreendi-
mentos. Admitamos que sejam contrários à razão, que mereçam todas as injúrias, mas nem por isso podemos deixar de dar-lhes atenção. Neste sentido, o árabe é mais respeitoso. Escreve em cada uma
de suas cartas: *Insha'allah*, se Deus quiser, a carta chegará a seu destino. Apesar de nosso sentimento e não obstante os fatos ocorrerem segundo as leis gerais, não se pode negar que estamos sempre e em toda
parte expostos aos acasos mais imprevisíveis. Será que existe algo
mais imprevisível e mais caprichoso do que o acaso? O que poderia
ser mais inevitável e mais fatal?

Em última análise, poderíamos dizer que a conexão causal dos fa- 114
tos, de acordo com a lei geral, é uma teoria que se confirma, na prática,
em cinquenta por cento dos casos. Os outros cinquenta por cento ficam por conta da arbitrariedade do demônio chamado acaso. É claro
que os acasos também têm suas causas naturais, cuja banalidade infe-

lizmente temos que constatar na maioria das vezes. Facilmente renunciaríamos a esta causalidade, pois o que nos incomoda no acaso é bem outra coisa: é que ele precisa acontecer exatamente *aqui e agora* ou, em outras palavras, que é, por assim dizer, arbitrário. Pelo menos atua assim e às vezes até o mais absoluto racionalista é levado a amaldiçoá-lo. Mas, seja qual for a interpretação do acaso, nada pode mudar a realidade de seu poder. Quanto mais regulares forem as condições da existência, mais se excluirá o acaso e menor será a necessidade de proteger-se contra ele. De qualquer forma, na prática, cada um toma precauções contra os acasos, ou neles coloca sua esperança, embora o credo oficial não contenha nenhuma cláusula a respeito deles.

115   Nossa hipótese é esta: estamos positivamente convictos de que tudo, pelo menos tudo que é teoricamente perceptível, tem uma causa natural. Mas a hipótese do homem primitivo é o contrário: tudo tem sua origem num poder arbitrário, invisível. Em outras palavras, tudo é acaso, embora ele não fale de acaso e sim de intencionalidade. A causalidade natural é simplesmente aparência e não vale a pena falar dela. Vejamos este exemplo: Três mulheres vão ao rio buscar água. Um crocodilo avança na mulher que está no meio e some com ela dentro da água. Na nossa concepção, diríamos que se trata de simples azar o fato de o crocodilo ter avançado exatamente na mulher do meio. E o fato de ser devorada pelo crocodilo é completamente natural, uma vez que crocodilos devoram ocasionalmente pessoas humanas.

116   Esta explicação confunde por inteiro a situação. Nada esclarece da comovente história. O homem arcaico acha superficial e até absurda essa nossa explicação e, com razão, pois, pensando assim, o acidente poderia não ter acontecido, e a mesma explicação também seria válida. O europeu não consegue perceber quanto sua explicação é falha. Este é seu preconceito.

117   O primitivo é muito mais exigente. Para ele, o que chamamos de acaso, é arbítrio. Por conseguinte, a intenção do crocodilo era exatamente pegar a mulher do meio – como qualquer um pôde observar. Se ele não tivesse esta intenção, poderia ter avançado numa das outras. Mas, onde foi o crocodilo buscar esta intenção? Comumente o crocodilo não devora seres humanos. Isso é correto, tão correto quanto a constatação de que geralmente não chove no Saara. Os cro-

Civilização em transição 67

codilos são animais medrosos que se assustam com muita facilidade. Em comparação com o grande número de crocodilos, o número de pessoas devoradas por eles é ínfimo. Portanto é um acontecimento inesperado e não natural que uma pessoa seja devorada por eles. Tal evento merece uma explicação. Donde recebeu este crocodilo a ordem de matar? Por sua própria natureza, normalmente não o faz.

O primitivo se baseia muito nas realidades de seu mundo ambiente e se espanta – com toda razão – diante de algo inesperado, e quer saber as causas específicas. Até aqui ele se comporta exatamente como nós. Mas vai mais longe, pois dispõe de uma ou mais teorias sobre o poder arbitrário do acaso. Nós dizemos que foi por azar e ele diz que houve uma intenção por trás disso. Coloca o acento principal nos outros cinquenta por cento dos acontecimentos do mundo e não nas simples conexões causais das ciências naturais, mas no intercruzamento perturbador e confuso dos elos causais a que chamamos acaso. Ele já se adaptou há muito tempo às leis gerais da natureza e é por isso que teme o poder do imprevisível acaso como agente arbitrário e desconcertante. Também aqui ele tem razão. Compreende-se então perfeitamente que qualquer ocorrência incomum o assuste. Nas regiões ao sul do Elgon, onde permaneci por mais tempo, há grande quantidade de tamanduás. O tamanduá é um animal noturno, muito esquivo, que raramente aparece. Mas se acontecer que um deles seja visto de dia, será um fato extraordinário, não natural, cujo efeito será tão espantoso quanto a descoberta de um riacho cujas águas de repente comecem a correr morro acima. De fato, se conhecêssemos casos em que a água tomasse rumo contrário à força da gravidade, seria uma descoberta capaz de despertar terrível inquietação. Sabemos das grandes correntes de água que nos cercam e não é difícil imaginar o que aconteceria se, de repente, a água começasse a correr contrariamente às suas leis. É quase assim que se sente o primitivo. Ele conhece exatamente os hábitos do tamanduá, mas desconhece sua esfera de ação quando transgride de repente a ordem natural das coisas. O homem primitivo está de tal forma sob o domínio do que existe que a ruptura da ordem de seu universo produz efeitos de imprevisíveis dimensões. É um *portentum* (prodígio), um presságio, comparável à passagem de um cometa ou a um eclipse solar. Como o aparecimento do tamanduá de dia não é coisa natural e portanto não

118

encontra aos olhos dele qualquer causa natural, deve atribuir-se a um poder arbitrário invisível. A espantosa manifestação de um poder arbitrário, capaz de transgredir a ordem do mundo exige, naturalmente, medidas extraordinárias para afugentá-lo ou aplacá-lo. São convocados os povoados vizinhos e o tamanduá será desentocado com grande esforço conjunto para ser morto. Em seguida, o tio materno mais velho do homem que viu o tamanduá deverá sacrificar um touro. O homem desce à cova e recebe o primeiro pedaço da carne do animal. Depois o tio e os outros participantes da cerimônia também comem. É assim que o perigoso poder arbitrário da natureza é dasagravado.

119   Sem dúvida nosso espanto seria enorme se a água de repente começasse a correr morro acima, mas não haveria espanto se víssemos um tamanduá em pleno dia, ou se nascesse um albino ou ocorresse um eclipse do sol. Conhecemos o sentido desses acontecimentos e sua esfera de ação, mas o primitivo os ignora. Os acontecimentos ordinários constituem para ele um todo solidamente coerente, no qual está envolvido com todas as outras criaturas. Por isso ele é extremamente conservador e faz as coisas que sempre foram feitas. Mas se acontecer algo em algum lugar que quebre a harmonia deste conjunto, é como se fosse um furo na ordem estabelecida. Pode acontecer então sabe Deus o quê. Todo fato incomum é imediatamente relacionado a este contexto. Por exemplo, um missionário erigiu diante de sua casa um mastro para içar, aos domingos, a *Union-Jack*. Mas esta inocente iniciativa custou-lhe bem caro, porque algum tempo depois de seu ato revolucionário desencadeou-se um temporal devastador que foi naturalmente associado ao mastro. Foi o bastante para provocar uma revolta geral contra o missionário.

120   É a regularidade dos acontecimentos ordinários que dá ao primitivo a sensação de segurança em seu mundo. Qualquer exceção parece-lhe um ato perigoso de arbítrio que deve ser convenientemente propiciado, pois não se trata apenas de uma ruptura momentânea do costumeiro, mas ao mesmo tempo de um presságio de outros acontecimentos adversos. Isso nos parece absurdo, mas esquecemos completamente como nossos avós e bisavós ainda sentiam o mundo: nasceu um bezerro de duas cabeças e cinco patas; no povoado vizinho um galo botou um ovo; uma velhinha teve um sonho; um cometa apareceu no céu; houve um grande incêndio na aldeia vizinha; no

Civilização em transição

ano seguinte explodiu uma guerra. Era assim que vinha narrada a História desde a antiguidade mais remota até o século XVIII. Esta concatenação dos fatos, tão insensata aos nossos olhos, faz sentido para o primitvo e é capaz de convencer. E – *o que não esperávamos – ele tem razão*. Seu modo de observar é fidedigno. Sabe, baseado na experiência dos mais velhos, que tais relações existem de fato. O que nos parece um amontoado de acasos individuais, totalmente sem sentido – porque só prestamos atenção no sentido e na causalidade própria do evento singular – é para o primitivo uma sequência perfeitamente lógica de agouros e dos fatos que anuncia. É uma irrupção fatal, mas absolutamente consequente, de um arbítrio demoníaco.

O bezerro de duas cabeças e a guerra são uma e a mesma coisa, pois o bezerro foi simplesmente a antecipação, o presságio da guerra. Esta conexão parece tão persuasiva e segura ao primitivo porque, para ele, o poder arbitrário do acaso é um fator incomparavelmente mais importante do que a regularidade dos acontecimentos do mundo e sua conformidade à lei, e também porque, observando atentamente o extraordinário, descobriu, bem antes de nós, a lei da formação de grupos ou séries de acasos. Todos os médicos clínicos entre nós conhecem muito bem a lei da duplicidade de casos. Um antigo professor de psiquiatria tinha o hábito de dizer diante de um caso clínico, especialmente raro: "Senhores, este é um caso único no gênero. Amanhã teremos outro". Também pude observar frequentemente a mesma coisa durante meus oito anos de prática num asilo de pessoas dementes. Certa vez aconteceu um caso de estado crepuscular bem raro – o primeiro deste tipo que vi. Dentro de dois dias, aconteceu outro caso semelhante, e foi o último. "Duplicidade de casos" é uma palavra chistosa entre nós clínicos, mas é objeto primordial da ciência primitiva. Um recente pesquisador cunhou a seguinte frase: "Magic is the science of the jungle" (A magia é a ciência da selva). A astrologia e outros métodos de adivinhação foram certamente a ciência da Antiguidade.

O que acontece com regularidade, facilmente é observável, porque estamos preparados para isto. Saber e arte são indispensáveis em situações em que o obscuro arbítrio perturba o curso dos acontecimentos. Em geral se confia a um dos homens mais inteligentes e astutos do clã – o curandeiro ou feiticeiro – a tarefa de observar a meteorologia dos acontecimentos. Seu conhecimento deve ser capaz de ex-

121

122

plicar todas as ocorrências não usuais; e sua arte, de combatê-las. Ele é o sábio, o especialista, o *expert* do acaso, e ao mesmo tempo o guardião dos arquivos da sábia tradição tribal. Cercado de respeito e temor, goza da maior autoridade. Mas sua autoridade não chega a tal ponto que seu clã não esteja secretamente persuadido que o clã vizinho tenha um curandeiro mais potente que o deles. O melhor feiticeiro não está à mão, mas se mantém o mais longe possível. Apesar do excessivo temor diante de seu feiticeiro, o clã no qual vivi durante certo tempo só recorria a ele em casos de doenças benignas do gado e das pessoas. Em casos mais graves se consultava uma autoridade estrangeira, um *M'ganga* (feiticeiro) que era trazido a alto preço da Uganda – como se faz também entre nós.

123   De preferência os acasos acontecem em séries ou grupos maiores e menores. Uma antiga regra de vaticinar o tempo diz que, se choveu por vários dias, também choverá amanhã. Diz o provérbio: "Uma desgraça nunca vem sozinha", ou "O que se pode duplicar, também se pode triplicar". A sabedoria proverbial é ciência primitiva: bastante crida e temida ainda pelo povo, ridicularizada pelos letrados pressupondo-se que nada de especial lhes tenha ocorrido. Preciso agora contar uma história desagradável: Uma senhora, conhecida minha, foi despertada de manhã às sete horas por um barulho estranho na mesa de jantar. Após breve busca, encontrou a causa: a borda superior de seu copo d'água se havia partido e desprendido, formando um círculo de aproximadamente um centímetro de largura. Isto lhe pareceu estranho. Pediu outro copo. Depois de cinco minutos, o mesmo ruído e novamente a parte superior se desprendeu. Agora, já temerosa, mandou vir um terceiro copo. Vinte minutos depois, o mesmo ruído com o desprendimento da parte superior do copo. Três casos, em sucessão imediata, foram demais para a cabeça dela. Abandonou imediatamente sua crença nas causas naturais e buscou em sua *représentation collective* a certeza da existência de um poder arbitrário. Acontece o mesmo com muitas pessoas modernas, se não forem teimosas, quando se defrontam com acontecimentos que a causalidade natural não consegue explicar. Eis por que negamos estes fatos. São desagradáveis – e nisto se confirma nossa primitividade ainda viva – porque rompem nosso ordenamento do mundo. E, daí, o que mais não é possível?

Civilização em transição 71

Com sua crença no poder arbitrário, o primitivo não estava nas 124
nuvens, como se acreditava até agora, mas se baseava na experiência.
A repetição de acasos justifica o que chamamos de superstição, pois é
provável que coisas extraordinárias coincidam no tempo e no espaço. Não esqueçamos que neste caso a experiência pode nos deixar na
mão. Nossa observação é inadequada porque temos outra disposição
de espírito. Jamais levaríamos a sério, por exemplo, que a seguinte
série de fatos estivesse relacionada entre si: de manhã entra um pássaro no quarto; pouco depois, somos testemunhas de um acidente na
rua; por volta do meio-dia, morre um parente próximo; ao entarde-
cer a cozinheira deixa cair a sopeira e, à noite, ao voltar tarde para
casa, descobrimos que perdemos a chave da casa. Ao primitivo, porém, não teria passado despercebido o menor detalhe dessa cadeia de
acontecimentos. Cada novo elo da corrente teria confirmado suas
expectativas; e tem razão, muito mais razão do que podemos admitir.
Sua expectativa temerosa é plenamente justificada e visa a um fim. É
um dia de mau agouro em que nada deve ser feito. Em nosso mundo,
isto seria uma lamentável superstição, mas no mundo do primitivo é
inteligência altamente pertinente, pois ele está mais exposto ao acaso
do que nós em nosso mundo protegido e bem regulamentado. Não se
pode correr o risco de muitos acasos quando se está na selva. Também o europeu consegue perceber isto.

Quando um *pueblo* não se sente interiormente bem, não compa- 125
rece à assembleia dos homens. Quando um antigo romano, ao sair de
casa, tropeçava ao transpor o limiar da porta, desistia de seus planos.
Isso nos parece absurdo, mas, dentro da visão primitiva, esse presságio exigia no mínimo certa cautela. Quando não me sinto intimamente bem comigo mesmo, meus movimentos se alteram ligeiramente, minha atenção fica perturbada e fico um tanto alienado. Por isso
dou de encontro com as coisas e pessoas, tropeço, deixo cair os objetos e esqueço isso ou aquilo. Dentro da visão dos civilizados, tudo
isso são futilidades, mas para a vida selvagem representa perigo mortal. Tropeçar significa para os primitivos: escorregar no tronco de árvore que ficou liso por causa da chuva e que serve de ponte, a cinco
metros de altura, a um rio cheio de crocodilos. Perdi minha bússola
no meio da floresta fechada. Esqueci de carregar a espingarda e encontro a pista de um rinoceronte no meio da selva. Estou interior-

mente preocupado e piso em cima de uma cobra. A noite esqueço de colocar a tempo minha proteção contra os mosquitos e onze dias depois acabo morrendo ao primeiro ataque de malária tropical. Além disso, basta esquecer de manter a boca fechada ao tomar banho para ser atacado por uma disenteria mortal. Para nós, acasos deste tipo têm uma causa natural reconhecível num estado psicológico um tanto alterado. Mas, para o primitivo, são presságios objetivamente condicionados ou bruxaria.

126   Mas também pode ser de outro modo. Na região de Kitoshi, ao sul do Ergon, eu fazia uma excursão na floresta virgem de Kabras. No espesso capim quase pisei numa víbora. Ainda consegui saltar por cima dela a tempo. Após o meio-dia, meu companheiro voltou da caça à perdiz, pálido como um defunto e tremendo dos pés à cabeça. Escapara de ser mordido por uma cobra *mamba*, de sete pés de comprimento, que o atacou por trás, saindo de um formigueiro. Certamente teria morrido se não conseguisse, no útimo momento, ferir o animal a poucos passos dele. Às nove horas da noite, nosso acampamento foi invadido por um bando de hienas famintas que, no dia anterior, já tinham avançado sobre um homem que dormia estraçalhando-o. Apesar do fogo, penetraram na cabana do nosso cozinheiro que, aos gritos, se salvou saltando por cima do muro. Durante todo o resto da viagem nada mais aconteceu de anormal. Um dia como estes foi um prato cheio para os meus negros. Para nós, tratava-se de simples acúmulo de eventualidades. Mas para eles seria o cumprimento de um presságio que ocorreu no primeiro dia de nossa viagem pela selva. De fato, naquele dia nosso carro Ford despencou com ponte e tudo num riacho que tentávamos atravessar. Meus *boys* entreolharam-se naquele momento como se quisessem dizer: "Já está começando bem!...". Além disso, desabou um temporal tropical que nos deixou literalmente molhados até os ossos e que me deixou prostrado com febre por vários dias. À noite daquele dia nós, brancos, olhávamos um para o outro e não pude deixar de dizer ao meu amigo, o caçador: "Tenho a impressão de que já começou mais cedo do que esperávamos. Você se lembra do sonho que me contou ainda em Zurique, pouco antes de nossa partida?" Trata-se de um impressionante pesadelo que ele teve. Estava na África caçando e foi bruscamente atacado por uma gigantesca mamba. Acordou gritando de terror. O

sonho lhe causara forte impressão e me confessou que havia pensado que esse sonho pressagiava a morte de um de nós. Naturalmente ele pensou na minha morte, pois o bom camarada, como esperamos, é sempre o outro. Mas foi ele que, mais tarde, foi acometido de uma grave malária que quase o levou ao túmulo.

Falar disto tudo num lugar em que nem existem cobras mambas ou mosquitos anófeles parece totalmente irrisório. Mas, imaginem o azul aveludado de uma noite tropical e o manto escuro formado por gigantescas árvores da floresta intocada pairando sobre vocês, as misteriosas vozes dos espaços noturnos, um fogo solitário ao redor do qual estão fincados fuzis carregados, os mosquiteiros, a água do pântano fervida para beber e, coroando tudo isso, a convicção que um velho africano, muito experiente, condensa nestas palavras: "Vocês sabem, este não é um país dos homens, mas de Deus"[1]. Aqui o rei não é o homem, mas a natureza, os animais, as plantas, os micróbios. É esta a atmosfera deste lugar e pode-se então compreender o sentido que está por trás de conexões que antes nos fariam rir. É um mundo de irrestritos poderes arbitrários com o qual o primitivo tem que lidar cada dia. E ele não brinca com o insólito, mas tira suas conclusões: "este não é um bom lugar"; "o dia não é favorável" – e quem sabe quantos perigos pode evitar por causa dessa precaução?

"A magia é a ciência da selva". O *portentum* provoca uma alteração imediata na ação em curso, o abandono de projetos já elaborados e a modificação da atitude psicológica. É claro que tudo isso são medidas da maior eficácia, tendo em vista que os acasos tendem a agrupar-se e a total ignorância do primitivo a respeito da causalidade psíquica. Graças à ênfase unilateral atribuída às assim chamadas causas naturais, aprendemos a distinguir o subjetivo-psíquico do objetivo-natural. O primitivo, ao contrário, tem sua psique fora, nos objetos. Não é ele que se surpreende, mas o objeto que é *mana*, ou seja, dotado de poder mágico. Por conseguinte, toda ação invisível que consideramos como sugestão ou força imaginária, vem, para ele, de fora. Seu território não é geográfico, nem geológico ou político. Contém sua mitologia e sua religião, todo o seu pensamento e senti-

---

1. "You know, this isn't man's – it's God's country".

mentos, na medida em que tudo isso lhe é inconsciente. Seu medo se localiza em certos lugares que "não são bons". Naquela floresta habitam os espíritos dos que já partiram; aquela gruta abriga o diabo que estrangula os que nela entram. Em tal montanha mora a grande serpente; naquela colina se encontra o túmulo do legendário rei; perto daquela fonte, daquele rochedo ou daquela árvore, todas as mulheres engravidam; aquele vau é vigiado por demônios-serpentes; aquela imensa árvore tem uma voz capaz de chamar certas pessoas. O homem primitivo não tem psicologia. O psíquico é objetivo e se desenrola no exterior, no lado de fora. Mesmo seus sonhos são realidades. Do contrário, não lhes daria a menor atenção. As pessoas dos Elgonyi, por exemplo, afirmam com toda seriedade que jamais sonham e que só o feiticeiro teve alguns sonhos. Quando perguntei ao feiticeiro sobre isso, falou que não tivera mais sonhos desde que os ingleses se instalaram no país. Seu pai, sim, ainda tivera grandes sonhos, sabia para onde haviam emigrado os rebanhos, onde se achavam as vacas com seus bezerros, quando haveria guerra ou peste. Agora, quem sabe tudo é o comissário do Distrito e ninguém mais. Estava resignado como certos papuas que acreditam ter grande parte dos crocodilos aderido à administração inglesa. Quando um nativo condenado pelos ingleses, ao tentar fugir das autoridade atravessando um rio, foi gravemente mutilado por um crocodilo, eles concluíram que devia tratar-se de um crocodilo policial. Hoje em dia, Deus fala com os ingleses através de sonhos, mas não com o curandeiro dos Elgonyi, porque são os ingleses que detêm o poder. A função de sonhar emigrou. Também suas almas saem às vezes e o feiticeiro tem que capturá-las como se fossem pássaros e colocá-las na gaiola. Ou almas estranhas chegam e provocam doenças.

129   Esta *projeção do psiquismo* cria, naturalmente, certas relações entre os homens e entre homens, animais e coisas, relações que nos parecem inconcebíveis. Um caçador branco, por exemplo, atira num crocodilo e o mata. Imediatamente depois chega muita gente correndo da aldeia vizinha e extremamente irritados exigem compensação. Explicam que o crocodilo era uma certa mulher idosa da aldeia que morreu no exato momento do tiro. O crocodilo era evidentemente sua "alma silvestre". Um outro homem matou um leopardo que ameaçava seu gado. No mesmo instante morreu uma mulher numa aldeia vizinha. Ela era uma só coisa com o leopardo.

Civilização em transição 75

Lévy-Bruhl usou para essas estranhas relações a expressão *parti-* 130
cipation mystique. A palavra *mystique* não me parece boa escolha,
pois, para o primitivo, não se trata de nada místico, mas de algo perfeitamente natural. Só a nós nos parece estranho tudo isso, porque
aparentemente nada sabemos dessas dissociações psíquicas. Na realidade, estes fenômenos também ocorrem entre nós, não porém sob
esta forma ingênua e sim sob forma mais civilizada. Por exemplo, é
praticamente normal que emprestemos ao outro nossa própria psicologia, isto é, achamos que a psicologia do outro é igual à nossa: o que
nos agrada, agradaria também ao outro; o que achamos mau ou desagradável, também o seria para o outro. Nossos tribunais, por exemplo, só admitiram recentemente um relativismo psicológico do julgamento. A sentença *quod licet Jovi, non licet bovi* sempre provoca a
cólera em pessoas de mentalidade simples. A igualdade perante a lei
sempre é considerada uma conquista preciosa. E tudo que é mau e inferior, que não queremos reconhecer em nós mesmos, é exatamente
isso que atribuímos aos outros. Também sempre estamos prontos a
criticar e atacar os outros. No fundo, o que se passa é o seguinte: uma
"alma" inferior transmigrou de uma pessoa para outra. O mundo
ainda está cheio destas *bêtes noires* e destes "bodes expiatórios", exatamente como fervilhava de bruxas e de lobisomens tempos atrás.

A projeção psicológica ou a *participation mystique* de Lévy- 131
Bruhl – que teve o grande mérito de sublinhar que ela é uma propriedade particularmente característica do homem primitivo – é um fenômeno psíquico dos mais comuns, apenas que lhe damos outros nomes e em geral não queremos admiti-lo como verdadeiro. Tudo o
que em nós é inconsciente, acabamos descobrindo em nosso vizinho
e o tratamos de acordo. Não mais o submetemos à prova do veneno;
não mais o queimamos ou apertamos como se fosse um parafuso.
Mas, em compensação, fazemo-lo sofrer moralmente emitindo juízos
sobre ele com a mais profunda convicção. O que combatemos nele é,
em geral, nossa própria inferioridade.

Devido à indiferenciação de sua consciência e à total falta de au- 132
tocrítica que a acompanha, o primitivo é mais dado à projeção do
que nós. Como tudo para ele é absolutamente objetivo, também sua
linguagem é drástica. Com certo toque de humor, podemos imaginar
o que seja uma mulher-leopardo ou o que seja a pessoa que compara-

mos a um ganso, uma vaca, uma galinha, uma cobra, um boi, um burro, um camelo etc, formas correntemente usadas como *epitheta ornantia* (epítetos ornamentais), tão familiares a nós. Só falta à "alma silvestre" do primitivo esse esquisito sabor moralizante com seu veneno. O homem arcaico é muito naturalista; vive muito mais sob a impressão do que está acontecendo e é muito menos propenso a fazer julgamentos do que nós. Os *pueblos* me explicaram com a maior objetividade possível que eu pertencia ao totem do urso, isto é, que eu era um urso, porque não conseguia descer uma escada ficando normalmente em pé como as pessoas, mas, pelo contrário, descia de costas usando as quatro patas, como o urso. Se na Europa alguém me chamasse de urso, a coisa não seria muito diferente, só um pouco mais nuançada. O motivo da "alma silvestre", que nos parece tão estranha no primitivo, tornou-se entre nós figura de linguagem, como tantas outras coisas. Se traduzirmos concretamente a metáfora, chegaremos ao ponto de vista primitivo. Tomemos, por exemplo, a expressão "tratamento médico" (estar nas mãos do médico): na concepção do primitivo isto seria exatamente "colocar as mãos sobre", ou "trabalhar com as mãos". É exatamente isto que o curandeiro faz com seus pacientes.

133   Achamos difícil entender a "alma silvestre" porque nos causa perplexidade a concepção concreta de uma alma absolutamente separada, vivendo num animal selvagem. Quando chamamos alguma pessoa de camelo, não queremos dizer que, sob todos os aspectos, seja um quadrúpede deste tipo, mas simplesmente que se parece de alguma forma com ele. Separamos uma parte de sua personalidade ou psique e é esta parte que personificamos como camelo. Também a mulher-leopardo é uma pessoa, só que sua "alma silvestre" é um leopardo. Como toda a vida psíquica inconsciente é concreta para o primitivo, o apelidado de leopardo possui uma alma de leopardo, ou, numa dissociação ainda mais profunda, a alma de leopardo vive sob a forma de verdadeiro leopardo na selva.

134   Esta identificação que resulta da projeção cria um mundo em que o homem está preso, tanto física quanto psiquicamente. De certa forma, confunde-se com ele. Não é o senhor deste mundo, mas simplesmente um fragmento dele. Por isso, os primitivos estão bem longe do particularismo humano. Não sonham ser os donos da criação.

Sua classificação zoológica não culmina no *homo sapiens*, mas no elefante como o ser mais elevado, seguindo-se o leão, depois a boa ou o crocodilo e, por fim, o homem e os seres inferiores. O homem está simplesmente encaixado na natureza, faz parte do todo e não pensa que pode dominá-la. Todos os seus esforços se destinam a proteger-se contra os perigosos acasos. O homem civilizado, ao contrário, procura dominar a natureza e coloca todo seu esforço na descoberta das causas naturais que podem oferecer-lhe a chave do laboratório secreto da natureza. Por isso também a ideia de poderes arbitrários e da possibilidade de sua existência lhe repugna ao extremo, pois nela pressente, afinal, que a tentativa de dominar a natureza é de todo inútil.

Em resumo poderíamos dizer que o principal traço do homem arcaico é sua atitude diante do poder arbitrário do acaso, pois este fator dos acontecimentos é muito mais importante para ele do que as causas naturais. O poder arbitrário do acaso consiste, por um lado, na visível tendência dos acasos de se agruparem; e, por outro, na projeção da psique inconsciente, a assim chamada *participation mystique*. Para o homem arcaico é claro que esta dimensão não existe, porque o psíquico é projetado de tal forma que não se distingue dos eventos físicos, objetivos e intencionais. Não percebe que o extraordinário o impressiona tão profundamente só porque lhe empresta a força de seu espanto ou pavor. Entramos aqui num terreno bem perigoso. Será que uma coisa é bela só porque lhe atribuo beleza? Ou será que devemos admitir a beleza objetiva das coisas? Como sabemos, grandes espíritos se defrontaram com o problema de saber se é o glorioso sol que ilumina o mundo, ou se o sol é um produto do olho humano. O homem arcaico acredita no sol. O homem civilizado acredita no olho humano – se não sofrer do mal dos poetas ou não se entregar a grandes reflexões. Ele precisa desespiritualizar a natureza para poder dominá-la, o que significa retomar todas as projeções arcaicas, pelo menos quando procura ser objetivo.

No mundo arcaico tudo tem alma – alma do homem, ou melhor, da humanidade, o inconsciente coletivo, porque o indivíduo como tal ainda não possui alma. Não devemos esquecer que a exigência do sacramento cristão do batismo é um ponto decisivo da mais alta importância no desenvolvimento espiritual da humanidade. É o batismo que outorga a alma essencial; não o rito batismal como ação singular e mágica, mas a ideia do batismo que arranca o homem de sua identificação arcaica com o mundo e o transforma num ser que se coloca acima dele. O fato de a humanidade ter chegado ao nível dessa ideia isto é batismo, no sentido mais profundo, e nascimento do homem espiritual e não natural.

137   A psicologia do inconsciente é regida por um axioma segundo o qual cada parte relativamente independente da psique possui o caráter de personalidade, isto é, ele se personifica tão logo se lhe ofereça a ocasião de expressar-se com autonomia. Os exemplos mais claros disto podemos encontrá-los nas alucinações dos doentes mentais e nas comunicações mediúnicas. Quando uma parte autônoma da psique é projetada, nasce uma pessoa invisível. É assim que surgem os espíritos no espiritismo mais comum, como também entre os primitivos. Se uma importante parte psíquica é projetada sobre uma pessoa, ela se tornará *mana*, quer dizer, adquire uma eficácia extraordinária, podendo tornar-se feiticeiro, bruxa, lobisomem etc. A primitiva ideia de que o feiticeiro prende na gaiola, como pássaros, as partes da alma que vagueiam pela noite, ilustra bem o que acabamos de dizer. São essas projeções que fazem do feiticeiro *mana*, e são elas que fazem com que animais, árvores e até pedras possam falar, e exigem – precisamente porque são partes da alma – obediência absoluta do indivíduo. Por esta razão, um doente mental está definitivamente à mercê de suas vozes, pois as projeções são simplesmente sua própria atividade psíquica da qual é sujeito consciente tanto quanto o é de seu ouvir, ver e obedecer.

138   Do ponto de vista psicológico, a teoria primitiva de que o poder arbitrário do acaso seja um eflúvio das intenções de espíritos e mágicos, é a mais natural e também inevitável. Mas não convém iludir-nos a este respeito. Se expuséssemos a um primitivo inteligente nossa teoria científica, ele nos acusaria da mais ridícula superstição e de uma abominável falta de lógica, porque acredita que é o sol que ilumina o mundo e não o olho humano. Nem eu mesmo escapei de levar uma vergonhosa "chamada de atenção" do meu amigo "Lago da Montanha", um chefe *pueblo*, quando ousei insinuar o argumento agostiniano *"Nosso senhor não é o sol, mas quem o fez"*[2]. Com grande indig-

---

2. Non est hic sol dominus noster, sed qui illum fecit.

Civilização em transição   79

nação, ele exclamou, apontando para o sol: "Aquele que vai ali é nosso pai. Tu podes vê-lo. É dele que vem toda luz, toda vida. Não há nada que ele não tenha feito". Estava tão agitado que até lhe faltavam as palavras e acabou incisivamente: "Mesmo o homem na montanha, que vai sozinho, não pode fazer seu fogo sem a ajuda dele". Difícil seria caracterizar melhor o ponto de vista do homem arcaico do que com essas palavras. Todo poder está localizado fora e só graças a ele podemos viver. Pode-se ver, sem mais, como em nosso tempo sem deuses o pensamento religioso ainda mantém vivo o ponto de vista espiritual arcaico. Milhões e milhões de pessoas continuam a pensar assim.

Quando falei anteriormente desta atitude primitiva fundamental em relação ao poder arbitrário do acaso, coloquei-me num ponto de vista segundo o qual esta atitude visa a uma finalidade e, por conseguinte, tem um sentido. Será que, ao menos por um momento, teríamos a coragem de aventurar a hipótese de que a primitiva crença nos poderes arbitrários é justificada não só do ponto de vista psicológico, mas também pelos fatos? Não gostaria de ser grosseiro para convencer meus leitores que a bruxaria realmente existe. Quero apenas refletir com os senhores sobre as conclusões a que chegaríamos se admitíssemos, como os primitivos, que toda luz vem do sol, que as coisas são belas, que uma parte da alma humana é um leopardo – numa palavra, que a teoria do *mana* é correta. Segundo esta teoria, é a beleza que nos atinge e não somos nós que criamos a beleza. Alguém é um diabo; não fomos nós que projetamos nele nosso próprio mal para que se tornasse diabo. Há pessoas humanas que impressionam – as chamadas personalidades *mana* – por si mesmas e não graças à nossa imaginação. A teoria do *mana* afirma que existe algo como um poder amplamente disseminado que produz objetivamente todos os efeitos extraordinários. Tudo o que existe atua, caso contrário não existiria. Isso só pode ser graças à sua energia. O existente é um campo de forças. A antiga ideia do *mana* – como se pode ver – é uma espécie de introdução à energética. 139

Até aqui podemos facilmente seguir a concepção primitiva. Mas se esta concepção em si consequente prosseguir, invertendo as projeções psíquicas de que falamos acima e afirmar: Não é minha imaginação ou minha emoção que transformam o curandeiro em feiticeiro, ao contrário, ele é um feiticeiro e projeta seu poder mágico em mim; 140

não tenho alucinações de espíritos, são eles que me aparecem espontaneamente – quando se fazem afirmações como estas que, certamente, são inferências lógicas do *mana*, começamos então a hesitar e voltamos os olhos para as nossas belas teorias de projeção psíquica. Trata-se simplesmente de perguntar: Será que a função psíquica, a alma, o espírito ou o inconsciente, tem sua origem em *mim*, ou será que a psique, nos inícios da formação da consciência, está realmente do lado de fora, sob a forma de intenções e poderes arbitrários, e acaba tomando lugar, gradativamente, dentro da pessoa, no decorrer do desenvolvimento psíquico? Será que aquilo que chamamos de partes separadas da alma já foram outrora partes de uma alma individual total, ou foram antes unidades psíquicas existentes por si mesmas, no sentido primitivo: espíritos, almas dos ancestrais ou algo semelhante, que, no curso da evolução, se encarnaram nas pessoas, de modo a constituir pouco a pouco esse mundo que agora chamamos psique?

141   Esta conclusão nos parece um tanto paradoxal. Mas, no fundo, não é totalmente inconcebível. Não apenas a concepção religiosa, mas às vezes também a concepção pedagógica, admitem que possamos implantar no homem algo de psíquico, algo que não trazia dentro de si antes. O poder da sugestão e da influência é um fato e o behaviorismo mais moderno tem expectativas bem extravagantes a este respeito. A ideia de um complexo crescimento da psique como um todo se expressa naturalmente sob formas variadas no pensamento primitivo, por exemplo, na ampla crença da possessão, na encarnação das almas dos ancestrais, na transmigração das almas etc. Ainda hoje quando alguém espirra, temos o hábito de exclamar: "Saúde!" Com isto queremos dizer: "Faço votos que esta nova alma não lhe faça mal". Quando percebemos, no decurso do nosso próprio desenvolvimento, que estamos chegando, pouco a pouco, a uma unidade de nossa personalidade, a partir de uma multiplicidade cheia de contrastes, parece que está se operando um complexo crescimento como um todo. Nosso corpo é formado hereditariamente de uma multiplicidade de unidades mendelianas e não parece impossível que nossa psique tenha um destino análogo.

142   As concepções materialistas de nossa época têm convicção semelhante à tendência arcaica e desembocam na mesma conclusão: o indivíduo é mero resultado da confluência de causas naturais, no pri-

Civilização em transição 81

meiro caso; e, no segundo, nasceu da arbitrariedade do acaso. Em ambos os casos, a individualidade humana parece ser produto fortuito e sem importância das substâncias ativas do meio ambiente. Esta concepção se coaduna perfeitamente com a imagem arcaica do mundo, na qual o indivíduo comum, isolado, não é essencial, mas perfeitamente substituível e transitório. O materialismo, depois de desviar-se para o mais estrito causalismo, acabou voltando à concepção primitiva. Mas o materialista é mais radical que o primitivo por ser mais sistemático. O homem arcaico tem a vantagem de ser inconsequente: abre uma exceção para a personalidade *mana*. No curso do desenvolvimento histórico, esta personalidade *mana* foi elevada à dignidade de figura divina de heróis e reis divinos que, comendo dos eternos manjares dos deuses, tornava-se participante da imortalidade. Essa ideia da imortalidade do indivíduo e, portanto, de seu valor imperecível, já pode ser encontrada em níveis arcaicos mais remotos, principalmente na crença nos espíritos: e, depois, nos mitos do tempo, quando não havia ainda entrado no mundo a morte, pois ela só apareceu devido a um estúpido mal-entendido ou negligência.

O primitivo não se deu conta desta contradição em suas concepções. Meus negros me garantiam que ignoravam totalmente o que poderia acontecer-lhes depois da morte. Segundo eles, o homem simplesmente morre, pára de respirar e o corpo é levado para a floresta onde é devorado pelas hienas. É o que pensam de dia. De noite é diferente: espíritos dos mortos fervilham trazendo doenças ao gado e às pessoas ou atacando e estrangulando viajantes noturnos etc. Estas e outras contradições que parecem formigar no espírito do primitivo seriam capazes de fazer o europeu sair do sério. Mas ele esquece que no nosso mundo civilizado acontece ainda a mesma coisa. Há universidades que declaram indiscutível a ideia de uma intervenção divina e até erigem faculdades de teologia junto às demais. Um pesquisador materialista das ciências naturais que acha obsceno atribuir a um ato de arbitrariedade divina as mínimas variações de uma espécie animal tem, num outro compartimento, uma religião cristã perfeitamente desenvolvida e que se manifesta abertamente, se possível, cada domingo. Por que então irritar-nos tanto com a inconsequência do primitivo?

143

144   É impossível inferir qualquer sistema filosófico a partir do pensamento primitivo da humanidade. Podemos, isto sim, inferir uma quantidade de antinomias que constituem, em todas as épocas e em todas as culturas, o inesgotável fundamento de toda problemática espiritual. Será que as "representações coletivas" do homem arcaico são profundas, ou simplesmente parecem ser? Já havia sentido no começo ou foi criado mais tarde pelos homens? Não encontro respostas para estas difíceis questões, mas, para terminar, gostaria de narrar uma investigação que fiz junto aos montanheses da tribo dos Elgonyi. Pus-me a pesquisar e perscrutar de todos os modos para ver se encontrava algum vestígio de ideias e cerimônias religiosas. Depois de semanas de procura, absolutamente nada encontrei. Os nativos me deixaram ver tudo e de boa vontade me davam todas as informações. Pude falar diretamente com eles, sem recorrer a intérpretes nativos, porque muitos dos mais velhos falavam o *swahili*. A princípio, mostraram-se um tanto reservados, mas o gelo foi quebrado e passaram a tratar-me como amigo. Eles não tinham qualquer costume religioso. Mas não desisti e, certo dia, ao final de muitas conversas inúteis, um velho de repente exclamou: "Pela manhã, ao nascer do sol, saímos de nossas cabanas, cuspimos nas mãos, voltando-as para o sol". Pedi-lhes então que fizessem uma demonstração exata da cerimônia. Eles cuspiram ou sopraram fortemente nas mãos colocadas diante da boca e depois voltaram a palma da mão para o sol. Perguntei o que isso significava, por que agiam assim, por que cuspiam ou sopravam nas mãos. Tudo em vão. "Sempre foi assim que fizemos" – era o que diziam. Foi impossível obter uma explicação e ficou bem claro para mim que eles só sabem o que fazem, mas não sabem por que o fazem. Não veem qualquer sentido neste ato. Também saúdam a lua nova com o mesmo gesto.

145   Vamos agora supor que eu seja um estrangeiro que está chegando a esta cidade para estudar os costumes deste lugar. Primeiro trato de instalar-me nos arredores do Zürichberg e entrar em contato com os moradores vizinhos. Pergunto então aos srs. Müller e Meyer: "Por favor, será que vocês poderiam contar-me algo sobre seus costumes religiosos?" Ambos ficam estupefatos. Nunca vão à igreja, nada sabem e negam enfaticamente observar tais costumes religiosos. É primavera e a Páscoa está se aproximando. Certa manhã surpreendo o sr. Müller

Civilização em transição 83

em estranha atividade. Anda apressado no jardim, escondendo ovos coloridos e colocando ídolos-coelhos bem típicos. Peguei-o em flagrante: "Por que você me ocultou esta cerimônia tão interessante?" – perguntei-lhe. "Que cerimônia?" – retrucou ele. "Isso não é nada. Fazemos isto sempre na Páscoa". Indaguei: "Qual é então o sentido desses ovos, desses ídolos e do ato de esconder?" O sr. Müller ficou embasbacado. Nem ele sabe, como também não sabe o que significa a árvore de Natal. Todavia continua fazendo essas coisas, exatamente como o primitivo. Será que os antepassados dos primitivos sabiam melhor o que faziam? É totalmente improvável. O homem arcaico simplesmente o faz, só o civilizado sabe o que está fazendo.

O que significa então a cerimônia dos montanheses de Elgonyi, 146 de que falamos há pouco? É evidente que se trata de uma oferenda ao sol que é, para eles, no momento do nascer do sol e só neste momento, *mungu*, isto é, *mana*, divino. A saliva é a substância que, segundo a concepção primitiva, contém o mana pessoal, a força que cura, a força mágica, a força da vida. O sopro é o vento, o espírito: é *zoho*; *ruch* em árabe; *ruah* em hebraico; *pneuma* em grego. O ato significa: eu ofereço a Deus minha alma viva. Trata-se de uma oração sem palavras, feita através de um gesto, que poderia soar assim: "Senhor, em tuas mãos entrego meu espírito".

Será que isto simplesmente acontece assim, ou esta ideia já foi 147 pensada e desejada antes que o homem existisse? Com esta pergunta sem resposta, gostaria de encerrar minha exposição.

IV

O problema psíquico do homem moderno[*]

148   O problema psíquico do homem moderno é uma dessas questões indefinidas, exatamente por sua modernidade. Moderno é o homem que surgiu há pouco, e um problema moderno é uma questão que surgiu, mas cuja resposta ainda está no futuro. Por isso o problema psíquico do homem moderno é, na melhor das hipóteses, uma interrogação que talvez se apresentasse de modo bem diferente, se tivéssemos ligeira ideia da resposta que o futuro trará. Além disso, trata-se de algo tão geral – para não dizer tão vago – que supera em muito a força de compreensão de um único pensador, de maneira que temos todas as razões do mundo para abordar este problema com toda modéstia e o maior cuidado. Na minha opinião, é absolutamente necessário reconhecer expressamente esta limitação, pois nada induz tanto a encher a boca com palavras altissonantes, mas por isso mesmo vazias, do que a abordagem de um problema deste tipo. Somos, de fato, levados a afirmações aparentemente imodestas e audaciosas que facilmente poderiam cegar-nos. Quantos homens já não sucumbiram à ousadia e grandiosidade de suas próprias palavras!

149   Para começar logo com a falta de modéstia, devo dizer que este homem que chamamos moderno, portanto aquele que vive no presente mais imediato, está no pico ou à margem do mundo: sobre ele

---

[*] Conferência feita no Congresso da Liga de Colaboração Intelectual, em Praga, outubro de 1928. Publicada em *Europäische Revue*, IV/9, 1928, p. 700-715. Berlim. Reelaborada e ampliada em *Seelenprobleme der Gegenwart* (Psychologische Abhandlungen, III), Zurique: [s.e.], 1931. Novas edições em 1933, 1939, 1946, 1950, brochura em 1969.

só o céu, debaixo dele toda a humanidade cuja história se perde na névoa dos tempos mais remotos, e à sua frente o abismo do futuro. São poucos os modernos, ou melhor, os homens que vivem no presente imediato, pois sua existência exige a mais alta consciência, uma consciência extremamente intensiva e extensiva, com um mínimo de inconsciência, pois só aquele que tem consciência plena de sua existência como ser humano está de todo presente. Deve-se entender bem que não é o simples fato de viver no presente que faz alguém ser moderno, pois neste caso tudo o que vive hoje seria moderno. Só é moderno aquele que tem profunda consciência do presente.

Quem chega a esta consciência do presente, necessariamente é 150 *solitário*. O homem "moderno" sempre foi solitário. Cada passo em direção a uma consciência mais elevada e mais abrangente afasta-o da participação mística primitiva e puramente animal com o rebanho, e da submersão num inconsciente comum. Cada passo à frente representa uma luta para arrancá-lo do seio materno universal da inconsciência primitiva, no qual permanece a grande massa do povo. Mesmo entre os povos civilizados, as camadas mais baixas vivem num estado de inconsciência que pouco difere da dos primitivos. As camadas imediatamente superiores vivem, em geral, num nível de consciência que corresponde aos começos da cultura humana, e as camadas mais altas têm uma consciência análoga à dos séculos mais recentes do passado. Só o homem moderno, de acordo com o significado que lhe demos, vive realmente no presente, porque só ele possui uma consciência do presente e só para ele os níveis mais primitivos de viver se esmaeceram. Os valores e aspirações desses mundos só lhe interessam do ponto de vista histórico. Por conseguinte, ele se tornou "a-histórico", no sentido mais profundo do termo, tendo-se afastado da massa que só vive de ideias tradicionais. Na verdade ele só é completamente moderno quando ficar na margem mais exterior do mundo, tendo atrás de si tudo o que ruiu e foi superado, e diante de si o nada, do qual tudo pode surgir.

Isto soa tão grandioso que toca perigosamente o banal, pois nada 151 é mais fácil do que afetar esta consciência do presente. Existe toda uma horda de pessoas imprestáveis que se dão um ar de modernidade, pulando fraudulentamente todos os degraus com todas as dificílimas tarefas que eles apresentam. E eis que aparecem de repente completamente desprovidas de raízes e quais espectros vampirescos junto ao homem verdadeiramente moderno, desacreditando-o em sua solidão pouco invejável. E acontece então que os raros homens do presente são vistos pelos olhos pouco penetrantes da massa somente através do enganoso véu desses espectros pseudomodernos, com os quais são confundidos. Nada se pode fazer. O homem moderno é perigoso e suspeito, como sempre foi em todos os tempos, a começar por Sócrates e Jesus.

152   Admitir a modernidade significa declarar-se voluntariamente falido. É fazer uma nova espécie de voto de pobreza e de castidade, e até mesmo renunciar – o que é ainda mais doloroso – à auréola de santidade que sempre exige a sanção da história. O pecado de Prometeu foi ficar sem história. Neste sentido, o homem moderno é pecador. *Um nível mais elevado de consciência é portanto culpa.* Mas, como já disse, só o homem que conseguiu galgar os degraus da consciência do passado ou, em outras palavras, cumpriu satisfatoriamente as tarefas que encontrou em seu mundo pode chegar à plena consciência do presente. Deverá ser, por conseguinte, um homem virtuoso e eficiente no melhor dos sentidos, um homem de eficiência ou capacidade igual e até mesmo superior à dos outros. Essas qualidades torná-lo-ão capaz de galgar o próximo degrau de consciência imediatamente superior.

153   Sei que o conceito de "eficiência" é especialmente repugnante aos pseudomodernos, pois lembra-lhes desagradavelmente seu embuste. Mas isso não nos impede de tomá-lo como critério essencial do homem moderno, critério indispensável, pois, sem ele, o moderno não passaria de mero especulador sem consciência. Sua eficiência deve chegar ao grau máximo, do contrário a a-história será mera infidelidade ao passado, se não for compensada pela aptidão criativa. Negar o passado e só ter consciência do presente seria pura futilidade. O hoje só tem sentido se estiver entre o ontem e o amanhã. O hoje é um processo, uma transição que se afasta do passado e se encaminha para o futuro. Só o homem consciente do hoje, neste sentido, tem o direito de chamar-se *moderno.*

154   Muitos se chamam "modernos" – particularmente os pseudomodernos. Por isso encontramos o homem verdadeiramente moderno, muitas vezes, entre os que se dizem antiquados. Fazem isso, de um

Civilização em transição   87

lado, para compensar de alguma forma, através de uma forte acentuação do passado, a culpa de haverem rompido com a tradição histórica
e, de outro lado, para evitar o perigo de serem confundidos com os
pseudomodernos. A todo bem corresponde um mal, e não pode entrar
no mundo absolutamente nada de bem sem produzir diretamente o
mal correspondente. Essa dolorosa realidade torna ilusório o sentimento intenso que acompanha a consciência do presente, ou seja, de
sermos o ápice de toda a história humana passada, a conquista e o resultado de milhares e milhares de anos. Na melhor das hipóteses, isso é
uma confissão de pobreza orgulhosa, pois somos também a destruição
das esperanças e ilusões de milhares de anos. Quase dois mil anos de
história cristã se passaram e, ao invés da parusia e do reino milenar, o
que presenciamos é a guerra mundial entre nações cristãs, com arame
farpado e gases venenosos... Que derrocada no céu e na terra!

Diante de um quadro desses, é melhor voltarmos a uma atitude   155
bem humilde. Hoje o homem moderno está no ápice, amanhã estará
superado; é a última resultante de uma evolução antiquíssima, mas
também é a pior desilusão de todas as esperanças da humanidade.
Disso ele está consciente. Sabe muito bem que a ciência, a técnica e a
organização podem ser uma bênção, mas sabe também que podem
ser catastróficas. Testemunhou que os governos bem intencionados
protegeram a paz segundo o princípio "Si vis pacem, para bellum" a
tal ponto que a Europa quase chegou à ruína total[1]. E no tocante aos
ideais, nem a Igreja cristã, nem a fraternidade humana, nem a social-democracia internacional, nem a solidariedade dos interesses econômicos conseguiram suportar a prova de fogo da realidade. Hoje,
dez anos depois da guerra, o mesmo otimismo está de volta, as mesmas organizações, as mesmas aspirações políticas, os mesmos slogans
e expressões que preparam, a longo prazo, as mesmas catástrofes inevitáveis. Os pactos que proscrevem a guerra são vistos com ceticismo,
apesar de desejarmos que tenham o maior sucesso. No fundo, por
trás de todas essas medidas paliativas, ronda a dúvida. Considerando
todos os aspectos, acho que não estou exagerando se comparar a
consciência moderna com a psique de um homem que, tendo sofrido
um abalo fatal, caiu em profunda insegurança.

---

1. Isto foi escrito em 1928! (Se queres a paz, prepara-te para a guerra.)

156   Pode-se deduzir dessas afirmações que estou partindo de uma perspectiva médica, pois é esta a minha profissão. Um médico vê sempre doenças mas é essencial à sua profissão que não veja doenças onde elas não existem. Evito pois afirmar que a humanidade ocidental e o homem branco em particular estejam doentes, ou que o Ocidente esteja às portas de um colapso. Tal juízo ultrapassa de longe a minha competência.

157   Quando se ouve alguém falar de um problema cultural ou de um problema humano, nunca se deve esquecer de perguntar quem está falando. Pois, quanto mais geral o problema, tanto mais "introduzirá secretamente" sua psicologia pessoal na descrição. Isto poderá levar a distorções imperdoáveis e a falsas conclusões, com sérias consequências. Mas, por outro lado, o próprio fato de um problema geral envolver e assumir a personalidade inteira é garantia de que quem fala dele também o tenha vivenciado ou experimentado pessoalmente. Na segunda hipótese, ele nos apresenta o problema sob um ponto de vista pessoal, mostrando-nos portanto uma verdade, ao passo que o primeiro manipula o problema com tendências pessoais e o deforma, sob o pretexto de lhe dar uma forma objetiva. O resultado será simplesmente uma imagem ilusória sem qualquer base verdadeira.

158   É claro que só conheço o problema psíquico do homem moderno a partir de *minha* própria experiência com outras pessoas e comigo mesmo. Conheço a vida psíquica de algumas centenas de pessoas instruídas, quer doentes ou sadias, vindas de todas as partes do mundo civilizado dos brancos. E é a partir dessa experiência que estou falando. Certamente só poderei traçar uma imagem unilateral, pois tudo reside na *psique*, tudo se encontra no *lado interno*, por assim dizer. Mas devo acrescentar que a psique nem sempre e em todo lugar está no lado interno. Há povos e épocas em que ela se encontra no exterior, povos e épocas sem psicologia, como, por exemplo, todas as antigas culturas, entre as quais principalmente a do Egito com sua extraordinária objetividade e sua também grandiosa confissão dos pecados, ingênua e negativa ao mesmo tempo. É difícil imaginar por trás dos túmulos de Ápis em Sakkara e das pirâmides algum problema psíquico, tampouco quanto por trás da música de Bach.

159   Se existe alguma forma ideal e ritual externa, pela qual se assumem e se expressam todas as aspirações e esperanças da alma – como

Civilização em transição   89

por exemplo sob a forma de uma religião viva – então podemos dizer que a psique está fora, e que não há problema psíquico, assim como também não há inconsciente no nosso sentido da palavra. Por conseguinte, a descoberta da psicologia se restringe naturalmente às últimas décadas, embora os séculos anteriores já tivessem introspecção e inteligência suficientes para reconhecer as realidades psicológicas. Aconteceu o mesmo com o conhecimento técnico. Os romanos, por exemplo, conheciam os princípios mecânicos e processos físicos que poderiam tê-los levado a construir uma máquina a vapor. Mas tudo ficou só no brinquedo fabricado por Herão[2]. A razão disso é que não havia necessidade para tanto. Esta necessidade surgiu apenas com a excessiva divisão do trabalho e com a crescente especialização do último século. Da mesma forma, foi a *necessidade psíquica* do nosso tempo que nos fez descobrir a psicologia. É claro que os fenômenos psíquicos já existiam antes, mas não se impunham e ninguém lhes dava atenção. Era como se não existissem. Mas hoje não se pode mais esquecer a psique.

Os primeiros a reconhecer essa verdade foram sem dúvida os médicos. Para o sacerdote, a psique não passava de algo que se devia adaptar à forma já reconhecida para assegurar uma função sem distúrbios. Enquanto esta forma oferecia verdadeiras possibilidades de vida, a psicologia se limitava a ser uma técnica auxiliar e a psique não era encarada como fator *sui generis*. Enquanto o homem vivia no seio do rebanho não tinha psicologia própria, nem precisava dela, com exceção de sua crença na imortalidade da alma. Mas à medida que ultrapassou o horizonte de sua religião local ocidental, em outras palavras, quando sua religião não mais conseguiu conter toda a plenitude de sua vida, então a psique começou a tornar-se o fator com o qual já não era possível lidar pelos meios ordinários. Por isso temos uma psicologia que se baseia nos fatos empíricos e não em artigos de fé ou postulados filosóficos. E o próprio fato de termos uma psicologia é sintoma de profundo estremecimento da psique em geral. Pois acontece com a psique geral o que acontece com a psique individual: en-

160

---

2. Herão de Alexandria (provavelmente um século d.C.), matemático grego e físico a cujo espírito inventivo a ciência e a técnica devem muitos teoremas, fórmulas, instrumentos e aparelhos.

quanto tudo vai bem e enquanto todas as energias psíquicas encontram uma função adequada e satisfatória, nada temos a temer, nada nos perturba. Nenhuma incerteza ou dúvida nos assalta e estamos em perfeita harmonia conosco. Mas se alguns canais da atividade psíquica ficarem soterrados, aparecem fenômenos de retenção, a fonte parece transbordar, ou seja, o interior quer outra coisa do que o exterior e a consequência é o conflito conosco mesmos. Só nesta condição, ou seja, neste *estado de necessidade*, descobrimos a psique como algo que quer outra coisa, como algo estranho e até hostil e inconciliável. A descoberta da psicanálise freudiana mostra claramente esse processo. A primeira coisa que descobriu foi a existência de fantasias sexuais perversas e criminosas que, tomadas ao pé da letra, são absolutamente incompatíveis com a consciência do homem civilizado. Se alguém adotasse o ponto de vista dessas fantasias, seria simplesmente considerado rebelde, louco ou delinquente.

161   Não se pode pressupor que o pano de fundo da psique ou o inconsciente só tenha desenvolvido este aspecto nos tempos recentes. Provavelmente sempre foi assim e em todas as civilizações. Cada cultura tem seu adversário do tipo Heróstrato. Mas nenhuma cultura anterior à nossa se viu constrangida a levar a sério esse pano de fundo psíquico em si mesmo. A psique sempre foi simples parte de um sistema metafísico. Mas a consciência moderna já não pode prescindir do conhecimento da psique, apesar das mais fortes e obstinadas resistências. É isso que distingue nossa época das precedentes. Não podemos mais negar que as obscuras realidades do inconsciente são potências eficazes, que existem forças psíquicas que não podemos inserir em nossa ordem do mundo racional, pelo menos no presente. Mais ainda, construímos sobre elas uma ciência, uma prova a mais de que estamos realmente levando a sério essas realidades. Séculos passados podiam achá-las insignificantes e ignorá-las. Mas, para nós, são como a túnica de Nesso, impossível de tirar.

162   A revolução que a consciência moderna sofreu em consequência das catástrofes da guerra mundial foi internamente acompanhada pelo abalo moral da fé em nós mesmos e em nossa bondade. Outrora podíamos considerar os estrangeiros como malfeitores sob o aspecto moral e político, mas o homem moderno deve reconhecer que ele é moral e politicamente igual a todos os demais. Enquanto em tempos

Civilização em transição

passados eu achava que era dever meu, imposto por Deus, chamar os outros à ordem, sei agora que também eu devo ser chamado à ordem e que seria bem melhor arrumar primeiro a minha própria casa. Tanto mais porque percebo com grande clareza que minha fé na possibilidade de uma organização racional do mundo – o velho sonho do reino de mil anos de paz e concórdia – ficou profundamente abalada. O ceticismo da consciência moderna a este respeito já não permite qualquer entusiasmo político ou de reforma mundial. É antes a base mais desfavorável possível para um simples fluxo das energias psíquicas no mundo, assim como a dúvida sobre a personalidade moral de um amigo influencia desfavoravelmente as relações de amizade, prejudicando inevitavelmente seu desenvolvimento. Este ceticismo faz com que a consciência moderna recue, se volte sobre si mesma. Este refluxo faz retornarem à consciência conteúdos psíquicos subjetivos que certamente sempre estavam presentes, mas permaneciam na obscuridade mais profunda até o momento de poderem escoar livremente para fora. O homem da Idade Média via o mundo de modo bem diferente. Para ele, a Terra era o centro do universo, eternamente fixa e em repouso. Em volta dela girava o Sol, solícito em propiciar-lhe calor. Os homens brancos, todos filhos de Deus, estavam sob as asas do Altíssimo e eram criados para a felicidade eterna. Sabiam exatamente *o que* deviam fazer e *como* deviam portar-se para passar da vida terrestre transitória para uma vida eterna, cumulada de felicidade. Não é mais possível imaginar, nem mesmo em sonho, uma realidade deste tipo. A ciência natural conseguiu rasgar esse véu há bastante tempo. Já se foi esse tempo, como se foi o tempo da infância, quando achávamos que o nosso pai era o homem mais belo e mais poderoso da terra.

O homem moderno perdeu todas as certezas metafísicas da Idade Média, trocando-as pelo ideal da segurança material, do bem-estar geral e do humanitarismo. Quem conseguiu conservar inalterável até hoje esse ideal deve possuir uma dose de otimismo fora do comum. Também esta segurança foi por água abaixo, pois o homem moderno começa a perceber que todo passo em direção ao progresso material parece significar uma ameaça cada vez maior de uma catástrofe ainda pior. Diante deste quadro, a imaginação e a esperança recuam assustadas. O que pensar, por exemplo, das medidas de proteção que as grandes cidades vêm adotando contra possíveis ataques com gases venenosos e inclusive fazem treinamentos com a população? Significam simplesmente – segundo o princípio *si vis pacem para bellum* (se queres paz, prepara-te para a guerra) – que estes ataques com gases mortíferos já foram previstos e planejados. Basta reunir o material necessário à destruição que o diabólico se apossará infalivelmente do homem levando-o a agir. Sabemos muito bem que as armas de fogo disparam por si, desde que haja um conjunto suficiente delas.

164   O vago pressentimento da terrível lei que rege a cega contingência, chamada por Heráclito a lei da *enantiodromia*, isto é, a contracorrente, congela de tal forma o plano mais profundo da consciência moderna, a ponto de paralisar toda crença na possibilidade de opor-se a esta monstruosidade, através de medidas sociais e políticas. Se, depois desta terrível visão de um mundo cego, no qual se contrabalançam continuamente a construção e a destruição, a consciência se voltar para o homem como sujeito e entrar no recesso de sua própria psique, encontrará nela uma escuridão tão selvagem que seria bem melhor ignorá-la. Também aqui a ciência destruiu um último refúgio. O que prometia ser uma caverna protetora, foi transformado em esgoto.

165   Não obstante, parece até um alívio encontrar tanto mal nas profundezas da própria psique, pois, pelo menos, conseguimos descobrir aí a causa de todo o mal que existe na grande humanidade. Mesmo chocados e desiludidos a princípio, temos a impressão de que essas realidades psíquicas, precisamente por serem parte de nossa psique, são algo que temos mais ou menos na mão e podemos portanto controlar, ou pelo menos reprimir como convém. Se conseguíssemos isso – pelo menos admiti-lo já seria tão bom – estaria extirpada uma parte do mal no mundo externo. Pela ampla difusão do conhecimento do inconsciente, todo mundo poderia, por assim dizer, verificar se um homem público se deixa arrastar por escusos motivos inconscientes e os jornais poderiam admoestá-lo: "Por favor, submeta-se a uma análise. Você está sofrendo de um complexo paterno reprimido".

166   Usei de propósito este exemplo grosseiro para mostrar a que conclusões absurdas poderia levar a ilusão de que basta algo ser psíquico para podermos manejá-lo à vontade. Não resta dúvida que o mal provém, em grande parte, da inconsciência ilimitada do homem, como também é verdade que um conhecimento mais profundo nos ajuda a lutar contra as causas psíquicas do mal, exatamente

Civilização em transição 93

como a ciência nos tornou capazes de combater com êxito as adversidades externas.

O crescente interesse pela psicologia no mundo inteiro, nos últimos vinte anos, prova irrefutavelmente que a consciência moderna se afastou um pouco das realidades exteriores e materiais para voltar sua atenção mais para a realidade interna e subjetiva. A arte expressionista antecipou profeticamente esta mudança, porque toda arte sempre capta com antecedência e intuitivamente as futuras mudanças da consciência em geral. 167

O interesse psicológico de nossa época espera algo da psique, algo que o mundo externo não pôde dar, certamente alguma coisa que nossa religião deveria conter mas não contém ou não mais contém, pelo menos para o homem moderno. Para ele, as religiões já não parecem provir de dentro, da psique, ao contrário, tornaram-se para ele pedaços de um inventário do mundo exterior. Nenhum espírito supraterrestre é capaz de prendê-lo com uma revelação interior. Ao invés, ele se esforça por escolher religiões e convicções e veste uma delas, como se veste uma roupa de domingo, desfazendo-se finalmente dela como se faz com uma roupa usada. 168

Os fenômenos obscuros e quase patológicos do pano de fundo da psique fascinam de algum modo o interesse. Mas é difícil explicar como algo que foi rejeitado pelas épocas precedentes possa tornar-se, de repente, tão interessante. Não se pode negar, porém, que há um interesse geral nessas questões, apesar da aparente incompatibilidade com o bom gosto. Quando me refiro ao interesse psicológico, não entendo apenas o interesse pela ciência psicológica, ou o interesse ainda mais restrito pela psicanálise de Freud, mas o crescente interesse pelos fenômenos psíquicos mais amplos como o espiritismo, a astrologia, a teosofia, a parapsicologia etc. O mundo não viu mais nada semelhante desde o final do século XVI e XVII. Só podemos compará-la com o apogeu da gnose dos séculos I e II d.C. As correntes espirituais de hoje têm realmente profundas semelhanças com o gnosticismo. Mais ainda: até existe hoje uma Igreja gnóstica da França e conheço, na Alemanha, duas escolas gnósticas que se declaram abertamente como tais. Numericamente, o movimento mais importante é sem dúvida a teosofia, como sua irmã continental, a antroposofia. Pode-se dizer que são água do mais puro gnosticismo, com roupagem 169 indiana. Ao lado delas, o interesse pela psicologia científica é insignificante. Mas os sistemas gnósticos também se baseiam exclusivamente em fenômenos inconscientes e seus ensinamentos morais penetram na obscuridade profunda como, por exemplo, a versão europeia da yoga kundalini hindu. O mesmo acontece com os fenômenos da parapsicologia. Os que os conhecem podem confirmá-lo.

170 O apaixonado interesse por esses fenômenos brota certamente da energia psíquica que reflui das formas obsoletas de religião. Por esta razão, esses movimentos apresentam um caráter genuinamente religioso, apesar de sua pretensão científica: é o caso de Rudolf Steiner que chama sua antroposofia de *a* "ciência espiritual". As tentativas de esconder esse caráter mostram que a religião está atualmente desacreditada, tanto quanto a política e a reforma do mundo.

171 Não seria ir longe demais dizer que a consciência moderna, ao contrário da consciência do século XIX, voltou suas esperanças mais íntimas e mais profundas para a psique, não no sentido de uma confissão religiosa tradicional, mas no sentido gnóstico. O fato de todos esses movimentos se revestirem de uma aparência científica não é simplesmente uma caricatura ou intenção de ocultar sua verdadeira natureza, mas sinal positivo de que estão realmente buscando ciência, isto é, *conhecimento* em estrita oposição à essência das formas ocidentais de religião, ou seja, à fé. A consciência moderna abomina a fé e consequentemente as religiões que nela se baseiam. Só as admite na medida em que o conteúdo de seu conhecimento estiver aparentemente de acordo com fenômenos experimentados no pano de fundo psíquico. Ela quer *saber*, isto é, experimentar originalmente por si mesma.

172 A época das descobertas, cujo término talvez tenhamos atingido pela exploração completa da Terra, já não queria acreditar que os hiperboreanos eram monstros de um só pé ou coisa semelhante, mas queria saber e ver com os próprios olhos o que havia por trás dos limites do mundo conhecido. Nossa época se dispõe, evidentemente, a procurar o que existe na psique, além da consciência. A questão que preocupa qualquer círculo espiritista é esta: O que acontece quando um médium perde a consciência? E a questão de todo teosofista é: Que experiência poderei ter em graus mais elevados da consciência, isto é, além de minha consciência atual? Cada astrólogo se pergunta: Quais são as forças operantes que determinam meu destino, além de

Civilização em transição   95

minha intenção consciente? E todo psicanalista quer saber quais são as molas inconscientes que atuam por trás da neurose.

Nossa época quer fazer por si mesma a experiência da psique.   173 Quer uma experiência original e não pressupostos, embora utilize todas as hipóteses existentes como meios de atingir os fins, inclusive as das religiões conhecidas e da autêntica ciência. O europeu de ontem sentiria leve arrepio descer-lhe pela espinha se olhasse um pouco mais fundo neste campo. Não só lhe pareceria obscuro e assustador o objeto da pesquisa, mas o próprio método ele o consideraria um abuso chocante de suas mais belas conquistas espirituais. O que diz, por exemplo, o profissional astrônomo, do fato de hoje se fazerem pelo menos mil vezes mais horóscopos do que há trezentos anos atrás? O que dizem o iluminista e o pedagogo filósofos do fato de o mundo de hoje não ter conseguido reduzir, em uma que seja, as superstições que se arrastam desde a Antiguidade? O próprio Freud, fundador da psicanálise, teve que fazer um honesto esforço para colocar à clara luz tudo que há de imundo, de obscuro e de mau no pano de fundo psíquico, e para interpretá-lo de tal forma que ninguém mais tivesse vontade de lá procurar outra coisa que não lixo imundo e rejeitos. De nada valeu seu esforço; sua tentativa de intimidação acabou provocando justamente o efeito contrário: a admiração por toda esta sujeira. Um fenômeno em si perverso e que normalmente seria inexplicável, se não existisse nessas pessoas o secreto fascínio pela psique.

Não resta dúvida que, desde o começo do século XIX, desde a   174 época memorável da Revolução Francesa, a psique foi aos poucos tomando o primeiro plano da consciência geral, exercendo uma força atrativa cada vez maior. A entronização da deusa da Razão em Notre-Dame parece ter sido um gesto simbólico de grande significado para o mundo ocidental, análogo à derrubada do carvalho de Wotan pelos missionários cristãos, pois, tanto naquela época como agora, nenhum raio vingador veio fulminar os blasfemadores.

É claro que temos que ver neste episódio muito mais do que sim-   175 ples brincadeira da História universal que, justamente na mesma época, e precisamente um francês, Anquetil Duperron, que vivia na Índia, no começo do século XIX, conseguiu trazer consigo uma tradução do *Oupnek'hat*, uma coleção de 50 Upanixades que, pela primeira vez, permitiu ao Ocidente penetrar mais profundamente no misterioso espírito oriental. Para o historiador pode tratar-se de mera coincidência, sem qualquer nexo causal histórico. Mas minha premonição médica me impede de ver aí apenas um acaso, uma vez que tudo acontece de conformidade com as regras psicológicas que atuam infalivelmente na vida pessoal: cada vez que algum aspecto importante é desvalorizado na consciência, vindo a desaparecer, surge por sua vez uma compensação no inconsciente. Isto acontece em analogia à lei fundamental da conservação da energia, pois também os nossos fenômenos psíquicos são *processos energéticos*. Nenhum valor psíquico pode desaparecer sem ser substituído por um equivalente. É esta a lei heurística fundamental da praxis psicoterapêutica de todos os dias que sempre se confirma. O médico em mim se nega a crer que a vida psíquica de um povo esteja além das regras psicológicas fundamentais. A psique de um povo tem uma configuração apenas um pouco mais complexa do que a psique do indivíduo. E, no caso inverso, já não falou um poeta dos "povos" de sua alma? E, com razão, acho eu. Pois algo de nossa psique não é indivíduo mas povo, coletividade, humanidade. De alguma forma somos parte de uma psique única e abrangente, de um homem singular e imenso – usando as palavras de Swedenborg.

176 E assim como o escuro em mim, eu indivíduo, exige a benfazeja claridade, o mesmo acontece na vida psíquica do povo. A massa obscura e anônima que confluiu destruidoramente para Notre-Dame atingiu também o indivíduo, a Anquetil Duperron, provocando nele uma resposta que entrou para a História. Dele procedem Schopenhauer e Nietzsche e é dele que provém a influência espiritual do Oriente, cujas dimensões ainda não conseguimos avaliar. Tomemos cuidado para não subestimar esta influência! Temos pouca coisa dela na superfície intelectual da Europa: alguns professores de filosofia, um ou outro entusiasta do budismo, algumas sombrias celebridades como Madame Blavatsky e Annie Besant com seu *Krishnamurti*. Parecem ilhas isoladas que afloram da massa oceânica, mas na verdade são picos de enormes cadeias de montanhas submarinas. Alguns educadores de estreita visão acreditavam até há pouco tempo que a astrologia era coisa ridícula do passado. Ei-la que surge agora, das camadas sociais mais baixas, e está às portas de nossas Universidades, das quais

Civilização em transição

foi banida há cerca de trezentos anos. O mesmo se dá com as ideias orientais: começam a lançar raízes nos níveis mais baixos do meio popular e crescem lentamente até chegar à superfície. De onde provinham os cinco ou seis milhões de francos suíços do templo antroposófico de Dornach? Com certeza não de um único homem. Infelizmente não temos à mão qualquer estatística para certificar-nos exatamente do número de teosofistas secretos ou declarados de hoje. Mas é certo que o número se eleva a alguns milhões. A estes devemos acrescentar ainda alguns milhões de espiritistas de denominação cristã e teosófica.

As grandes inovações jamais vêm de cima, sempre de baixo, como as árvores que não nascem do céu mas germinam do solo, ainda que suas sementes tenham caído do alto. O abalo do nosso mundo e o abalo de nossa consciência são uma e a mesma coisa. Tudo se torna relativo e por conseguinte questionável. E, enquanto a consciência, hesitante e duvidosa, contempla este mundo questionável em que ressoam tratados de paz e amizade, de democracia e ditadura, de capitalismo e bolchevismo, cresce o anseio de seu espírito por uma resposta ao tumulto de dúvidas e inseguranças. E são precisamente as camadas obscuras do povo, os humildes e silenciosos da terra, de quem tantas vezes se zomba, que são menos atingidos pelos preconceitos acadêmicos do que os altos expoentes da ciência, pois se deixam levar pelo instinto inconsciente da psique. Visto do alto, este espetáculo parece desolador e ridículo, mas de uma simplicidade que se assemelha à dos bem-aventurados dos tempos bíblicos. Não é tocante, por exemplo, ver como se escrevem grossos compêndios para registrar tudo que há de refugo na psique humana? Neles encontramos as mais insignificantes bagatelas, as ações mais absurdas, as fantasias mais selvagens que são recolhidas como *Antropophyteia* por pessoas ligadas a Havelock Ellis e Freud em tratados sérios e enterradas com todas as honras científicas. O círculo de seus leitores já abrange todo o mundo civilizado branco. Donde provém tal zelo? A que atribuir esta fanática veneração do insípido? É que se trata de algo psicológico, de substância psíquica, portanto de algo tão precioso quanto o fragmento de manuscritos salvos em meio a montes de lixo muito antigos. Mesmo o mais secreto e fedorento da psique tem valor para o homem moderno, porque serve aos seus objetivos. Quais são esses objetivos?

177

178   Freud colocou no iníco de sua *Interpretação dos sonhos* a seguinte frase: *Flectere si nequeo superos, Acheronta movebo* (Se eu não posso dobrar os deuses do Olimpo, pelo menos vou fazer o Aqueronte balançar). Por quê?

179   Os deuses que queremos destronar são os ídolos e os valores do nosso mundo consciente. Como sabemos, nada desacreditou tanto os deuses antigos como suas escandalosas histórias. E a História se repete: perscrutamos as razões profundas de nossas brilhantes virtudes e de nossos ideais incomparáveis, e clamamos com todo júbilo: "Eis os vossos deuses, meras fantasmagorias fabricadas pela mão do homem, aviltadas pela baixeza humana, sepulcros caiados repletos de podridão e imundície!" Parece que soa uma nota bem conhecida, e aquelas palavras que não conseguimos entender no catecismo de preparação para a confirmação estão voltando à vida.

180   Estou profundamente convencido de que não se trata de meras analogias fortuitas. Há muitas pessoas que estão mais próximas da psicologia freudiana do que do Evangelho. Para estas o bolchevismo é muito mais do que virtude cívica. Todas, porém, são nossas irmãs e em cada um de nós existe pelo menos *uma* voz que lhes dá razão, pois em suma todos fazemos parte de *uma única* psique.

181   O inesperado resultado desta orientação do espírito é que o mundo recebe uma fisionomia horrível, tão feia que ninguém mais consegue amá-lo, que nem conseguimos amar a nós mesmos e que, em última análise, nada mais existe no mundo exterior capaz de afastar-nos de nossa própria psique. Sem dúvida esta é a consequência a que, no fundo, se quer chegar. Afinal de contas, o que pretende a teosofia, com sua doutrina do karma e da reencarnação, a não ser que este mundo fictício nada mais é do que um lugar de passagem, de aprimoramento moral dos imperfeitos? Relativiza também o sentido imanente do mundo presente, apenas com outra técnica, isto é, prometendo outros mundos mais elevados, mas sem aviltar este nosso. O resultado porém é sempre o mesmo.

182   Admito que todas essas ideias são extremamente não acadêmicas, mas atingem a consciência moderna de baixo. Seria novamente mera coincidência que a teoria da relatividade de Einstein e a mais recente teoria nuclear que já atinge o supracausal e o ininteligível se te-

Civilização em transição 99

nham apossado do nosso pensamento? Até a física volatiliza nosso mundo material. Por isso acho que não é de estranhar que o homem moderno recue, sempre de novo, para sua realidade psíquica, procurando nela a segurança que o mundo já não lhe pode dar.

Do ponto de vista da psique, o mundo ocidental se encontra 183 numa situação crítica, e o perigo será ainda maior se preferirmos as ilusões de nossa beleza interior à verdade mais impiedosa. O homem ocidental vive numa espessa nuvem de autoincensação para dissimular seu verdadeiro rosto. E os homens de outra cor, o que somos para eles? O que pensam de nós a Índia e a China? O que sente o homem negro a nosso respeito? E o que pensam todos aqueles que exterminamos pela cachaça, pelas doenças venéreas e pelo rapto de suas terras?

Tenho por amigo um índio, chefe pueblo. Certo dia estávamos 184 conversando familiarmente sobre os brancos e ele me disse: "Não conseguimos entender os brancos. Sempre estão querendo alguma coisa e sempre estão inquietos, procurando não sei o quê. O que será que estão procurando? Nós não sabemos. Não conseguimos mesmo entendê-los. O nariz deles é tão agudo, seus lábios tão finos e cruéis e seus traços fisionômicos tão característicos. Achamos que são todos *malucos*".

Certamente meu amigo reconheceu, sem ser capaz de dizer o 185 nome exato, a ave de rapina ariana, com sua sede insaciável de presas em todos os países, mesmo os que não lhe dizem respeito. Além disso, deve ter notado nossa megalomania que nos leva a afirmar, entre outras coisas, que o cristianismo é a única verdade e que o Cristo branco é o único salvador. Não enviamos nossos missionários até a China, depois de revolucionar todo o Oriente com nossa ciência e tecnologia fazendo dele nosso tributário? A comédia do cristianismo na África é realmente deplorável. Aí a extirpação da poligamia, certamente querida por Deus, abriu caminho à prostituição em escala tal que só na Uganda se gastam vinte mil libras anualmente para prevenir doenças venéreas. É para chegar a esses resultados tão edificantes que o honrado europeu paga seus missionários. Precisaríamos lembrar também a história dos atrozes sofrimentos na Polinésia e os benefícios advindos do comércio do ópio?

É assim que aparece o europeu através da nuvem de incenso de 186 sua própria moral. Por isso não é de admirar que a escavação de nossa própria psique seja antes de mais nada uma espécie de drenagem.

Só um grande idealista como Freud pôde consagrar a um trabalho tão sujo a atividade de toda uma vida. Não foi ele que provocou o mau cheiro, mas todos nós que nos achamos tão limpos e decentes; e o provocamos por pura ignorância e grosseira ilusão sobre nós mesmos. Portanto, nossa psicologia, isto é, o conhecimento de nossa psique, começa, sob todos os pontos de vista, pelo lado mais repugnante, a saber, por tudo que não queremos ver.

187 Entretanto, se nossa psique consistisse apenas de coisas más e sem valor, nenhum poder no mundo poderia induzir um homem normal a achar nela qualquer coisa atraente. É por isso também que todos aqueles que não conseguem ver na teosofia senão uma lamentável superficialidade intelectual, e no freudismo nada mais que avidez de sensações, prenunciam um fim rápido e inglório a esses movimentos. Não percebem que na base desses movimentos existe uma paixão, ou seja, o fascínio da psique que mantém essas formas de expressão como estágios até que algo melhor venha substituí-las. No fundo, superstição e perversidade são uma e a mesma coisa. São formas transitórias de natureza embrionária das quais surgirão formas novas e mais maduras.

187ª O aspecto do pano de fundo psíquico do Ocidente é, tanto do ponto de vista intelectual quanto do ponto de vista moral e estético, muito pouco atraente. Com uma paixão sem igual, erigimos à nossa volta um mundo monumental. Mas, precisamente por ser tão grandioso, tudo o que existe de magnífico está fora de nós, e tudo o que encontramos no fundo de nossa psique deve necessariamente ser mesquinho e insuficiente, como de fato é.

187ᵇ Estou convencido de estar antecipando aqui algo da consciência em geral. O conhecimento dessas realidades psicológicas ainda não é do domínio comum. O público ocidental está apenas a caminho deste conhecimento contra o qual, por razões bem compreensíveis, há grande resistência. O pessimismo de Spengler não deixou de impressionar, embora esta impressão se restringisse aos limites convenientes ao círculo acadêmico. O conhecimento psicológico, ao contrário, apreende o que há de dolorosamente pessoal, chocando-se por isso com resistências e negações pessoais. Aliás, estou longe de considerar essas resistências como insignificantes. Pelo contrário, elas me parecem uma sadia reação contra um elemento destruidor. Todo relati-

Civilização em transição

vismo tem uma ação destruidora quando se arvora em princípio supremo e último. Portanto, quando chamo a atenção para um aspecto sombrio do pano de fundo psíquico, meu intuito não é fazer uma advertência pessimista. Pretendo antes sublinhar que, apesar de seu aspecto assustador, o inconsciente exerce forte atração não só sobre as naturezas doentias, mas também sobre os espíritos sadios e positivos. O fundo da psique é natureza e natureza é vida criadora. É verdade que a própria natureza derruba o que construiu, mas vai reconstruir de novo. Os valores que o relativismo moderno destrói no mundo visível, a psique no-los restitui. De início só vemos a descida na obscuridade e na fealdade, mas aquele que é incapaz de suportar este espetáculo também não conseguirá jamais criar a luminosidade e a beleza. A luz sempre nascerá da noite, e nenhum sol jamais ficou imóvel no céu porque uma tímida aspiração humana se engatou nele. O exemplo de Anquetil Duperron não nos mostrou como a psique suprime, ela mesma, seus próprios eclipses? É evidente que a China não pensa que a ciência e a técnica europeias provocarão seu desaparecimento. Por que acreditaríamos que a secreta influência espiritual do Oriente poderia nos destruir?

Mas esqueço que aparentemente ainda não nos demos conta de que, enquanto nós revolucionamos o mundo *material* do Oriente com a superioridade de nossos conhecimentos *técnicos*, o Oriente, por sua vez, confunde nosso mundo *espiritual* com a superioridade de seus conhecimentos *psíquicos*. Nunca chegamos a pensar que o Oriente poderia pegar-nos por dentro. Tal ideia nos parece louca, uma vez que só pensamos nas conexões causais e não podemos entender como um Max Müller, um Oldenberg, um Deussen ou um Wilhelm poderiam ser responsabilizados pela confusão psíquica de nossa classe média. Afinal, o que nos ensina o exemplo da Roma imperial? Após a conquista da Ásia Menor, Roma se tornou asiática; a Europa também foi contaminada pela Ásia e continua até hoje. Da Cilícia veio a religião militar das legiões romanas que se espalhou do Egito até a nebulosa Bretanha. Nem é preciso falar da origem asiática do cristianismo.

Ainda não nos demos conta que a teosofia ocidental é o verdadeiro diletantismo bárbaro imitando o Oriente. Estamos recomeçando com a astrologia que, para o Oriente, é pão de cada dia. O estudo da sexualidade que para nós nasceu em Viena e na Inglaterra encontra na Índia modelos bem superiores. Sobre o relativismo filosófico encontramos lá textos milenares, e a própria concepção da ciência chinesa se baseia exclusivamente num ponto de vista supracausal que mal suspeitamos. E a respeito de certas novas descobertas, um tanto complicadas, de nossa psicologia, podemos encontrar uma descrição bastante clara em antigos textos chineses, como mostrou recentemente o professor Wilhelm. O que consideramos uma descoberta especificamente ocidental – a psicanálise e os movimentos que derivaram dela – não passa de uma tentativa de principiantes, em comparação com a arte que há muito tempo se vem exercendo no Oriente. Talvez saibamos que o livro que estabelece uma comparação entre a psicanálise e a yoga já foi escrito. Seu autor é Oskar A.H. von Schmitz[3].

190   Os teósofos têm uma concepção divertida dos mahatmas que se encontram em algum lugar no Himalaia ou no Tibet donde inspiram e dirigem os espíritos do mundo inteiro. É tão forte a influência das crenças mágicas do Oriente que europeus comuns, de mente normal, me asseguraram que tudo de bom que eu disse me fora inspirado pelos mahatmas, de nada valendo minha própria inspiração. Esta mitologia, tão difundida no Ocidente, e na qual se acredita de coração, não é um absurdo, como também não o são as demais mitologias. É uma verdade psicológica de grande importância. Parece que o Oriente tem alguma relação com a transformação espiritual pela qual estamos passando. Só que este Oriente não é um mosteiro tibetano de mahatmas, mas é algo que está essencialmente dentro de nós. Na verdade é nossa psique que cria constantemente novas formas espirituais, formas que abrangem realidades psíquicas capazes de pôr freios salutares à avidez desenfreada de presas do homem ariano. Talvez se trate de algo análogo ao estreitamento dos horizontes de vida que se tornou no Oriente um perigoso quietismo; ou uma espécie de estabilidade de vida que aparece necessariamente quando as exigências do espírito se tornam tão prementes quanto as necessidades da vida social. Nesta nossa época de americanismo, ainda estamos bem distantes disto; tenho a impressão de estarmos apenas no limiar de uma

---

3. *Psychoanalyse und Yoga* (Na edição anglo-americana desse volume faltam os § 187 a e b; e os § 188 e 189 estão trocados).

Civilização em transição 103

nova cultura espiritual. Não quero passar por profeta, mas acho que só dificilmente poderemos esboçar o problema psíquico do homem moderno sem mencionar sua aspiração por sossego num estado de inquietação, seu desejo de segurança num estado de insegurança constante. É da necessidade e carência que nascem novas formas de vida, e não de exigências ideais ou de meros desejos. Além disso, não podemos expor um problema exclusivamente em si e por si mesmo, sem indicar pelo menos uma possibilidade de solução, mesmo que não seja nada de definitivo. Tal como se apresenta o problema hoje, parece que não podemos esperar por uma solução próxima. Como sempre acontece, uns anseiam por uma volta resignada ao passado, enquanto outros, mais otimistas, almejam por uma mudança no modo de viver e na cosmovisão.

É no fascínio que o problema espiritual exerce sobre o homem moderno que está, na minha opinião, o ponto central do problema psíquico do hoje. Por um lado, trata-se de um fenômeno de decadência – se formos pessimistas. Mas, por outro lado, trata-se de um germe promissor de transformação profunda da atitude espiritual do Ocidente – se formos otimistas. Em todo caso, trata-se de um fenômeno da maior importância que deve ser levado em conta justamente por encontrar suas raízes nas vastas camadas do povo. E é tão importante porque atinge, como prova a História, as incalculáveis forças instintivas irracionais da psique, que transformam inesperada e misteriosamente a vida e a cultura dos povos. São essas forças, ainda invisíveis a muitas pessoas de hoje, que estão por trás do interesse de nossa época pela psicologia. No fundo, a fascinação da psique não é uma perversidade doentia, é uma atração tão poderosa que não pode ser detida, nem mesmo por algo repelente. 191

Ao longo da enorme estrada do mundo, tudo parece devastado e desgastado. Certamente é por isso que o instinto, em sua busca de satisfação, abandona as estradas feitas e passa a caminhar a esmo, exatamente como o homem antigo se livrou de suas divindades do Olimpo e se voltou para os cultos mistéricos da Ásia Menor. Nosso secreto instinto procura no exterior e se apropria da teosofia e da magia orientais. Mas procura também no interior, levando-nos a contemplar o pano de fundo obscuro da psique. E faz isto com o mesmo ceticismo e o mesmo radicalismo que levou Buda a colocar de lado, como insig- 192 nificantes, seus dois milhões de deuses, para poder atingir a experiência primordial, a única capaz de convencer.

193   E chegamos, agora, à última questão. O que eu disse do homem moderno, será que é realmente verdade, ou não passaria de uma ilusão de ótica? Não se pode duvidar que para muitos milhões de ocidentais os fatos que aduzi não passam de acasos sem importância, e de aberrações deploráveis para um grande número de pessoas cultas. O que pensaria, por exemplo, um romano letrado, do cristianismo que se espalhou inicialmente entre as classes mais baixas do povo? Para muitas pessoas, o Deus ocidental é ainda uma personalidade tão viva quanto Alá do outro lado do Mar Mediterrâneo. E cada crente, por sua vez, considera o outro como o pior herege que apenas se tolera com piedade porque não há outro jeito. O europeu esclarecido acha que a religião e tudo o que tem a ver com ela é bom para o povo e para a sensibilidade feminina, mas de pouca importância em vista das questões econômicas e políticas do momento atual.

194   Por isso venho sendo refutado em toda a minha linha de pensamento, como alguém que preconiza uma tempestade sem qualquer indício de nuvens no céu. Talvez seja uma tempestade abaixo do horizonte, uma tempestade que talvez nunca nos alcance. Mas as questões da psique sempre se encontram abaixo do horizonte da consciência e, quando falamos de problemas psíquicos, sempre falamos daquilo que se encontra no extremo limite do visível, de coisas tão íntimas e frágeis, como flores que só se abrem dentro da noite. À luz do dia tudo é claro e tangível, mas a noite dura tanto quanto o dia e nós também vivemos durante a noite. Há pessoas que têm sonhos maus que acabam estragando o dia seguinte. E, para muitas pessoas, a vida cotidiana é um sonho tão mau que anseiam pela noite, quando o espírito desperta. Acho até que esse tipo de pessoas não é pequeno em nossos dias e por isso continuo reafirmando que o problema psíquico do homem moderno é parecido com aquele que foi retratado aqui.

195   Não obstante, devo culpar-me de certa parcialidade, pois omiti o *espírito do nosso tempo* sobre o qual a maioria das pessoas se manifesta, pois é coisa evidente a qualquer um. Mostra-se através do ideal internacional ou supranacional, que toma corpo na Liga das Nações e em organizações análogas, bem como no esporte e, finalmente – o que é significativo – no cinema e no jazz. São sintomas bem característicos

Civilização em transição 105

do nosso tempo, que estenderam o ideal humanístico ao próprio corpo. O esporte valoriza extraordinariamente o corpo, tendência que se acentua ainda mais na dança moderna. O cinema, como também o romance policial, tornam-nos capazes de viver sem perigo todas as nossas excitações, fantasias e paixões que tinham que ser reprimidas numa época humanística. Não é difícil perceber a relação desses sintomas com a situação psíquica. O fascínio da psique nada mais é que uma nova autorreflexão, uma reflexão que se volta sobre nossa natureza humana fundamental. Por que estranhar então se esse corpo, por tanto tempo subestimado em relação ao espírito, tenha sido novamente descoberto? Somos quase tentados a falar de uma vingança da carne contra o espírito. Quando Keyserling denuncia sarcasticamente o chofer como o herói da cultura moderna, sua observação tem um fundo de verdade. O corpo exige igualdade de direitos. Ele exerce o mesmo fascínio que a psique. Se ainda estivermos imbuídos da antiga concepção de oposição entre espírito e matéria, isto significa um estado de divisão e de intolerável contradição. Mas se, ao contrário, formos capazes de reconciliar-nos com o mistério de que o espírito é a vida do corpo, vista de dentro, e o corpo é a revelação exterior da vida do espírito, se pudermos compreender que formam uma unidade e não uma dualidade, também compreenderemos que a tentativa de ultrapassar o atual grau de consciência, através do inconsciente, leva ao corpo e, inversamente, que o reconhecimento do corpo não tolera uma filosofia que o negue em benefício de um puro espírito. Essa acentuação das exigências físicas e corporais, incomparavelmente mais forte do que no passado, apesar de parecer sintoma de decadência, pode significar um *rejuvenescimento*, pois, segundo Hölderlin

> Onde há perigo,
> surge também a salvação[4].

E, de fato, podemos constatar que o mundo ocidental começa a 196
caminhar num ritmo bem mais rápido, o ritmo americano, exatamente o contrário do quietismo e da resignação que não se coadunam com o mundo. Começa a manifestar-se mais do que nunca uma oposição entre o exterior e o interior, ou, mais exatamente, entre a

---

4. *Patmos*, p. 230.

realidade objetiva e a subjetividade. Quem sabe uma última corrida entre a envelhecida Europa e a jovem América. Talvez uma última tentativa, sadia ou desesperada, de escapar do poder das obscuras leis naturais e conquistar uma vitória, maior e mais heroica ainda, da mente desperta sobre o sono das nações. Uma questão que só a História poderá responder.

V

O problema amoroso do estudante[*]

Senhoras e senhores!

Podem crer que não é com leveza de coração que assumo a incumbência de abrir a discussão do problema amoroso do estudante com palavras de orientação geral. Esta discussão é algo incomum e apresenta aspectos difíceis se a encararmos com toda seriedade e com consciência responsável.

O amor é sempre um problema em qualquer idade. Na infância, o problema é o amor dos pais; para o ancião, o problema é saber o que fez de seu amor. *O amor é uma das grandes forças do destino que vai do céu até o inferno.* Acho que o amor deve ser entendido assim, se quisermos fazer justiça aos problemas que envolve. A questão é de grande envergadura e complexidade; não se limita a este ou aquele setor da vida, mas se manifesta em todos os aspectos da vida humana: é uma questão ética, social, psicológica, filosófica, estética, religiosa, médica, jurídica, fisiológica, para mencionar apenas algumas das facetas desse tão variado fenômeno. Este envolvimento do amor em todas as formas de vida, enquanto gerais e coletivas, é apenas uma pequena dificuldade, em comparação com o fato de o amor ser também um eminente *problema individual.* Isto significa que, sob este aspecto, todos os critérios e regras gerais perdem sua validade, exatamente como no caso da crença religiosa que, no decorrer histórico dos acontecimentos, sempre de novo foi codificada, mas que, como fenô-

---

[*] Conferência feita à associação acadêmica da Universidade de Zurique em 1924. Primeiramente publicada em inglês, em *Contributions to Analytical Psychology*, 1928. Londres e Nova York. A redação original em alemão foi publicada em *Der Einzelne in der Gesellschaft*, volume em brochura da Walter Verlag, Olten, 1971.

meno primordial, é sempre uma experiência individual, não se curvando a nenhuma regra tradicional.

199   A própria palavra *amor* é uma dificuldade bastante grande para nossa discussão. Quanta coisa recebe o nome de "amor". Começando com o maior mistério da religião cristã, encontramos, nos estágios mais contemplativos, o "amor Dei" de Orígenes, o "amor intellectualis" de Spinoza, o "amor da ideia" de Platão, o "amor de Deus" dos místicos; na esfera do humano entramos com as palavras de Goethe:

> Instintos selvagens caíram no sono
> Com todo o impetuoso proceder,
> Entra em ação o amor dos homens
> O amor de Deus também se move[1].

200   Aqui encontramos o *amor ao próximo* com a conotação cristã e budista de compaixão, de filantropia, de serviço social; ao lado disso, o *amor à pátria* e o amor a outros ideais e instituições como a Igreja etc. A seguir vem o amor dos pais, sobretudo o *amor materno*, e depois o *amor filial*. Com o *amor dos esposos* saímos do campo espiritual e entramos naquela esfera que medeia entre espírito e instinto onde, por um lado, a pura chama do eros incendeia o ardor da sexualidade e, por outro, se misturam formas ideais de amor como amor aos pais, amor à pátria e amor ao próximo com a ânsia de poder pessoal, o desejo de posse e dominação. Isto não quer dizer que todo contato com a esfera do instinto seja necessariamente um rebaixamento. Ao contrário, a beleza e veracidade da força amorosa serão tanto mais perfeitas quanto mais instinto puderem trazer em si. Quanto mais, porém, o instinto sufocar o amor, tanto mais se manifestará o animal. O *amor conjugal* pode ser como diz Goethe:

> Quando a força indômita do espírito
> Reúne em si os elementos,
> Não há anjo que separe
> A dupla natureza que vincula
> Os dois internamente:
> Somente o amor eterno
> Pode separá-la[2].

---

1. *Fausto*, parte I (Studierstube).
2. *Fausto*, parte II (Bergschlucht).

Civilização em transição   109

Mas nem sempre o amor precisa ser assim; pode ser também da-   201
quela espécie de que fala Nietzsche: "Dois animais se compreende-
ram". O *amor dos namorados* vai mais fundo. Quando falta a bênção
nupcial, a bênção ao compromisso da vida em comum, então este
amor pode ser transfigurado pela força do destino ou por sua própria
natureza trágica. Via de regra, porém, o instinto predomina com seu
ardor escuro ou seu fogo de palha bruxuleante.

Mas a palavra amor ainda não encontrou aqui seus limites. Com   202
palavra "amor" entendemos também o ato sexual em todos os níveis:
desde a coabitação matrimonial, oficialmente sancionada, até a necessidade da descarga fisiológica que leva o homem às prostitutas e o
mero negócio que estas fazem ou são obrigadas a fazer do amor.

Fala-se também do *amor entre rapazes*, entendendo-se com isto a   203
homossexualidade que desde a época clássica da Grécia perdeu a aura
de uma instituição social e educativa e está condenada a uma existência miserável e aterradora, chamada de perversão, ao menos no que
diz respeito aos homens. Nos países anglo-saxões, porém, a homossexualidade entre mulheres parece significar ultimamente bem mais do
que lirismo sáfico, na medida em que serve de suporte à ideia da organização social e política das mulheres, exatamente como a homossexualidade masculina foi importante fator no surgimento da pólis grega.

A palavra amor precisa ser mais ampliada ainda a fim de cobrir to-   204
das as perversões da sexualidade. Existe um *amor incestuoso*, um auto-
amor onanístico que merece o nome de narcisismo. Sob a palavra
amor recai também, além de toda abominação sexual doentia, aquela
cupidez que rebaixou o homem à condição de animal ou de máquina.

Estamos assim em situação bastante desfavorável para iniciar   205
uma discussão sobre um assunto ou conceito de extensão simplesmente ilimitada e muito vago. Estaríamos inclinados, ao menos em
vista da discussão de hoje, a limitar o conceito de amor, por exemplo
ao problema de como a juventude estudantil poderia comportar-se
em relação ao sexo. Mas isto seria impossível pois tudo que mencionei acima estaria dentro deste problema, porque todos os significados da palavra amor estão contidos no problema amoroso do estudante como fatores ativos.

206 Naturalmente, podemos chegar a um acordo e discutir o problema *comum*, isto é, a questão de como se deveria comportar a pessoa normal sob as condições que apresentei. Abstraindo do fato de que a pessoa normal nunca existiu, encontramos semelhanças suficientes entre os indivíduos dos mais diversos tipos para que haja uniformidade suficiente do problema e para que possamos falar das condições comuns. Como sempre, também aqui a solução prática do problema é determinada por dois fatores: pelas pretensões e capacidades do indivíduo, por um lado, e pelas condições ambientais, por outro lado.

207 É dever do conferencista dar-lhes um panorama geral da questão a ser discutida. Isto só pode acontecer se eu, na qualidade de médico, puder relatar objetivamente as coisas como são, abstendo-me daquele fraseado meloso e moralizante que gostaria de encobrir este capítulo, em parte por vergonha e, em parte, por hipocrisia. Mas também não estou aqui para dizer-lhes como deveriam proceder. Deixo isto àqueles que sempre sabem o que é melhor para os outros.

208 Senhoras e senhores, o tema da discussão é este "problema amoroso do estudante". Suponho que esta formulação – problema amoroso – diga respeito à relação de ambos os sexos entre si, e não seja mal entendida, como se fosse a "questão sexual do estudante". Com isto estabelecemos uma limitação fundamental do tema. Portanto, a questão sexual só entraria na discussão enquanto fosse um problema amoroso e, respectivamente, de relacionamento. Excluiremos, pois, de nossa palestra todos aqueles fenômenos sexuais que não são relacionamentos, ou seja, as perversões sexuais – com exceção da homossexualidade – o onanismo e o intercurso sexual com prostitutas. Não excluímos a homossexualidade porque muitas vezes é um problema de relacionamento; por outro lado, excluímos a prostituição porque normalmente não é problema de relacionamento, ainda que haja exceções que apenas confirmam a regra.

209 Como todos sabem, a solução comum do problema amoroso é o casamento. Mas a experiência mostra que esta verdade comum não vale para o estudante. A causa mais palpável disso é o fato de o estudante normalmente não ter condições financeiras para manter uma casa. Outras causas são a idade da maioria dos estudantes masculinos que não suporta ainda a fixação social exigida pelo casamento: em parte devido à não conclusão dos estudos e, em parte, devido à neces-

Civilização em transição

sidade de liberdade que lhe permite deslocar-se para diversos lugares; além disso, a imaturidade psíquica, o apego infantil à própria família, a capacidade não suficientemente desenvolvida de amar e ser responsável, falta de experiência em relação à vida e ao grande mundo, as ilusões típicas da juventude etc. Uma causa que não deve ser desprezada é a sábia reserva da mulher, em nosso caso, da estudante. Estuda, em primeiro lugar, para terminar seus estudos e ter uma profissão; evita, por isso, o casamento, sobretudo com um estudante que, pelas razões aduzidas, não é um objeto ambicionado para o casamento, enquanto for estudante. Motivo importantíssimo da raridade desses casamentos é a questão dos filhos. A mulher quando casa deseja, em geral, ter um filho, ao passo que o homem consegue aguentar mais tempo sem ter filhos. Para a mulher, um casamento sem filhos não tem grande atração. Prefere, então, esperar.

É verdade que nos tempos mais recentes o número de casamentos de estudantes aumentou devido a certas mudanças psicológicas na consciência moderna e também devido à difusão geral dos anticoncepcionais que permitem adiar voluntariamente a concepção. As mudanças psicológicas que, entre outras coisas, acarretam o fenômeno do casamento de estudantes são fruto das revoluções espirituais das últimas décadas, cujo significado total nós, contemporâneos, não conseguimos abarcar em sua profundidade maior. Só podemos constatar que, devido à difusão geral dos conhecimentos das ciências naturais e devido a um modo de pensar mais científico, operou-se uma mudança na concepção dos problemas amorosos. Antes de mais nada, a objetividade científica permitiu uma aproximação entre a ideia do homem sacramentada pelo tabu da superioridade, e a ideia do homem como ser natural, e uma integração das pessoas como *homo sapiens* no sistema natural. A mudança não tem apenas um aspecto intelectual mas também sentimental. Tal ponto de vista atua sobre o sentimento do indivíduo. Sente-se libertado daquele isolamento, de caráter metafísico com suas categorias morais, que caracterizava a consciência medieval do mundo. Com esta liberação caem por terra também aqueles tabus que deram origem ao isolamento com relação à natureza, ou seja, os julgamentos morais que, em última análise, tinham suas raízes na respectiva metafísica religiosa. Dentro do sistema moral tradicional cada um sabia perfeitamente por que o casamento era "certo" e porque toda outra forma de amor devia ser abominada; fora do sistema, porém, no vasto campo de jogo e de luta do mundo natural, onde o homem se considera o membro mais genial da grande família animal, onde talvez já tenha esquecido aquele desprezo da Idade Média pelo animal, precisa antes de tudo orientar-se de forma nova. A perda dos antigos padrões de valor significa, em princípio, tanto quanto o caos moral: duvida-se das formas anteriores, começa-se a discutir as coisas que até agora estavam sob a proteção de um juízo moral, pesquisa-se com afã os fatos reais, tem-se necessidade premente de material empírico, quer se saber e conhecer. Os olhos da ciência são terríveis e claros; não têm medo de encarar escuridões morais e cantos sujos. O homem de hoje já não pode contentar-se com nenhum juízo tradicional, quer saber o porquê. Esta pesquisa o leva a novos padrões de valor.

211   Um desses pontos de vista modernos é o *juízo de valor higiênico*. Devido à discussão mais aberta e objetiva da questão sexual, também aumentou o conhecimento dos males e perigos das doenças venéreas. O antigo medo moral da culpa foi substituído pelo dever da conservação consciente da própria saúde. Mas este processo moral de saneamento ainda não avançou tanto que a consciência pública aplique aos transmissores de doenças venéreas as mesmas medidas estatais que aplica aos outros doentes infecciosos. As doenças venéreas são ainda consideradas doenças "indecentes", ao contrário da varíola e do cólera que são moralmente de salão. A humanidade posterior e melhor há de rir dessa diferenciação.

212   Sem considerar o fato das doenças venéreas, a ampla discussão da questão sexual trouxe à superfície da consciência social a extraordinária importância da sexualidade em todas as suas ramificações psíquicas. Grande parte desse trabalho foi feito pela pesquisa psicanalítica, bastante divulgada nestes últimos 25 anos. Já não é possível hoje em dia passar por cima da importante realidade psicológica da sexualidade com ar de deboche ou com indignação moral. Começa-se a incluir a questão sexual no círculo dos grandes problemas e a discuti-la com a seriedade que sua importância merece. Disso resulta naturalmente que muita coisa até aqui considerada assunto encerrado será posta em dúvida. Duvida-se, por exemplo, se a sexualidade oficialmente sancionada é a única forma moralmente possível e se to-

Civilização em transição 113

das as demais formas devem ser condenadas em bloco. Os argumentos a favor e contra vão perdendo sua agudeza moral; pontos de vista práticos vão entrando na discussão e finalmente começa-se a descobrir que a legitimidade tradicional não é *eo ipso* a mesma coisa que alto nível moral.

Os problemas matrimoniais, com seu pano de fundo muitas vezes bem sombrio, tornaram-se objeto da literatura de romances. Enquanto o romance de estilo antigo terminava em feliz noivado ou casamento, o romance moderno começa frequentemente após o casamento. Nestes produtos beletrísticos, que caem na mão de qualquer um, são tratados os problemas mais íntimos com uma sem-cerimônia que chega a ser dolorosa. Não falaremos aqui da torrente de literatura mais ou menos diretamente pornográfica. O livro de Forel *A questão sexual*, de cunho científico-popular, teve não apenas larga difusão mas encontrou também vários imitadores. Na literatura científica apareceram compêndios que superam em extensão e profundidade o antigo livro de Krafft-Ebing *Psychopathia sexualis* e em forma tal que seria impossível imaginar há trinta ou quarenta anos. 213

Estes fenômenos gerais e conhecidos em geral são um sinal dos tempos. Permitem ao jovem de hoje tomar conhecimento de toda a importância do problema da sexualidade bem mais cedo e em maior profundidade do que seria possível há duas décadas atrás. Não são poucos os que consideram esta preocupação antecipada com o problema sexual como algo não sadio ou como uma espécie de degeneração da cidade grande. Lembro-me de ter lido, há uns quinze anos, um artigo nos *Annalen der Naturphilosophie* onde um autor dizia verbalmente: "Povos que vivem integrados na natureza como os esquimós, suíços etc. não têm problemas sexuais". Não é preciso refletir muito para entender por que os primitivos não têm problemas sexuais; não tinham outro problema que não fosse o de encher o estômago. Os outros problemas são privilégio do homem civilizado. Na Suíça não há cidades grandes, mas assim mesmo existem tais problemas. Por isso também não creio que a discussão do problema sexual seja algo não sadio ou até mesmo degenerativo, mas vejo neste problema um sintoma do grande processo de revolução psicológica de nosso tempo, tão rico em mudanças desse tipo. Acho mesmo que é melhor e mais sadio que se discuta com seriedade e profundeza esta tão importante questão para a 214 vida e felicidade das pessoas. Com certeza haverá pessoas que praticarão abusos, mas isto não é intrínseco ao problema; é sinal da mediocridade dessa gente e, além do mais, abusos sempre foram praticados em todos os tempos, contra tudo e contra todos.

215 Sem dúvida, o tratamento sério dessa questão é que leva ao fenômeno antigamente desconhecido do casamento de estudantes. Devido à falta de experiências, é difícil julgar este fenômeno. Nos tempos antigos houve grande profusão de casamentos de jovens, inclusive casamentos em condições sociais bem instáveis. Portanto, considerado em si, o casamento de estudantes é algo perfeitamente possível. Outra coisa é a questão dos filhos. Se ambos os parceiros estudam, ter filhos é assunto a ser excluído. Um casamento que se mantém artificialmente sem filhos é sempre algo problemático, pois os filhos são a massa que segura quando nada mais segura. E é o cuidado dos filhos comuns que, em inúmeros casamentos, mantém vivo o sentimento de companheirismo, tão importante para a constância do matrimônio. Quando não há filhos, o interesse dos parceiros se volta um para o outro, o que em si é bom; mas na prática esta mútua preocupação nem sempre é amorosa. Os esposos despejam um sobre o outro a insatisfação que sentem. Nestas condições, é melhor que a mulher também estude, pois, caso contrário, ficará sem assunto; e existem muitas mulheres que, uma vez casadas, não suportam ficar sem filhos e elas mesmas se tornam insuportáveis. Se a mulher estudar, terá ao menos um objetivo bastante satisfatório fora do casamento. A mulher muito voltada para o filho e que, no casamento, pensa mais no filho do que no marido, deveria ponderar três vezes antes de casar sendo estudante. Também deve saber que o sentimento materno muitas vezes só irrompe de modo imperioso mais tarde, ou seja, após o casamento.

216 Quanto ao casamento precoce de estudantes, podemos observar o mesmo que diríamos sobre todos os casamentos prematuros. A mulher com vinte anos é, em geral, mais velha do que um homem de vinte e cinco anos, isto com referência à maturidade de julgamento sobre pessoas. Em muitos homens de vinte e cinco anos a puberdade psíquica ainda não terminou. A puberdade é uma época de ilusões e de responsabilidade parcial. Isto se deve ao fato de o rapaz, até a época da maturidade sexual, ser ainda bastante infantil, ao passo que a moça desenvolve bem mais cedo as sutilezas psíquicas que fazem par-

Civilização em transição 115

te da puberdade. Nesta infantilidade do rapaz irrompe muitas vezes de modo tempestuoso e brutal a sexualidade, enquanto que na mocinha, apesar de se ter iniciado a puberdade, a sexualidade continua dormitando até que a paixão amorosa a acorde. Há um número surpreendentemente grande de mulheres em que a verdadeira sexualidade, apesar do casamento, continua por longo tempo virginal e talvez só se tome consciente quando a mulher se enamora de outro homem que não o marido. Este é o motivo por que muitas mulheres nada entendem da sexualidade masculina, pois não têm consciência alguma de sua própria sexualidade. O caso é diferente com o homem: a sexualidade se impõe a ele como realidade brutal, enchendo-o de tempestade e ímpeto, de necessidades e lutas. Raros são aqueles que escapam do doloroso e amedrontador problema da masturbação, ao passo que a mocinha pode estar praticando a masturbação durante anos, sem saber o que está fazendo.

A irrupção da sexualidade no homem produz grande mudança em sua psicologia. Em breve terá a sexualidade do homem adulto, mas ainda tem alma de criança. Qual impetuosa água suja caem as torrentes de fantasias obscenas e o linguajar desbocado dos colegas sobre os sentimentos ternos e infantis, sufocando-os às vezes para sempre. Surgem conflitos morais inesperados, tentações de toda espécie assaltam o novo homem e ocupam sua fantasia. A assimilação psíquica do complexo sexual traz-lhe as maiores dificuldades, mesmo que não tenha consciência do problema. O começo da puberdade também opera mudanças consideráveis na aparência do corpo e em seu metabolismo; surgem, por exemplo, erupções cutâneas purulentas que chamamos espinhas. Da mesma forma, sua psique é afetada e tirada de seu equilíbrio. Nesta idade, o jovem está cheio de ilusões que são sempre sinal de perda do equilíbrio psíquico. Por longo tempo, as ilusões impossibilitam uma estabilidade e maturidade do julgamento. Seus gestos, interesses e planos de vida ainda mudam muito. De repente pode enamorar-se perdidamente por uma moça e quinze dias depois não consegue entender como pôde acontecer tal coisa. Está tão cheio de ilusões que precisa desses erros a fim de tomar consciência de seus gostos e de seu julgamento individual. Nesta idade está fazendo *experiências* com a vida. E *precisa* fazê-las a fim de poder construir julgamentos corretos. Mas não se fazem experiências

217

sem erros ou falhas. Isto explica o fato de que a maioria dos homens teve alguma experiência sexual antes do casamento. Na puberdade, a experiência é muitas vezes homossexual e é muito mais frequente do que imaginamos; mais tarde são experiências heterossexuais, nem sempre bonitas. Quanto menos o complexo sexual estiver assimilado ao todo da personalidade, tanto mais autônomo e instintivo será. A sexualidade será então puramente animalesca e não conhecerá qualquer diferença psíquica. A mulher mais degradada pode satisfazer, basta ser mulher e ter os respectivos caracteres secundários. Um passo errado desse tipo não autoriza que tiremos conclusões sobre o caráter definitivo do homem pois o ato pode ter ocorrido numa época em que o complexo sexual ainda estava separado da influência psíquica. Contudo, muitas experiências desse tipo exercem influência negativa sobre a formação da personalidade, pois, devido ao costume, fixam a sexualidade num nível tão baixo que se torna inaceitável à personalidade moral. Decorre disto que este homem, apesar de externamente ser um respeitável esposo, moralmente alimenta fantasias sexuais profundamente arraigadas, ou ao menos as reprime, mas que, surgindo a oportunidade, voltam à tona na forma primitiva, para surpresa da esposa desprevenida, pressupondo-se que ela perceba alguma coisa. Nestes casos não é raro que se manifeste relativamente cedo uma frigidez de sentimentos para com a esposa. Muitas vezes a mulher é frígida desde o início do casamento porque não consegue reagir a esta espécie de sexualidade do homem. A fraqueza de discernimento do homem na puberdade deveria levá-lo a pensar seriamente sobre a escolha prematura de uma mulher.

218 Vamos agora a outras formas de relacionamento entre os sexos que são usuais na idade estudantil. Como sabem, existem "relações" características entre estudantes, sobretudo nas grandes universidades estrangeiras. Estas ligações têm certa estabilidade e, em determinadas circunstâncias, também certo valor psíquico, isto é, não consistem apenas em sexualidade mas também parcialmente em amor. Às vezes pode resultar dessa "relação" um casamento posterior. Por isso trata-se de uma relação bem superior à da prostituição. Limita-se, porém, via de regra, àqueles estudantes que foram cautelosos na escolha: é em geral uma questão de dinheiro, pois na maior parte das vezes as moças a que nos referimos dependem da ajuda financeira de

Civilização em transição

seus amantes, o que não significa que estejam vendendo seu amor por dinheiro. Muitas vezes isto significa para a moça um belo episódio numa existência, de resto, pobre e vazia de amor; para o rapaz pode ser o primeiro contato íntimo com a mulher e uma lembrança que nos anos vindouros lhe será grata. É frequente também que desse relacionamento nada resulte de positivo, em parte devido à crua busca de prazer, irreflexão e falta de sentimentos do homem e, em parte, devido à tolice, leviandade e volubilidade da moça.

Mas sobre estes "relacionamentos" pende sempre a espada de Dâmocles da transitoriedade que impede o surgimento de valores mais altos. São apenas episódios, experiências de valor bem limitado. O pernicioso desses relacionamentos para a formação da personalidade está no fato de que o homem consegue granjear a moça com muita facilidade, o que resulta numa depreciação do objeto. É cômodo ao homem resolver seu problema sexual dessa forma simples e sem responsabilidade. Fica mal acostumado. Mais ainda: o fato de estar sexualmente satisfeito retira-lhe aquele arrojo que gostamos de encontrar em todo jovem. Torna-se presunçoso e pode até esperar; enquanto isso, passa em revista todo o contingente feminino até descobrir a parte que mais o toca. Se acontecer o casamento, o "relacionamento" é desligado. Este procedimento não é salutar ao caráter; também a forma inferior de relacionamento serve para manter a sexualidade numa forma de desenvolvimento inferior, o que pode facilmente levar a dificuldades no casamento. Ou se as fantasias desse estágio forem reprimidas, teremos como resultado um neurótico ou, pior ainda, um zelador da moral.

Não é raro haver relações homossexuais entre estudantes, e em ambos os sexos. Pelo que conheço desse fenômeno, estas relações são menos frequentes entre nós e no Continente em geral do que em outros países onde os estudantes masculinos e femininos vivem em ambientes bem separados. Não falo aqui daqueles homossexuais patológicos que são incapazes de verdadeira amizade e, portanto, não são bem aceitos entre os normais, mas dos jovens mais ou menos normais que sentem uma amizade tão entusiástica um pelo outro que manifestam este sentimento também sob forma sexual. Não se trata nestes casos de masturbação mútua que era usual nos ginásios e internatos dos tempos passados, mas de uma forma superior e mais espiritual que merece o nome de "amizade" no sentido clássico da palavra. Se esta amizade ocorre entre pessoa mais velha e mais nova, não se lhe pode negar o aspecto educativo. Um professor, por exemplo, com leve inclinação homossexual deve muitas vezes seus brilhantes dotes educacionais a esta inclinação. Pode também a relação homossexual entre pessoa mais velha e mais jovem ser proveitosa para ambas e significar uma melhoria na vida. Condição indispensável para a validade desse relacionamento é a lealdade e constância da amizade. Isto muitas vezes não existe. Quanto mais declarado o homossexual, mais inclinado está à deslealdade e à simples perversão de menores. Mas também onde predominam a lealdade e verdadeira amizade pode haver consequências indesejáveis para a formação da personalidade. Este tipo de amizade significa naturalmente um culto especial do sentimento, portanto do elemento feminino no homem. Ele se torna sentimental, expressivo, esteta, sensível, ou seja, efeminado. E este comportamento feminino não fica bem para o homem.

221   Os mesmos aspectos positivos podem ser apontados na amizade entre mulheres, só que aqui a diferença de idade e o momento educativo têm menos importância. Serve mais para troca de sentimentos carinhosos, por um lado, e troca de ideias, por outro. Trata-se, na maioria dos casos, de mulheres temperamentais, intelectuais e algo masculinizadas que neste tipo de relação procuram apoio e supremacia contra o homem. Por isso sua atitude para com o homem é muitas vezes de autossegurança estranha e de certa resistência. O efeito sobre o caráter consiste num fortalecimento dos traços masculinos e perda do encanto feminino. Não raro o homem descobre sua homossexualidade quando percebe que uma mulher desse tipo o deixa mais frio que uma geladeira.

222   Em casos normais, a prática da homossexualidade não prejudica a vida heterossexual posterior. Ambas as práticas podem inclusive subsistir por certo tempo. Conheci uma mulher muito inteligente que viveu grande parte de sua vida numa relação homossexual e que aos cinquenta anos resolveu assumir um relacionamento normal com um homem.

223   Entre os relacionamentos sexuais do período estudantil, temos que mencionar um que é bastante normal, ainda que algo peculiar: o relacionamento do jovem com mulher mais velha que seja casada ou

Civilização em transição 119

ao menos viúva. Talvez os senhores pensem em Jean-Jacques Rousseau e sua relação com Madame de Warens. Tenho em mente este tipo ou outro semelhante. Em tais casos, o homem é em geral tímido, inseguro, internamente medroso e infantil. Ele está procurando uma mãe. Muitas mulheres gostam imensamente de um homem algo desamparado, principalmente quando são mais velhas do que ele ou não gostam da força, virtudes e méritos do homem, mas de suas fraquezas. Acham encantadores os seus infantilismos. Se gagueja um pouco, é maravilhoso; se manca, desperta a compaixão materna e muito mais. Quase sempre a mulher o seduz e ele se aninha em seu seio materno.

Mas nem sempre o jovem medroso continua sendo meio criança. 224 Talvez sua masculinidade subdesenvolvida estivesse precisando dessa superabundância de cuidados maternos para então manifestar-se. Esta mulher significa para ele uma educação do sentimento até a plena consciência. Aprende a conhecer uma mulher com experiência da vida e do mundo e que é cônscia de si; tem oportunidade assim de dar uma rara olhada nos bastidores do vasto mundo. Mas esta vantagem só tem aquele que supera este tipo de relação; se nele permanecer, o cuidado maternal acabará por arruiná-lo. O carinho materno é o pior veneno para quem deve preparar-se para a dura e implacável luta da vida. Não conseguirá libertar-se das saias dela e pode tornar-se um parasita sem fibra – pois em geral ela tem dinheiro – ficando ao nível dos papagaios, cachorrinhos e gatos de mulheres mais velhas.

Senhoras e senhores, chegamos agora, em nossa conferência, 225 àquelas formas de relacionamento que não oferecem nenhuma solução ao problema sexual: são as relações assexuais ou "platônicas". Se pudéssemos fazer uma estatística confiável dos relacionamentos estudantis, ficaria demonstrado que a maioria dos estudantes da Suíça cultiva relações platônicas. Aqui surge naturalmente a questão da abstinência sexual. É bastante comum a opinião de que a abstinência do intercurso sexual seja prejudicial à saúde. Isso é um equívoco, sobretudo na idade estudantil. A abstinência pode ser prejudicial só quando o homem atingir a idade de coabitar com uma mulher e sua constituição individual tende a isto. A intensificação, às vezes extraordinária, da necessidade sexual sob esta constelação psicológica especial tem a finalidade biológica de eliminar certos escrúpulos, preconceitos e hesitações. Isto às vezes é necessário, pois a decisão de casar, com todas as suas dúvidas, já deixou muita gente ressabiada. Por isso é bem normal que a natureza procure forçá-lo a ultrapassar os obstáculos. Sob estas condições, a resistência contra a abstenção do intercurso sexual pode prejudicar, mas não quando não existe nenhuma probabilidade e necessidade físicas ou psicológicas.

226 Esta questão apresenta certa semelhança com a questão da periculosidade da masturbação. Em circunstâncias de impossibilidade física ou psíquica do intercurso sexual, a masturbação não é prejudicial. Os jovens que procuram o médico por causa da masturbação com sequelas prejudiciais não são aqueles que se masturbam excessivamente – estes em geral não precisam de médico porque não são doentes – mas sua masturbação tem sequelas funestas porque apresenta uma complicação psicológica, de um lado, por causa dos remorsos e, de outro, por causa de um deleitar-se nas fantasias sexuais. Esta segunda forma é frequente em mulheres. Tal masturbação psiquicamente complicada é prejudicial, não porém a masturbação por necessidade, comum e descomplicada. Mas se a masturbação for levada até a idade adulta, onde existe a possibilidade física, psíquica e social do intercurso sexual e é usada para fugir das exigências da vida e das decisões responsáveis, então terá novamente efeitos perniciosos.

227 A relação platônica dos sexos na idade estudantil é assunto de grande importância. Sua forma mais comum é o *flirt* que consiste numa atitude experimental, bem própria desta idade. Trata-se de uma atitude voluntária mas que, por consenso tácito de ambos os lados, é sem compromisso. Aqui reside sua vantagem e também sua desvantagem. A atitude experimental possibilita um aprender a conhecer-se sem consequências fatais. Ambos os sexos exercitam seu julgamento e seu jeito de expressar-se, adaptar-se e defender-se em relação ao outro. Muitíssimas experiências de valor inestimável para a vida futura são acumuladas no *flirt*. Mas o caráter de descompromisso pode facilmente transformar o *flirt* em algo habitual, insípido, superficial e sem coração. O homem se torna um dândi, um partidor de corações, e nem imagina a figura insossa que está fazendo. A mulher se torna coquete, não sendo levada a sério por nenhum homem de respeito. Por isso não se pode aconselhar o *flirt* a qualquer custo.

Civilização em transição   121

Fenômeno talvez bem mais comum do que o *flirt* é o surgimento   228
e cultivo consciente de um *amor sério*. Poderíamos dizer que este fenômeno é simplesmente o ideal, sem com isto cair no romantismo
tradicional. Para a formação da personalidade, o despertar bem cedo
e o cultivo consciente de um sentimento profundo, sério e responsável, é sem dúvida de grande valor em todos os aspectos. Tal relacionamento pode ser para o homem o melhor escudo contra os desvios e
tentações, contra qualquer tipo de dano físico ou psíquico e, além
disso, ser poderoso incentivo para o trabalho, competência, lealdade
e probidade. Mas não existe valor tão grande que não tenha alguma
desvantagem. Um relacionamento tão ideal torna-se facilmente ex-
clusivista. Sempre se tem diante dos olhos apenas o mesmo objeto e o
mesmo objetivo. Por causa de seu amor, o jovem fica excluído demais
da companhia de outras mulheres, e a moça não aprende a arte do
jogo erótico porque já possui o seu homem. E o instinto de posse na
mulher é assunto perigoso. Facilmente pode acontecer que o homem
faça depois do casamento todas as experiências com outras mulheres
que não fez antes do casamento.

Do que ficou dito, não se pode concluir que todo relacionamen-   229
to amoroso desse tipo seja sempre algo ideal. Há casos que são exatamente o contrário. São aqueles, por exemplo, em que enveredam os
namorados de escola, casando-se mais por força do hábito do que
por outras razões. Por indolência, temperamento ou acanhamento
não conseguem separar-se; talvez os pais de ambos também achem o
relacionamento bem conveniente e, como nasceu da falta de reflexão
e do costume, é aceito passivamente como assunto encerrado que
simplesmente perdura. Aqui se multiplicam os inconvenientes, sem
nenhum ponto favorável. Entretanto, a aparente vantagem é, para a
formação da personalidade, um nefasto comodismo e passividade
que impede a manifestação de experiências positivas e o exercício
dos dons e virtudes do homem e da mulher. Qualidades morais só se
adquirem na liberdade e se comprovam apenas em situações moralmente perigosas. O ladrão que não rouba porque está preso não é
uma personalidade moral. Os pais desses filhos podem olhar comovi-
dos para este casamento e creditar em sua conta de virtudes a respeitabilidade de sua descendência, mas esta vantagem é apenas fantasia;
não é nenhuma força moral, mas dormência imoral.

230 Com isto, senhoras e senhores, quero encerrar o panorama geral sobre a situação como se apresenta hoje e voltar-me para o capítulo dos *desiderata* (coisas desejáveis) e das utopias.

231 Não é possível discutir hoje o problema do amor sem falar também da *utopia do amor livre*, inclusive do *casamento experimental*. Para adiantar, considero estas ideias como imagens de desejos e como tentativas de tornar fácil o que real e irrestritamente é difícil. Nosso tempo é rico neste tipo de tentativas; houve mais de cem mil cidadãos suíços que achavam estar tudo resolvido com a repartição dos bens, quando todos sabem que apenas a iniciativa, a retidão e responsabilidade do indivíduo pode manter o povo com vida. Como não existe erva contra a morte, assim também não há meios simples de tornar fácil um assunto tão difícil como é a vida. Só podemos vencer a gravidade através do uso da quantidade de energia correspondente. Da mesma forma, a solução do problema amoroso desafia o homem todo. Soluções satisfatórias só existirão quando houver uma solução global. Todo o resto é obra mal feita e imprestável. O amor livre seria admissível se todas as pessoas tivessem posturas de alta moralidade. Mas a ideia do amor livre não foi lançada com este fim, mas para que parecesse fácil algo bem difícil. Faz parte do amor a profundidade e fidelidade do sentimento, pois sem elas o amor não seria amor, mas simples capricho. O verdadeiro amor sempre pressupõe um vínculo duradouro e responsável. Precisa da liberdade para a escolha, não para a realização. Todo amor verdadeiro e profundo é um sacrifício. A gente sacrifica suas possibilidades, ou melhor, as ilusões de suas possibilidades. Se não houvesse necessidade desse sacrifício, nossas ilusões impediriam o surgimento do sentimento profundo e responsável e, com isso, ficaríamos privados também da possibilidade de experimentar o verdadeiro amor.

232 O amor tem mais do que um ponto em comum com a convicção religiosa: exige uma aceitação incondicional e uma entrega total. Assim como o fiel que se entrega todo a seu Deus participa da manifestação da graça divina, também o amor só revela seus mais altos segredos e maravilhas àquele que é capaz de entrega total e de fidelidade ao sentimento. Pelo fato de isto ser muito difícil, poucos mortais podem orgulhar-se de tê-lo conseguido. Mas, por ser o amor devotado e fiel o mais belo, nunca se deveria procurar o que pode torná-lo fácil.

Civilização em transição

Alguém que se apavora e recua diante da dificuldade do amor é péssimo cavaleiro de sua amada. O amor é como Deus: ambos só se revelam aos seus mais bravos cavaleiros.

Da mesma forma critico o casamento experimental. O simples fato de se assumir um casamento experimental significa que existe de antemão uma reserva: a pessoa quer certificar-se, não quer queimar a mão, não quer arriscar nada. Mas com isto se impede a realização de uma verdadeira experiência. Não é possível sentir os terrores do gelo polar na simples leitura de um livro, nem se escala o Himalaia assistindo a um filme.

O amor custa caro e nunca deveríamos tentar torná-lo barato. Nossas más qualidades, nosso egoísmo, nossa covardia, nossa esperteza mundana, nossa ambição, tudo isso quer persuadir-nos a não levar a sério o amor. Mas o amor só nos recompensará se o levarmos a sério. Considero um desacerto falarmos nos dias de hoje da problemática sexual sem vinculá-la ao amor. As duas questões nunca deveriam ser separadas, pois se existe algo como problemática sexual esta só pode ser resolvida pelo amor. Qualquer outra solução seria um substituto prejudicial. A sexualidade simplesmente experimentada como sexualidade é animalesca. Mas como expressão do amor é santificada. Por isso não perguntamos o que alguém faz, mas como o faz. Se o faz por amor e no espírito do amor, então serve a um Deus; e o que quer que faça não cabe a nós julgá-lo, pois está enobrecido.

Espero que levem dessa conferência a impressão de que jamais pronunciei um julgamento moral sobre a sexualidade enquanto fenômeno natural, mas fiz depender o julgamento moral da intenção que se tem ao usá-la.

VI

A mulher na Europa[*]

"Você se acha uma pessoa livre? O que quero
ouvir é seu pensamento predominante, e não que
você escapou de um jugo. Será que você é um
daqueles que pôde escapar de um jugo? Há
muitos que jogam fora seu último valor ao
jogarem fora sua serviçalidade".

Assim falou Zaratustra

236   Escrever sobre a mulher na Europa de hoje é uma tarefa árdua a
que não me aventuraria se a insistência não fosse tão premente. Será
que temos algo de fundamental importância a dizer sobre a Europa?
Estaria alguém à altura de fazê-lo? Não estamos todos envolvidos em
algum programa ou experiência, ou numa consideração crítica retrospectiva? E, quanto à mulher, não poderíamos perguntar a mesma
coisa? Além disso, o que pode um homem dizer sobre a mulher, seu
próprio contrário? Será que posso pensar em algo realmente autêntico, sem qualquer interferência da programática sexual, sem ressenti-
mento, sem ilusão, que não seja pura teoria? Não sei quem poderia
julgar-se capaz de tal superioridade, pois a mulher sempre se acha
justamente na sombra do homem, e ele pode facilmente confundi-la
com essa sombra. E quando tenta reparar esse equívoco, acaba super-
valorizando a mulher e achando que ela é a coisa mais desejável do
mundo. Sendo assim, é com a maior hesitação que começo a tratar
deste tema.

---

[*]Publicado pela primeira vez em *Europäische Revue*, III/7, 1927. Berlim. Como brochura na editora Neue Rundschau, de Zurique, em 1929; novas edições pela editora
Rascher, de Zurique, em 1932, 1948, 1959, 1965; ultimamente em *Der Einzelne in
der Gesellschaft*. Edição de estudo Olten: Walter Verlag, 1971.

Civilização em transição 125

Mas uma coisa está fora de dúvida: a mulher de hoje está passan- 237
do pela mesma transição que o homem. Se esta transição é uma vira-
da da história ou não, é impossível sabê-lo. Às vezes – principalmente
ao fazermos uma retrospectiva histórica – parece que nosso tempo
tem alguma semelhança com certos períodos do passado, quando
grandes impérios e civilizações, que haviam alcançado seu apogeu,
caminharam irresistivelmente para sua decadência. Mas essas analogias podem enganar, porque sempre há renascenças. Um fato, porém, torna-se cada vez mais claro: a situação intermediária que a Europa está tomando entre o Leste asiático e o Oeste anglo-saxão – ou
poderíamos dizer americano? A Europa se situa entre dois colossos,
ainda inacabados em sua forma, mas implacavelmente opostos um ao
outro por sua natureza. Profundamente diferentes, não só do ponto de
vista racial, mas também em seus ideais: no Oeste, um enorme impulso
das tendências tecnológicas e científicas da Europa; no Leste, um despertar de todas aquelas forças que, na Europa, foram colocadas em xeque pelo impulso progressista. O poder do Oeste é um poder material;
o do Leste, ideal[1]. A luta entre esses opostos, que se trava entre os homens da Europa no domínio das aplicações científicas do pensamento e se expressa no campo de batalha e nos balanços de seus bancos,
manifesta-se na mulher sob a forma de *conflito psicológico*.

O que torna tão difícil tratar do problema da mulher na Europa 238
de hoje é o fato de termos que escrever, necessariamente, sobre uma
minoria. Propriamente falando, não existe mulher europeia moderna. Será que a mulher do campo é hoje diferente daquela de cem anos
atrás? Existe com efeito uma ampla camada da população que vive
no presente e participa dos problemas atuais, apenas de maneira bem
restrita. "A luta dos espíritos" – quantos se entregam a ela? E com
quantos espectadores compreensivos e simpatizantes pode ela contar? "O problema da mulher" – quantas mulheres têm mesmo problemas? Proporcionalmente à soma total de mulheres europeias, só
uma imperceptível minoria vive na Europa *de hoje*; e trata-se de mu-

---

1. Nos trinta anos desde a primeira publicação deste ensaio, a importância do "Oriente" se modificou e assumiu em grande parte a forma do "império russo". Este já se estende até a metade da Alemanha, mas em nada perdeu de seu caráter asiático (Nota do
autor para a 4ª edição 1959).

lheres que vivem nas cidades e que pertencem – com as devidas precauções – às pessoas mais complicadas. Isso é inevitável, pois sempre
foi uma pequena minoria que conseguiu expressar claramente o espírito de uma época. Nos séculos IV e V de nossa era, só bem poucos
cristãos no meio da maioria foram capazes de compreender o espírito
do cristianismo. O resto era praticamente pagão. O processo cultural
característico de uma época se desdobra mais intensamente nas cidades, pois necessita do concurso de muitas pessoas para tornar possível a cultura, e é desse agrupamento que as conquistas culturais se di-
fundem gradativamente aos grupos menores, historicamente mais
atrasados. O presente se encontra portanto só nos grandes centros, e
só lá podemos encontrar "a mulher europeia", a mulher que exprime
o ponto de vista social e espiritual da Europa contemporânea. Quanto mais nos afastarmos da influência dos grandes centros, mais recua-
remos na história. Num longínquo vale dos Alpes podemos encontrar pessoas que jamais viram uma estrada de ferro; e na Espanha,
que também faz parte da Europa, mergulhamos numa Idade Média
sombria, onde reina o analfabetismo. O povo dessas regiões, ou de
camadas sociais correspondentes, não vive em nossa moderna Europa, mas na Europa de 1400, e os problemas que preocupam essas
pessoas correspondem à época recuada em que vivem. Analisei algumas dessas pessoas e encontrei-me numa atmosfera que nada fica a
dever ao clima dos romances históricos.

239   O que chamamos presente não passa de uma fina camada superficial que se cria nos grandes centros da humanidade. É muito fina,
como na antiga Rússia, e assim é irrelevante (como os acontecimentos mostraram). Mas quando atinge uma certa espessura e força, já
podemos falar de cultura e progresso, surgindo então problemas característicos de uma época. É neste sentido que a Europa tem um presente, e há mulheres que vivem nele e estão sujeitas aos seus problemas. E só destas mulheres podemos dizer alguma coisa. Aquelas que
se sentem satisfeitas com os caminhos e possibilidades que a Idade
Média lhes oferece não têm qualquer necessidade do presente e de
suas experiências. Mas o homem que é do presente – seja qual for a
razão – já não pode retornar ao passado, sem sofrer uma irreparável
perda. Não raro esse retorno se torna impossível, mesmo que se esteja disposto a sacrifícios. O homem do presente deve trabalhar pelo

Civilização em transição 127

futuro e deixar a outros a tarefa de conservar o passado. Por isso, além de construtor, é também um destruidor. Ele e seu mundo se tornaram ambíguos e questionáveis. Os caminhos que o passado lhe indica e as respostas que dá a seus problemas são insuficientes às suas necessidades presentes. Os confortáveis caminhos do passado já foram obstruídos e novas trilhas foram abertas, com novos perigos, totalmente desconhecidos do passado. Segundo o provérbio, nada se aprende da história; também quanto aos problemas do tempo atual, via de regra nada dirá. O novo caminho deve ser traçado em terreno virgem, sem qualquer pressuposto e, infelizmente, muitas vezes sem dó nem piedade. A única coisa que não pode ser melhorada é a moral, porque qualquer alteração da moral tradicional seria, por definição, uma imoralidade. A importância desta oportuna advertência provém do fato de ela expressar uma realidade sentimental tão inegável que já fez tropeçar mais de um inovador.

O conjunto dos problemas do presente formam um novelo do 240 qual é impossível retirar um problema particular para tratá-lo isoladamente dos outros. Portanto, não há "mulher na Europa" sem o homem e seu mundo. Se ela for casada, geralmente dependerá economicamente do marido; se for solteira e autossuficiente, dona de sua vida, exercerá uma profissão previamente designada pelo homem. E, se não estiver disposta a sacrificar toda a sua vida erótica, ei-la de novo às voltas com uma relação essencial com o homem. De várias maneiras a mulher está indissoluvelmente unida ao mundo do homem e, consequentemente, tão exposta quanto o homem a tudo que pode abalar o mundo. A guerra, por exemplo, afetou tanto a mulher quanto o homem, e ela teve que adaptar-se às suas transformações como ele. Salta à vista o que significaram as transformações dos últimos vinte ou trinta anos para o mundo masculino. Os jornais falam disso todos os dias. Mas, o que significaram para a mulher, não é coisa tão evidente e propalada. De fato, nem do ponto de vista político, nem econômico ou espiritual, a mulher é um fator de importância visível. Se fosse, teria mais lugar no campo visual do homem e poderia considerar-se sua rival. Às vezes ela é vista como tal, mas só como se fosse, por assim dizer, um homem que se tornou acidentalmente mulher. Como, em geral, a mulher está no lado íntimo do homem, isto é, lá onde ele apenas sente e não tem olhos ou não quer ver, a mulher aparece como uma máscara impenetrável, por trás da qual se pode conjeturar tudo que há de possível e impossível – não só conjeturar, mas se acredita ver – sem contudo tocar o essencial. O elementar fato de que a pessoa sempre julga que a psicologia do outro é igual à sua própria torna difícil ou impossível a verdadeira compreensão da psique feminina. Isso se coaduna perfeitamente com a inconsciência e passividade da mulher, do ponto de vista biológico: ela se deixa convencer pela projeção dos sentimentos masculinos. Sem dúvida é esta uma característica humana geral, mas que se torna, na mulher, uma nuance particularmente perigosa, pois ela se deixa convencer, não tanto por ingenuidade, mas quase sempre com uma intenção bem clara. É de sua própria natureza, como um ego que se pretende independente e responsável, permanecer no plano de fundo, para não estorvar o homem, mas até incentivá-lo, se for preciso, a realizar as intenções que tem a respeito dela. Trata-se, evidentemente, de um padrão sexual, mas que se ramifica amplamente na psique feminina. Pela atitude passiva que esconde, no fundo, outras intenções, ela ajuda o homem a realizar seus fins, mas ao mesmo tempo o mantém prisioneiro, e ela mesma cai na armadilha do próprio destino, pois o feitiço se volta contra o feiticeiro.

241   Reconheço que descrevi com palavras um tanto desagradáveis um processo que poderia ser cantado em belos versos. Mas, como tudo tem duas faces, quando queremos tomar consciência de alguma coisa, temos que ver tanto o lado sombrio quanto o lado iluminado.

242   Se observarmos que a mulher, já na segunda metade do século XIX, começou a assumir profissões masculinas, a tomar parte ativa na política, a fundar associações e dirigi-las etc., será fácil constatar que está pronta a romper com um padrão de sexualidade essencialmente feminino, de inconsciência e passividade aparentes, e fazer uma concessão à psicologia masculina, para erigir-se em membro visível da sociedade. A partir daí ela não precisa mais dissimular-se atrás da máscara de Sra. Fulana de Tal, para conseguir que o homem satisfaça todos os seus desejos, ou para fazê-lo sentir que as coisas não estão correndo como ela deseja.

243   Esse passo para a autonomia social foi uma necessária resposta aos fatores econômicos e outros, mas não passa de um sintoma, não sendo o ponto central da questão. Sem dúvida, é admirável a cora-

Civilização em transição

gem e abnegação destas mulheres, e seria cegueira não ver os benefícios trazidos por esses esforços. Mas ninguém pode escapar desta realidade: a mulher, ao abraçar uma profissão masculina, ao estudar e trabalhar como o homem, passa a fazer algo que no mínimo não corresponde à sua natureza feminina, podendo mesmo ser prejudicial. Está fazendo algo que dificilmente seria possível a um homem, a menos que fosse um chinês: por exemplo, será que ele seria uma boa babá ou uma professora de escola maternal? E quando falo de prejudicar, não me refiro apenas ao dano fisiológico, mas antes de tudo ao dano psíquico. É característico da mulher ser capaz de fazer tudo por amor a uma pessoa. Mas as mulheres que se entregam a trabalhos importantes por amor a uma coisa são raras exceções, pois isso não se coaduna com sua natureza. O amor pelas coisas é prerrogativa masculina. Mas, como o ser humano reúne em si elementos masculinos e femininos, pode acontecer que um homem viva a parte feminina, e uma mulher a parte masculina. No homem, o elemento feminino fica relegado ao plano de fundo, acontecendo o mesmo com o elemento masculino na mulher. Quando se vive o que é próprio do sexo oposto, vive-se, em suma, no plano de fundo, com prejuízo do primeiro plano que é o essencial. O homem deveria viver como homem e a mulher como mulher. A oposição sexual sempre se situa perigosamente próxima do inconsciente. É típico que as influências do inconsciente sobre o consciente sempre apresentem um caráter de oposição sexual. Por exemplo, a alma (*anima*, psyche) é do gênero feminino, porque esse conceito, como todos os conceitos em geral, nasceu do espírito do homem. (A iniciação mística entre os primitivos é uma questão exclusivamente masculina, como o é a função do sacerdote na Igreja católica.)

A imediata proximidade do inconsciente exerce uma influência 244 atrativa sobre os processos conscientes. Isso explica o medo instintivo, o horror que se tem do inconsciente. É uma reação de defesa do consciente, perfeitamente cabível. A oposição sexual possui um charme misterioso, um misto de medo e nojo que a torna tão atraente e fascinante, mesmo quando não se apresenta a nós diretamente do exterior, sob os traços de uma mulher, mas vem de dentro, como influência psíquica, sob a forma de uma tentação a abandonar-se a um humor ou uma paixão. Este exemplo não é característico da mulher, pois seus humores e suas emoções não vêm diretamente do inconsciente, mas são peculiares à sua natureza feminina, por isso não são simples, mas estão misturados com intenções inconfessáveis. Na mulher, o que provém do inconsciente é uma espécie de opinião que modifica seu humor só secundariamente. Essas opiniões pretendem ser verdades absolutas e quanto menos sujeitas estiverem a uma crítica consciente, tanto mais duradouras e sólidas se mostrarão. De certa forma são camufladas, como os humores e sentimentos do homem, e às vezes são completamente inconscientes, sendo muito difícil reconhecer seu caráter particular. Na verdade elas são coletivas e contrárias ao sexo – como se fosse um homem, por exemplo o pai, que as tivesse pensado.

245   Portanto, pode acontecer – e é a regra geral – que a mente de uma mulher que exerce uma função masculina seja influenciada pela masculinidade inconsciente, sem que ela o perceba, embora todos à sua volta o percebam claramente. Resulta daí uma espécie de rigidez intelectual, baseada nos assim chamados princípios, e uma série de argumentos especiais que chegam a irritar, porque estão sempre um pouco à margem do problema e introduzem nele uma coisinha de nada só para complicar as coisas. A suposição ou opinião inconscientes são o pior inimigo da mulher, às vezes uma verdadeira paixão demoníaca que exaspera os homens e os desagrada, e causa às próprias mulheres o maior dano, ao sufocar, pouco a pouco, o charme e o sentido de sua feminilidade, passando-os para trás dos bastidores. Uma situação dessas acaba naturalmente numa profunda desarmonia psíquica, em outras palavras, numa neurose.

246   É claro que as coisas não precisam chegar a este extremo. Mas já há bastante tempo que a masculinização psíquica da mulher vem trazendo consequências indesejáveis. Ela pode talvez ser uma boa companheira para o homem, mas sem encontrar o acesso aos sentimentos dele. A razão é que o animus dela (isto é, seu racionalismo masculino, e que nada tem a ver com verdadeira racionalidade!) fechou o acesso aos seus próprios sentimentos. Pode ficar frígida, como defesa contra um tipo sexual masculino que corresponde ao seu tipo intelectual masculino. Mas se a reação de defesa falhar, pode aparecer, no lugar da sexualidade disponível da mulher, uma forma de sexualidade agressiva e exigente, própria do homem. Também esta reação é um modo "práti-

Civilização em transição 131

co" de lançar, a todo custo, uma ponte para forçar de volta o homem que vai se afastando paulatinamente. Uma terceira possibilidade, que parece a favorita dos países anglo-saxões, é a opção pela homossexualidade, passando a mulher a viver o papel masculino.

Entretanto, quando a atração do animus se torna sensível, a mulher sente uma necessidade toda especial de manter relações íntimas com o outro sexo. Muitas mulheres, nesta situação, estão plenamente conscientes desta necessidade e levantam – *faute de mieux* – um outro problema atual, não menos difícil, *o problema do casamento*.

A tradição vê o homem como o destruidor da paz conjugal. Essa lenda já vem de longe, de épocas bem remotas, em que os homens ainda tinham tempo para dedicar-se a todo tipo de divertimentos. Mas hoje a vida exige tanto do homem que o nobre fidalgo Don Juan, no máximo, ainda pode ser visto no teatro. Mais do que nunca, o homem ama seu conforto, pois vivemos numa época de neurastenia, impotência e de *easy chairs*. Não restam mais energias para escalar muralhas ou para duelos. Para entregar-se ao adultério, a aventura terá que ser bem fácil. Deve exigir o mínimo esforço possível e ser passageira. O homem de hoje tem muito medo de pôr em risco a instituição do matrimônio. Neste ponto, ele aceita em geral a máxima *quieta non movere* e por isso preserva a prostituição. Eu apostaria que na Idade Média, com seus famosos banhos e irrestrita prostituição, o adultério era relativamente mais frequente que hoje. Neste sentido, a segurança do casamento seria maior do que nunca. Mas, na realidade, está começando a ser discutida. É mau sinal quando os médicos começam a escrever livros cheios de conselhos para se chegar ao "perfeito casamento". As pessoas que gozam de saúde não precisam de médicos. Mas o casamento de hoje se tornou um tanto precário (Na América, cerca de um quarto das uniões acabam em divórcio!). O que mais surpreende nesta questão é que em nosso tempo o bode expiatório não é mais o marido e sim a mulher. É dela que surge a dúvida e a insegurança. Não é de estranhar que seja assim, pois há, na Europa do pós-guerra, um número tão alarmante de mulheres não casadas que seria inconcebível não haver qualquer reação da parte delas. Tal acúmulo de misérias só pode trazer consequências inevitáveis. Mas não se trata só de umas poucas dúzias de solteironas voluntárias ou involuntárias, esparsas aqui e ali, mas de milhões de mulheres. Nossa legislação e nossa moral social não apresentam qualquer resposta ao problema dessas mulheres. Ou será que a Igreja teria uma resposta satisfatória? Construir gigantescos claustros para acomodar todas elas seria uma solução? Ou disseminar ainda mais a prostituição tolerada pela polícia? Isto é impossível, pois não estamos tratando de santas, nem de prostitutas, mas de mulheres normais que não podem dar queixa à polícia de suas exigências psíquicas. São mulheres honestas que querem casar-se ou, se isto for impossível, gostariam, pelo menos, de algo semelhante. Quando se trata do amor, as leis, instituições e ideais quase nada significam para a mulher. Se o caminho certo é impraticável, o jeito é seguir um desvio.

249   No começo de nossa era, três quintos da população italiana consistiam de escravos, isto é, de objetos humanos sem direitos e comerciáveis. Cada romano estava cercado de escravos. O escravo e sua psicologia inundavam a velha Itália, e cada romano se tornava, interiormente, sem o saber, um escravo. Vivia constantemente numa atmosfera de escravos e acabou sendo influenciado inconscientemente pela psicologia deles. Ninguém pode escapar dessa influência. O europeu, seja qual for seu nível intelectual, não pode "impunemente" viver na África, entre os negros. Insensivelmente a psicologia deles peneirará nele e acabará tornando-se inconscientemente negro, sem poder resistir. A expressão técnica *going black*, tão conhecida na África, exprime esse fenômeno. Não é por simples esnobismo que os ingleses consideram aquele que nasce nas colônias, mesmo sendo do mais puro sangue, como "slightly inferior".Há muita verdade nisto.

250   A estranha melancolia e o anseio de redenção da Roma imperial, cujo eco mais legítimo podemos encontrar na IV Écloga de Virgílio, é uma consequência direta da influência dos escravos. A explosiva difusão do cristianismo, uma religião que surgiu, por assim dizer, da cloaca de Roma – Nietzsche chamou isto de insurreição dos escravos na moral – foi uma reação fundamental que colocava a alma do mais vil escravo no mesmo nível da alma do divino César. Processos psicológicos de compensação semelhantes a este, mas talvez menos importantes, certamente se repetiram no decorrer da história universal. Quando se cria uma monstruosidade psíquica ou social qualquer, prepara-se ao mesmo tempo, desafiando qualquer legislação ou qualquer expectativa, uma compensação.

Civilização em transição 133

Algo análogo está acontecendo com a mulher na Europa de hoje. 251
Muita coisa inadmissível, sem vida, se acumulou e passa a agir. A secretária, a estenógrafa, a estilista, todas agem, e através de milhões de canais subterrâneos se estende a influência que mina o casamento. Pois o desejo de todas essas mulheres não é entregar-se a aventuras sexuais – só um estúpido poderia acreditar nisso – mas casar-se. As "beatae possidentes", as mulheres casadas, devem ser rejeitadas, geralmente sem barulho e sem violência, mas pelo desejo silencioso e obstinado que age, como se sabe muito bem, através de uma magia análoga à do olhar fascinante da serpente. Sempre foi este o caminho das mulheres.

Diante de tudo isso, qual a atitude da mulher casada de hoje? Ela 252
ainda está presa à antiga ideia de que o homem é o bode expiatório, que o amor pode ser manobrado à vontade etc. À base dessas concepções antiquadas, pode intensificar os ciúmes. Mas tudo é apenas superfície. Há coisas mais profundas em ação. Nem o orgulho dos patrícios romanos, nem os grossos muros dos palácios dos Césares conseguiram impedir a infestação dos escravos. Da mesma forma, não há mulher que consiga subtrair-se à ação misteriosa e dominadora dessa atmosfera na qual talvez sua própria irmã a esteja envolvendo, a atmosfera deprimente da vida não vivida. A vida não vivida é uma atmosfera irresistível de destruição que age em silêncio, mas inexoravelmente. O resultado é que a mulher casada começa a duvidar do casamento. A celibatária acredita nele porque quer casar-se. Também o homem acredita no casamento, pois seu amor à vida confortável o recomenda, e sua estranha crença sentimental nas instituições faz com que estas se tornem objetos de sua afeição.

Como as mulheres têm que ser concretas nas questões sentimen- 253
tais, há um certo detalhe que não pode escapar de nossa atenção: a possibilidade das medidas anticoncepcionais. Os filhos são uma das razões principais da atitude responsável perante o casamento. Se desaparecer esta razão, podem surgir fatos "que ainda não aconteceram". Isto afeta em primeiro lugar a mulher não casada, para a qual surge a possibilidade de um casamento "aproximativo". Mas vale também para as casadas que, como mostrei em meu ensaio *Die Ehe als psychologische Beziehung*[2], são as "continentes", isto é, têm exigências

---

2. Em *Seelenprobleme der Gegenwart*. Op. cit.

como pessoas individuais e que o marido não pode ou é incapaz de satisfazer plenamente. Enfim, a contracepção é um fato da maior importância para todas as mulheres em geral, porque afasta a constante expectativa de uma gravidez indesejada, e a preocupação de uma família numerosa. Esta libertação das leis da natureza desencadeia importantes energias psíquicas que procuram inevitavelmente uma aplicação. Sempre que uma porção desta energia não encontra um objetivo conveniente, provoca um distúrbio do equilíbrio psíquico. A energia que não possui uma finalidade consciente reforça o inconsciente, dando origem à incerteza e à dúvida.

254   Outro fator de grande importância é a discussão mais ou menos aberta da questão sexual. Este aspecto, outrora bastante nebuloso, tornou-se agora objeto dos interesses científicos e outros mais. Hoje pode-se dizer e ouvir, em sociedade, coisas que antigamente eram impossíveis. São muitos os que aprenderam a pensar com mais liberdade e mais franqueza, e que conseguiram captar a importância desta questão. Mas a discussão do problema sexual ainda está dando os primeiros passos, como prelúdio de uma questão mais profunda, diante da qual sua importância empalidece: a *questão das relações psíquicas entre os dois sexos*. E aqui entramos de verdade no domínio da mulher.

255   A psicologia da mulher se baseia no princípio do Eros, que une e separa, ao passo que o homem, desde sempre, encontra no Logos seu princípio supremo. O conceito do Eros, em linguagem moderna, poderia ser expresso como relação psíquica, e o do Logos como interesse objetivo. Aos olhos do homem comum, o amor propriamente dito se confunde com a instituição do matrimônio, e fora dele só existe adultério, ou pura amizade. Para a mulher, o casamento não é simplesmente uma instituição, mas uma relação humana erótica. Pelo menos é o que ela gostaria que fosse. (Como seu Eros não é tão simples, mas está mesclado com outros motivos inconfessáveis, como por exemplo casar-se para chegar a uma posição social de destaque, o princípio não pode ser aplicado em sentido absoluto.) O casamento significa para ela uma relação exclusiva. Ela consegue aguentar facilmente essa exclusividade, sem morrer de tédio, se tiver filhos ou parentes próximos com os quais possa manter relações tão estreitas como com seu marido. Pouco importa que essas relações não sejam sexuais, pois a relação sexual não é tão importante para ela quanto as

Civilização em transição 135

relações psíquicas. Basta que ela e seu marido acreditem que a relação deles é única e exclusiva. Se acontecer que ele é o "continente", sentir-se-á sufocado por essa exclusividade, principalmente quando não perceber que a exclusividade de sua mulher não passa de piedosa fraude. Na realidade, reparte suas atenções entre os filhos e, conforme o caso, entre os outros membros da família, havendo pois muitas relações íntimas. Se o marido também tivesse tantas relações com outras pessoas, ficaria louca de ciúmes. Mas a maioria dos homens são cegos do ponto de vista erótico. Cometem o imperdoável erro de confundir o Eros com a sexualidade. O homem acha que possui a mulher porque a possui sexualmente. Ora, é justamente na posse sexual que ele menos a possui, porque para a mulher o que importa é o Eros. O casamento, para ela, é uma relação à qual apenas se acrescenta a sexualidade. Como o sexo é uma coisa formidável, devido às suas consequências, é bom salvaguardá-lo e mantê-lo em lugar seguro. Quanto menos perigo oferecer, menos relevante se tomará, passando então para o primeiro plano a questão da relação.

É justamente aqui que a mulher encontrará as maiores dificuldades com seu marido, porque a questão do relacionamento entra num domínio obscuro e penoso para ele. Só enfrenta a questão quando é a mulher que carrega o fardo do sofrimento, isto é, quando ele é o "conteúdo"; em outras palavras, quando ela se imagina tendo relações com outro homem e consequentemente sofre uma desunião interna. Neste caso, é ela que está às voltas com o difícil problema, e ele não precisa encarar o seu, o que lhe causa grande alívio. Nesta situação, ele leva desmerecida vantagem, como o ladrão que foi precedido por outro ladrão a quem a polícia capturou. De repente ele se transforma num espectador honesto e imparcial. Em qualquer outra situação, um homem sempre acha penosa e desagradável a discussão da relação pessoal, exatamente como sua esposa acharia, se fosse examinada por seu marido sobre a *Crítica da razão pura*. Para o homem, o Eros é uma região de sombras que o enreda no inconsciente feminino, no "psíquico", enquanto o Logos é para a mulher uma sutilidade enfadonha e mortal, quando não categoricamente temida e abominada por ela.

Quando a mulher começou a fazer concessão à masculinidade, em fins do século XIX, estabelecendo-se como fator independente no mundo social, o homem, por sua vez, também fez uma concessão à feminilidade, com certa hesitação, é claro, criando uma nova psicologia dos fenômenos dos complexos inaugurada pela psicologia sexual de Freud. O que esta psicologia fica devendo à influência direta das mulheres – a práxis psicoterapêutica está inundada de mulheres – daria para encher um livro. Não falo aqui apenas da psicologia analítica, mas dos começos da psicopatologia em geral. Na grande maioria, os casos "clássicos", a começar com a "visionária de Prevorst", foram mulheres que, sem dúvida inconscientemente (?), se esforçaram ao máximo para demonstrar drasticamente sua própria psicologia e, com ela, a psicologia dos complexos fenômenos psíquicos. Mulheres como Frau Hauffe, Helen Smith e Mrs. Beauchamp se asseguraram assim uma espécie de imortalidade, análoga à dos casos de curas milagrosas que tornaram famosos e prósperos os lugares dos milagres.

258 Grande porcentagem do material empírico da psicologia dos complexos provém das mulheres. Isso não é de estranhar, uma vez que a mulher é muito mais "psicológica" que o homem. Ele em geral se contenta com a "lógica" pura e simples. Tudo que é "psíquico", "inconsciente" etc. lhe repugna, parecendo-lhe vago, impreciso ou doentio. Ele se interessa pelo real, pelos fatos e não por sentimentos e fantasias que podem enganar ou nada têm a ver com os fatos. A mulher prefere saber o que o homem sente a respeito de uma coisa, ao invés de conhecer a coisa em si. Para ela, são importantes aquelas coisas que o homem julga estorvos ou futilidades. Por isso é naturalmente a mulher que apresenta a psique mais direta e mais rica, e muitas coisas podem ser claramente percebidas nela. No homem essas coisas não passam de processos imprecisos do plano de fundo, cuja própria existência ele não quer admitir. Ao contrário das explicações objetivas e da verificação dos fatos, a relação humana se processa no mundo da psique, um domínio intermediário entre o mundo dos sentidos e o das emoções e o espírito, que contém algo de cada um deles, sem contudo nada perder de seu próprio caráter específico.

259 É preciso que o homem se aventure neste território, se quiser ir ao encontro da mulher. Assim como as circunstâncias forçaram a mulher a adquirir alguns traços masculinos, para não permanecer atrelada a uma feminilidade arcaica e puramente instintiva, estranha e perdida no mundo dos homens, como uma espécie de "boneca" imaterial, assim também o homem se vê forçado a desenvolver um lado fe-

Civilização em transição 137

minino, isto é, colocar-se num ponto de vista da psique e do Eros, se ele não quiser correr em vão, como um rapaz deslumbrado, atrás da mulher, com o risco de ser colocado no bolso por ela.

A esta exclusiva masculinidade e feminilidade basta o tradicional casamento medieval, instituição louvável como quase sempre se comprovou na prática. Mas o homem de hoje acha extremamente difícil voltar a esta instituição, porque esta forma de casamento só pode existir se colocarmos de lado os problemas do tempo presente como se não existissem. Sem dúvida muitos romanos conseguiram fechar os olhos diante do problema da escravidão e diante do cristianismo, passando seus dias numa inconsciência mais ou menos agradável. Podiam fazer isso porque não tinham presente, mas só passado. Não há tempo presente para todos aqueles que não veem qualquer problema no casamento e, quem poderia dizer que não são felizardos? Mas o homem de hoje encontra muitos problemas no casamento. Pude ouvir um sábio alemão exclamar diante de muitas centenas de ouvintes: "Nossos casamentos são apenas casamentos fictícios!" Admiro a coragem e sinceridade dele. Via de regra, nós nos expressamos indiretamente, com precaução, dando bons conselhos sobre o que se deve fazer para não ferir o ideal. Mas para a mulher moderna – os homens deviam estar atentos a isto – o casamento medieval já não é mais ideal. Ela, porém, dissimula a dúvida e sua revolta. Uma, porque é casada e acha inconveniente que a porta do cofre-forte não fique hermeticamente fechada; a outra, porque não é casada e se acha virtuosa demais para tomar deliberadamente consciência de suas tendências. Entretanto, a parte de masculinidade que adquiriram torna impossível a ambas acreditar no casamento em sua forma tradicional ("Ele será teu senhor!"). Masculinidade significa saber o que se quer e fazer o necessário para atingir o objetivo. Uma vez que se aprendeu esta lição, é óbvio que nunca mais se poderá esquecê-la, sem grande prejuízo psíquico. A independência e a crítica que ela adquire por meio deste conhecimento são valores positivos e é assim que a mulher as experimenta. Por isso não quer mais abandoná-las. O mesmo acontece com o homem que, com grande esforço e às custas de sofrimento, conseguiu adquirir aquela necessária parte de compreensão feminina em sua psique e jamais renunciará a ela. Está extremamente persuadido da importância de sua aquisição.

260

261   À primeira vista, poder-se-ia pensar que, assim, o homem e a mulher estariam em condições de tornar o casamento perfeito. Mas não é assim. Observando-se mais de perto, o conflito aparece imediatamente. O que a mulher quer fazer com a consciência de si mesma, recém-conquistada, não agrada ao homem, enquanto os sentimentos que ele descobriu nele próprio estão longe de agradar à mulher. O que ambos descobriram não são virtudes ou valores em si mesmos, mas, em comparação com o que desejam, são algo *inferior* que poderia ser condenado com toda razão se fosse compreendido como manifestação de uma opção pessoal ou de certo humor. E é exatamente isso que comumente acontece, embora seja apenas uma meia-injustiça. A masculinidade da mulher e a feminilidade do homem têm menos valor, e é lastimável que algo de menor valor se agarre ou prenda ao valor pleno. Por outro lado, a sombra também faz parte da personalidade como um todo. O forte deve poder ser de algum modo fraco e o inteligente, estúpido, do contrário se torna inverossímil e degenera em pose e fanfarronice. Não é uma verdade bem antiga que a mulher gosta mais da fraqueza do forte do que de sua força, e da estupidez do inteligente mais do que de sua sensatez? O que o amor da mulher quer é o homem inteiro, não apenas sua masculinidade como tal, mas também sua negação. Na mulher, o amor não é sentimento como no homem, mas uma vontade de viver, às vezes terrivelmente desprovida de sentimentalidade, e que pode até levá-la ao sacrifício de si mesma. Um homem que é amado desta maneira não pode escapar de seu lado inferior, pois só pode responder a esta realidade com sua própria realidade. E esta realidade humana não é apenas uma bela aparência, mas um retrato fiel da eterna natureza humana que une, sem distinção, toda a humanidade; é uma imagem da vida com seus altos e baixos, comuns a todos nós. Nesta realidade não somos mais pessoas diferenciadas (persona = máscara), mas somos seres conscientes dos nossos laços humanos comuns. Deixando de lado a distinção social ou qualquer outra de nossa personalidade, eis que me encontro aqui diante do problema de hoje, problema que não depende de mim – pelo menos é o que penso. Mas não posso mais negá-lo. Sei e sinto que sou um dentre muitos e o que os move move também a mim. Em nossa força, somos independentes e isolados, e somos donos do nosso próprio destino; em nossa fraqueza, somos dependen-

Civilização em transição 139

tes e de certa forma unidos, tornando-nos forçosamente instrumentos do destino, pois aqui o que conta não é a nossa vontade individual, mas a vontade da espécie.

O que os dois sexos ganharam através desta mútua assimilação é 262 uma inferioridade, se considerada do ponto de vista bidimensional do mundo pessoal das aparências, e uma pretensão imoral, se considerada como exigência pessoal. Mas no sentido da vida da sociedade, representa a superação do isolamento pessoal e da retenção interesseira em proveito de uma participação ativa na solução dos atuais problemas. Portanto, se a mulher de hoje, consciente ou inconscientemente, afrouxar a firme consistência do matrimônio, por sua independência psíquica e econômica, isso não quer dizer que o faz por mero capricho pessoal, mas impelida pela vontade de toda a espécie humana que a transcende e faz dela, como mulher individual, seu instrumento.

A instituição do matrimônio (que chega a ser um sacramento 263 para a religião) representa um valor social e moral tão alto que é compreensível que seu relaxamento seja indesejável e até mesmo revoltante. A imperfeição humana é sempre uma dissonância na harmonia de nossos ideais. Infelizmente ninguém vive num mundo conforme aos seus desejos, mas num mundo real, em que o bem e o mal se chocam e se destroem, em que as mãos destinadas a criar ou a construir não podem evitar de se sujarem. Quando alguma coisa vai realmente mal, sempre aparece alguém para afirmar, sob aplauso geral, que nada está acontecendo e que tudo está em ordem. Repito, aquele que pode pensar e viver desta maneira, vive em outro mundo e não no nosso mundo atual. Se examinarmos com olhos verdadeiramente críticos um casamento qualquer, poderemos descobrir – a não ser que uma aguda pressão das circunstâncias tenha extinguido todos os sinais de distúrbio "psicológico" – os sintomas de seu relaxamento mais ou menos secreto, e ver que existem "problemas de casamento", desde problemas insuportáveis de humor até a neurose e o adultério. Infelizmente, como sempre, aqueles que ainda conseguem permanecer na inconsciência não podem ser imitados, o que quer dizer que seu bom exemplo não é suficientemente contagioso para induzir os homens mais conscientes a descer novamente ao nível da pura inconsciência.

140 Obra Completa — Vol. 10/3

264   Para aquelas muitas pessoas que não são obrigadas a gostar do presente, é muito importante que acreditem no ideal do matrimônio e o mantenham firme. Nada se pode ganhar com a destruição de um ideal e de um valor indiscutível, se não forem substituídos por algo melhor. Entretanto, também a mulher tem suas dúvidas – tanto a casada como a não casada – se deve ou não colocar-se abertamente do lado da rebelião. De qualquer forma, não segue o exemplo da conhecida escritora feminista que, depois de tentar todo tipo de experiências, se refugia no porto seguro do casamento, considerado doravante a melhor das soluções. E todas aquelas que não foram bem sucedidas, depois da profunda decepção que sofreram, podem terminar seus dias numa piedosa renúncia. Mas a mulher do presente não vê as coisas por este ângulo. E o marido certamente terá alguma coisa a contar.

265   Enquanto houver uma cláusula no Código que define com precisão o que é o adultério, a mulher será obrigada a permanecer em dúvida. Mas, será que o Código sabe realmente o que é "adultério"? Sua definição seria uma verdade definitiva, descoberta uma vez por todas? Do ponto de vista psicológico – o único que realmente conta para a mulher – o Código é uma mesquinha obra mal feita, como tudo o que o homem imagina para dar uma expressão palpável ao amor. Para a mulher, o amor nada tem a ver com "equívocos matrimoniais", "relações sexuais extraconjugais", "enganar o marido" ou outras coisas parecidas, inventadas pela inteligência masculina, tão cega quando se trata do Eros. Só o amor que realmente crê no caráter inviolável do matrimônio tradicional é capaz de rebaixar-se às insípidas trivialidades apontadas pelo Código, assim como só aquele que crê em Deus pode blasfemar de verdade. Mas aquele que põe em dúvida o matrimônio não pode infringi-lo. Pouco lhe importa a lei. Ele se sente, como São Paulo, além da lei, no plano superior do amor. Como, porém, todos os fiéis adeptos da lei frequentemente a transgridem por ignorância, sedução ou vício, a mulher de hoje acaba se perguntando se ela não pertence também à mesma categoria. Do ponto de vista tradicional, é claro que pertence. Ela precisa saber disso para que o ídolo de sua própria respeitabilidade seja quebrado. Qualquer pessoa é respeitável quando pode mostrar-se abertamente, quando corresponde à expectativa pública. Em outras palavras, quando apresenta uma máscara ideal, que, no fundo, se resume numa fraude. A *boa*

Civilização em transição 141

forma não é fraude, mas quando a respeitabilidade reprime a psique – a verdadeira essência que recebemos de Deus – então nos tornamos aquilo que Jesus Cristo chamou "sepulcros caiados".

A mulher de hoje está consciente da inegável realidade de que ela só pode atingir o que há nela de melhor e mais elevado pelo amor. E esse conhecimento a leva a outro, isto é, que o amor transcende a lei. Mas a respeitabilidade pessoal não quer aceitar isso e acabamos confundindo essa reação com a opinião pública. Isso, porém, seria apenas o mal menor. O pior é que esta opinião está profundamente enraizada na mulher, está em seu sangue e se manifesta como uma voz interior, uma espécie de consciência, e é este poder que a põe em xeque. Não consegue perceber que pode haver uma colisão entre seu ser mais pessoal e mais íntimo e a história. Essa conjuntura lhe parece extremamente inesperada e absurda. Mas, afinal, quem chegou, com plena consciência, à conclusão de que a história não está nos grossos volumes, mas sim em nosso sangue? Só uma ínfima minoria. 266

Enquanto a mulher viver a vida do passado, não entrará em colisão com a história. Mas logo que começar a desviar-se, por pouco que seja, da tendência cultural dominante da história, sentirá imediatamente o peso da inércia histórica. Este choque inesperado pode causar-lhe um abalo talvez mortal. Sua hesitação e dúvida são compreensíveis, pois ela se encontra não apenas numa situação extremamente difícil e equívoca, vizinha de todo tipo de depravação e patifaria, mas também entre duas forças universais: a inércia histórica e o poder criador divino. 267

Quem poderia condená-la? A maioria dos homens não prefere o "sujeitou-se honrosamente"[3], no sentido figurado, ao conflito quase sem saída, de decidir se devem ou não fazer história? Trata-se, afinal, de saber se queremos ser a-históricos e, assim, fazer história ou não. Ninguém pode fazer história se não quiser arriscar a própria pele, levando até o fim a experiência de sua própria vida, e deixar bem claro que sua vida não é uma continuação do passado, mas um novo começo. Continuar é uma tarefa que até os animais são capazes de fazer, mas começar, inovar é a única prerrogativa do homem que o coloca acima dos animais. 268

---

3. "laudabiliter se subiecit".

269   Certamente a mulher de hoje está preocupada, no fundo de si mesma, com esse problema. E assim se manifesta nela a tendência cultural geral de nossa época: a urgência do desenvolvimento integral do ser humano, uma aspiração por sentido e plenitude, uma crescente aversão pela absurda parcialidade, pela instintividade inconsciente e pela cega contingência. A psique do europeu não esqueceu a lição da guerra, embora tenha banido muita coisa de sua consciência. A mulher está cada vez mais consciente de que só o amor pode dar-lhe a satisfação plena, assim como o homem está começando a perceber que só o espírito é capaz de dar à sua vida o mais elevado sentido. E ambos, no fundo, buscam a relação psíquica, porque o amor precisa, para completar-se, do espírito, e o espírito do amor.

270   A mulher sente que o casamento já não é segurança real, pois o que adianta a fidelidade do marido quando sabe que os sentimentos e pensamentos dele estão em outro lugar e que ele simplesmente é cauteloso ou covarde demais para segui-los? O que lhe importa a própria fidelidade, se ela mesma sabe que apenas está usando seu direito legal de propriedade enquanto está consumindo sua própria alma? Ela anseia por uma fidelidade maior, uma fidelidade em espírito e em amor, capaz de transcender as fraquezas e imperfeições humanas. Talvez ainda descubra que aquilo que parece fraco e imperfeito, um doloroso distúrbio ou um desvio alarmante, deva ser interpretado de acordo com sua dupla natureza: são degraus que levam ao nível humano mais profundo e, finalmente, acabam no pântano do inconsciente e das coisas perdidas, se o indivíduo perder seu ponto de apoio que está em sua distinção pessoal. Mas aquele que for capaz de segurar-se, poderá experimentar pela primeira vez o que significa ser ele mesmo, se também conseguir descer ao fundo de si mesmo, na indiferenciação humana. Que outra coisa poderia, aliás, livrá-lo da solidão interior de sua diferenciação pessoal? E o que poderia servir-lhe de ponte psíquica para chegar à humanidade? Aquele que está em cima e distribui seus bens aos pobres, pela própria elevação de sua virtude está afastado do resto da humanidade, e quanto mais se esquece de si mesmo para sacrificar-se pelos outros, tanto mais se desvia interiormente do comum dos mortais.

271   A palavra "humano", que parece soar tão bela, se bem entendida não vem a ser nada de tão belo, tão virtuoso ou inteligente, mas justa-

Civilização em transição 143

mente uma *média por baixo*. É o passo que Zaratustra não conseguiu dar, o passo em direção ao "homem mais feio", repelente, o verdadeiro homem. Nossa resistência de dar esse passo e nosso medo mostram quão grande é a atração e força de sedução do que está embaixo. Tentar separar-se completamente desse embaixo não é solução. Seria mera ilusão, um essencial desconhecimento de seu valor e seu sentido. Pois, como se poderia conceber a altura sem a profundidade, e como poderia haver luz sem projetar sombras? Nenhum bem pode crescer sem que um mal se lhe venha opor. "Ninguém pode ser redimido de um pecado que não cometeu", dizia Carpócrates. Palavra profunda para quem quiser compreendê-la, e também ocasião propícia para quem quiser tirar falsas conclusões. O plano inferior que pede para conviver com o homem mais consciente e por isso mais perfeito *não é aquilo que trará prazer, mas aquilo que ele teme*.

O que digo aqui não se refere ao jovem – é justamente o que deveria ignorar – mas ao homem maduro cuja experiência de vida já o tornou capaz de uma consciência bem maior. Ninguém pode dispor previamente do presente, mas vai penetrando nele aos poucos, pois não há passado sem o presente. O jovem ainda não tem passado, portanto também não tem presente. Ele ainda não cria cultura, mas apenas existência. Criar cultura é privilégio e tarefa da idade madura, dos que já transpuseram o meridiano da vida. 272

A psique europeia foi dilacerada pela infernal barbaridade da guerra. Enquanto o homem põe mãos à obra para reparar os danos materiais, a mulher – inconscientemente como sempre – trata de curar as feridas psicológicas. Necessita para isso de seu instrumento mais importante: a *relação psíquica*. Mas nada lhe é mais adverso neste particular do que o isolamento do matrimônio medieval, porque torna a relação supérflua de todo. A relação só é possível se houver distância psíquica, assim como a moralidade pressupõe sempre a liberdade. Por esta razão, a tendência inconsciente da mulher é afrouxar o casamento, mas não a ponto de destruí-lo e destruir a família. A destruição seria não só abuso moral, mas também doentio. 273

Seriam necessários volumes inteiros de material casuístico para explicar as inúmeras formas de atingir o objetivo em cada caso particular. Como a natureza, também a mulher tem a tendência de traba- 274 lhar indiretamente, sem nomear explicitamente seu objetivo. Para atingi-lo, ela reage imperceptivelmente, através de caprichos, afetos, opiniões e ações, tudo no intuito de alcançar o mesmo fim, e sua aparente falta de sentido, sua malícia ou morbidez, sua insensibilidade e irreverência são infinitamente molestas ao homem, cego ao Eros.

275   O método indireto da mulher é perigoso, pois pode comprometer irreversivelmente seu objetivo. Por isso ela aspira por uma consciência maior, capaz de fazê-la explicitar seu objetivo, dar-lhe sentido e assim escapar do cego dinamismo da natureza. Ela procura isso na teosofia e em todo tipo de extravagâncias. Em outros tempos, a religião dominante poderia indicar-lhe o fim último a alcançar. Mas hoje a doutrina religiosa remete à Idade Média, à falta de relacionamento contrária à cultura da qual provêm todas as terríveis barbaridades da guerra. Ela reserva a alma humana exclusivamente para Deus, esquecendo o homem. O próprio Deus não pode prosperar numa humanidade que sofre de fome espiritual. A esta fome reage a psique da mulher, pois é função do Eros unir o que o Logos separa. A mulher de hoje está diante de enorme tarefa cultural que significa talvez o começo de nova era.

VII

A importância da psicologia para a época atual[*]

Sempre achei muito difícil comunicar, no campo da psicologia, algo de compreensível ao público em geral. Esta dificuldade já começou quando era médico numa clínica de doentes mentais. Todo psiquiatra descobre que não é só ele que possui opinião competente sobre saúde ou doença mental, mas que o distinto público sempre sabe melhor das coisas do que ele. O doente não sobe pelas paredes, sabe onde está, conhece os familiares, nunca esqueceu o próprio nome, portanto não está doente, apenas um pouco triste ou exaltado e a ideia do psiquiatra de que a pessoa sofra de tal ou tal doença está completamente errada.

Esta experiência bastante comum já nos introduz na própria psicologia, onde as coisas ainda pioram. Cada um acha que psicologia é aquilo que melhor conhece – a psicologia é sempre a *sua* psicologia e esta só ele a conhece e, ao mesmo tempo, a sua psicologia é a psicologia em geral. Pressupomos instintivamente que nossa constituição psíquica é a constituição de todos, que essencialmente todos são iguais, ou seja, todos são iguais a nós mesmos. O homem pressupõe esta igualdade na mulher, a mulher no homem, os pais nos filhos, os

---

[*] Conferência pronunciada em Colônia e Essen, fevereiro de 1939. Redação ampliada publicada sob o título "Über Psychologie", em *Neue Schweizer Rundschau*, I/1 e 2, 1933, p. 21-28 e 98-106. Zurique. Texto reelaborado e incluído em *Wirklichkeit der Seele*. Anwendungen und Fortschritte der neueren Psychologie (Psychologische Abhandlungen IV), Zurique: [s.e.], 1934. Novas edições em 1939 e 1947, brochura em 1969.

filhos nos pais etc. Parece até que cada qual possui a relação mais direta, íntima e competente com seu interior e que sua psique é uma psique universal que serve a todos, considerando seu estado de espírito como válido em geral. Via de regra ficamos admirados, tristes ou decepcionados quando isto não funciona, isto é, quando descobrimos que o outro é realmente outro. As diferenças psíquicas não são consideradas simples curiosidade ou como algo encantador, mas como algo desagradável, difícil de suportar ou insuportável, como algo errado e condenável. O ser outro funciona como perturbação da ordem mundial, como erro que deve ser afastado o mais rápido possível ou como delito que é preciso punir.

278 Como sabemos, existem teorias psicológicas de grande envergadura, baseadas na suposição de que a psique humana é sempre e em todo lugar a mesma, podendo ser explicada da mesma forma em qualquer circunstância. Esta monotonia impressionante, suposta pela teoria, é contraditada pelo fato das diferenças individuais que no psíquico assumem variações infindas. Mas, sem considerar isto, uma dessas teorias explica o mundo psíquico dos fenômenos sobretudo a partir da biologia do instinto sexual, a outra o explica a partir do instinto de poder. O resultado da antinomia é que ambas as teorias se aferram a seu princípio e revelam clara tendência de serem cada qual a única salvação. Uma teoria nega a outra e a gente se pergunta, em vão, qual delas estaria certa. Ainda que os representantes dos dois pontos de vista tentem ignorar-se, esta atitude não resolve a contradição. No entanto, a resposta ao enigma é muito simples. Ambas estão certas na medida em que descrevem uma psicologia que se pareça à de seus adeptos – para usar a expressão de Fausto: "Tu te pareces com o espírito que compreendes"[1].

279 Mas voltemos ao assunto do pensamento ingênuo que, em seu preconceito inarredável, acha que nos outros tudo é igual como nele. Mesmo aceitando em geral a diversidade da psique humana, esquecemos na prática sempre de novo que o outro é realmente um outro, que sente outra coisa, pensa, percebe e quer outra coisa do que eu. Como vemos, até teorias científicas aceitam que o sapato de cada um

---

1. GOETHE, J.W. *Fausto*, parte I (Studierstube).

Civilização em transição

aperta no mesmo lugar. Além dessa hilariante briga caseira de opiniões psicológicas, existem no entanto outras pressuposições igualitárias de caráter sócio-político e de consequências bem mais sérias, que esquecem por completo a existência da psique individual.

Ao invés de irritar-me com estas estreitezas, preocupei-me, antes, com a realidade de sua existência e pesquisei as causas que poderiam ser responsabilizadas por isso. Esta questão levou-me ao estudo da psicologia dos povos primitivos. Há tempos já me dera conta de que havia certa ingenuidade e infantilidade naqueles que mais se inclinavam ao pressuposto da igualdade. Realmente, constatamos nos tempos primitivos da humanidade que este pressuposto não abrangia apenas todas as pessoas mas se estendia a todos os objetos da natureza, aos animais, plantas, rios, montanhas etc. Todos tinham algo como uma psicologia humana, até as árvores e pedras sabiam falar. E como entre as pessoas existem aquelas que não se adaptam à regra geral e, por isso, são tidas como feiticeiros, bruxas, caciques e curandeiros, assim também entre os animais existem os doutores-coiotes, doutores-pássaros, lobisomens e outros mais, cujo título de honra lhes é conferido sempre que um animal se comporta de modo incomum, desrespeitando assim a pressuposição, tacitamente aceita, da igualdade. Este pressuposto é um poderoso resíduo do estado psíquico primitivo que, no fundo, se baseia numa consciência individual pouco diferenciada. A consciência individual ou do eu é um produto tardio do desenvolvimento. Sua forma primitiva é uma simples *consciência grupal* que, entre os primitivos ainda hoje existentes, está tão pouco desenvolvida que algumas tribos nem nome têm que possa diferenciá-las de outras tribos. Encontrei, por exemplo, na África Oriental, pequena tribo que se chamava "O povo que aqui está". Esta consciência grupal primitiva continua a existir na *consciência moderna de família* de tal forma que muitas vezes não conseguimos dizer mais nada a respeito dos membros individuais dessas famílias a não ser que se chamam assim ou assim – o que aliás parece satisfazer a respectiva pessoa.

Mas a consciência grupal em que os indivíduos são totalmente intercambiáveis não é o grau mais baixo da consciência, pois já apresenta certa diferenciação. No primitivismo mais baixo temos *uma espécie de consciência global*, com inconsciência total do sujeito. Neste grau só existem *acontecimentos*, mas não *pessoas que agem*.

282   Nossa suposição de que aquilo que me agrada também agrada ao outro é evidente resíduo daquela noite primordial da consciência, onde não havia qualquer diferença perceptível entre o eu e o tu, e onde todos pensavam, sentiam e queriam a mesma coisa. Mas se acontecesse que o outro não estava realmente de acordo, surgia uma perturbação. Nada desperta mais pânico no primitivo do que o incomum, o que logo faz supor seja isto algo perigoso ou hostil. Também esta reação primitiva subsiste em nós! Facilmente, por exemplo, nos ofendemos se alguém não participa de nossa convicção. Ficamos injuriados quando alguém não acha bonito aquilo que consideramos belo. Ainda se persegue a quem pensa de modo diferente, ainda queremos impor aos outros a nossa opinião, ainda se quer converter os pobres pagãos para livrá-los do inferno que os espera infalivelmente, temos inclusive um medo enorme de ficarmos sozinhos com nossa convicção.

283   A igualdade psíquica das pessoas é uma pressuposição tácita; um fato simplesmente dado que provém da inconsciência primitiva do indivíduo. No mundo primitivo da humanidade, em vez de uma consciência individual, existia algo como uma psique coletiva donde foi surgindo aos poucos, nos estágios mais elevados do desenvolvimento, a consciência individual. Condição indispensável para a existência da consciência individual é sua diferenciação de outra consciência. Poderíamos comparar o processo do desenvolvimento psíquico a um foguete que se desfaz num manto de estrelas multicores.

284   Como ciência empírica, a psicologia tem pouca idade. Ainda não completou quinze anos e, portanto, ainda usa fraldas. A suposição da igualdade, aceita até então, impediu que aparecesse mais cedo. Desse fato podemos concluir, para a pouca idade que tem, a diferenciação da consciência. Foi com dificuldade que saiu de seu sono original para, aos poucos e desajeitadamente, tomar consciência de sua própria existência. É ilusão supor que já estejamos num alto grau. Nossa consciência atual é ainda criança que apenas começa a falar "eu".

285   Uma das maiores experiências da minha vida foi perceber a grande diferenciação que existe entre as psiques humanas. Se a igualdade coletiva não fosse uma realidade primordial, origem e mãe de todas as psiques individuais, seria uma gigantesca ilusão. Mas, apesar de qualquer consciência individual, continua existindo imperturbável como *inconsciente coletivo*, comparável a um oceano sobre o qual

Civilização em transição

flutua como navio a consciência do eu. Por isso também nada desapareceu do mundo primitivo da psique. Assim como o mar estende suas compridas línguas por entre os continentes e os circunda quais ilhas, assim a inconsciência primitiva cerca nossa consciência individual. Na catástrofe da doença mental, o mar primitivo avança sobre a ilha com tempestuosa violência e engole novamente o recém-nascido. Nos distúrbios nervosos são rompidos, no mínimo, alguns diques e destruídos pela inundação pedaços férteis de terra. Os neuróticos são todos habitantes próximos da praia, mais sujeitos aos perigos do mar. As pessoas ditas normais moram no interior, em lugares mais altos e secos, perto de lagos e rios inofensivos. Nenhuma onda, por mais alta que seja, vai atingi-las, o mar está tão longe que se nega inclusive sua existência. A pessoa pode tornar-se tão identificada com seu eu que perde o vínculo comum de humanidade, podendo uma pessoa voltar-se contra a outra. Isto pode facilmente acontecer, pois uma pessoa nunca quer a mesma coisa que a outra. Para o egoísmo primitivo, no entanto, é regra que nunca *eu* mas sempre *o outro* "deve".

A consciência individual está cercada pelo mar ameaçador do inconsciente. É apenas *aparentemente* segura e confiável; na verdade é algo frágil, assentada em bases instáveis. Em certas circunstâncias, basta uma emoção mais forte para perturbar a situação de equilíbrio da consciência. Algumas expressões dizem isto: "Ficou fora de si" de raiva, "esqueceu-se de tudo", "não dava para reconhecê-lo", "parecia possesso", gostaria "de sair da pele", há coisas que "deixam a gente maluco", "não sei mais o que fazer" etc. Estas expressões usuais mostram quão facilmente uma emoção pode abalar a consciência do eu. Estes distúrbios causados por afetos não são apenas agudos mas também crônicos e podem causar mudanças duradouras na consciência. Devido a comoções psíquicas, partes inteiras de nosso ser podem mergulhar novamente no inconsciente e desaparecer da superfície da consciência por anos e décadas. Inclusive podem surgir modificações perenes de caráter. Por isso é correta a afirmação: desde aquele evento "tornei-me outra pessoa". Tais coisas não acontecem, por exemplo, só ao predisposto hereditariamente ou aos nervosos, mas também aos que chamamos normais. Os distúrbios causados por afetos são chamados tecnicamente de *fenômenos de dissociação*. Nos conflitos psíquicos manifestam-se tais fendas que ameaçam desintegrar a estrutura abalada da consciência.

286

287   Mas também o habitante do interior, do mundo normal, que esqueceu o mar, não vive em segurança. O chão é frágil e a qualquer momento o mar pode avançar através das fendas continentais com fúria desintegradora. O primitivo conhece este perigo não só a partir da vida em sua tribo, mas também a partir de sua própria psicologia. São os "perils of the soul", os perigos da alma, como são designados tecnicamente: a *perda da alma* e a *possessão*. Ambos são fenômenos de dissociação. No primeiro caso, como diz, uma alma foi embora e, no segundo caso, outra veio morar nele de forma muito desagradável. Esta formulação soa estranha, mas descreve bastante bem aqueles sintomas que chamamos hoje de fenômenos de dissociação ou estados esquizoides. Esses fenômenos contudo nem sempre são sintomas doentios; podem aparecer também nas pessoas normais. Aqui se manifestam como alterações do estado geral dos sentimentos, mudanças irracionais de humor, emoções imprevisíveis, repentina aversão, cansaço psíquico etc. Também encontramos nas pessoas normais fenômenos esquizoides que correspondem à possessão dos primitivos. Elas também não são imunes ao demônio da paixão, estão sujeitas à possessão de um amor, de um vício ou de uma convicção unilateral. São tudo coisas que cavam buracos entre elas e seus semelhantes e criam uma dolorosa divisão em sua própria psique.

288   O primitivo sente a divisão da alma sempre como inconveniente e doentia, exatamente como nós. Só que nós a chamamos de conflito, nervosismo ou doença mental. Não foi sem razão que o relato bíblico da criação tenha colocado, sob o símbolo do paraíso, a harmonia entre plantas, animais, homens e Deus no começo de todo desenvolvimento psíquico, e ter declarado a primeira tomada de consciência – "sereis iguais a Deus e conhecereis o bem e o mal" – como o pecado fatal. Deveria realmente parecer um pecado ao espírito ingênuo quebrar a lei da santa unidade da consciência universal que regia a noite primordial. É a revolta luciferiana do indivíduo contra o Uno. É um ato hostil de desarmonia contra a harmonia; é uma separação contra a união de tudo. E por isso consta na maldição: "Porei inimizade entre ti e a mulher, entre tua descendência e a dela. Ela te esmagará a cabeça e tu procurarás ferir-lhe o calcanhar" (Gn 3,15).

Civilização em transição 151

Mas, assim mesmo, a conquista da consciência foi o fruto mais precioso da árvore da vida, a arma mágica que deu ao homem a vitória sobre a terra e, esperamos, lhe dê a vitória maior ainda sobre si mesmo. **289**

A humanidade experimentou inúmeras vezes, tanto individualmente quanto como coletividade, que a consciência individual significa separação e inimizade. No indivíduo, o tempo de dissociação é tempo de doença, o mesmo acontecendo na vida dos povos. Não podemos negar que a nossa época é um tempo de dissociação e doença. As condições políticas e sociais, a fragmentação religiosa e filosófica, a arte e psicologia modernas, tudo dá a entender a mesma coisa. Será que existe alguém, mesmo tendo só um pouquinho de sentimento de responsabilidade, que se sinta bem com este estado de coisas? Se formos honestos, temos que reconhecer que ninguém mais se sente totalmente bem no mundo atual; aliás o mal-estar vai aumentando. A palavra crise também é expressão médica que sempre designa um clímax perigoso da doença. **290**

Com a tomada de consciência, o germe da doença da dissociação plantou-se no espírito da humanidade, sendo o maior bem e o maior mal ao mesmo tempo. É difícil julgar o tempo atual em que se vive. Mas se olharmos para a história clínica da humanidade, encontraremos incidências nos tempos passados que, hoje, podemos encarar melhor. Um dos piores casos foi a doença que se espalhou pelo império romano no primeiro século depois de Cristo. O fenômeno da dissociação manifestou-se numa decadência sem par das condições políticas e sociais, num marasmo das convicções religiosas e filosóficas e num lamentável declínio das artes e ciências. Se reduzirmos a humanidade de então a um único indivíduo, teremos diante de nós uma pessoa altamente diferenciada em todos os sentidos e que, havendo-se apoderado de seu ambiente com estudada autossegurança e, após o êxito alcançado, dividiu-se em tantas ocupações e interesses particulares que esqueceu sua própria origem e tradição, inclusive sua própria memória, a ponto de lhe parecer ser ele ora isto ora aquilo, incorrendo num conflito desastroso consigo mesmo. O conflito levou finalmente a tal estado de fraqueza que o mundo anteriormente conquistado ruiu fragorosamente e completou o processo de destruição. **291**

Após ocupar-me por decênios com a natureza da psique, formou-se em mim, bem como em outros pesquisadores na área, a con- **292** vicção de que um fenômeno psíquico nunca deve ser encarado apenas de um lado, mas também por outros ângulos. Mostra a larga experiência que todas as coisas têm ao menos dois lados e, às vezes, mais alguns outros. A máxima de Disraeli de que não se deve desconsiderar as coisas sem importância e atribuir às coisas importantes importância demais, é outro modo de formular a mesma verdade. Uma terceira versão seria a hipótese de que todo fenômeno psíquico é internamente compensado pelo seu oposto – conforme o provérbio: "Os extremos se tocam" ou "Não há desgraça tão grande que não venha acompanhada de alguma felicidade".

293   A doença de dissociação de um mundo é ao mesmo tempo um processo de cura ou, melhor, é o ponto alto da gravidez, traduzido pelas dores do parto. Um tempo de dissociação, como o do Império Romano, é também uma época de nascimento. Não é à toa que datamos nossa era a partir de César Augusto, pois foi no seu tempo que aconteceu o nascimento daquela figura simbólica do Cristo que foi invocado pelos cristãos primitivos como *peixe*, isto é, como senhor do mês mundial (era) de peixes que apenas começara e que se tornou o espírito-guia de um período que já dura 2.000 anos[2]. Brotou do mar por assim dizer, como o lendário mestre babilônico da sabedoria, Oannes, quando a noite primitiva inchou e estourou, uma era do mundo. Ele dizia: "Não vim trazer a paz, mas a espada"[3]. Mas o que traz a divisão gera a união. Por isso a doutrina dele era a do amor que tudo une.

294   Nosso distanciamento no tempo nos coloca na posição privilegiada de examinar com toda clareza este quadro histórico. Se tivéssemos vivido naquela época, provavelmente teríamos sido daqueles que não se deram conta dele. Naquela época, o evangelho, a boa-nova, só era conhecido por poucos e humildes; o mundo em geral estava ocupado nas questões políticas, econômicas e esportivas. As esferas religiosa e filosófica esforçavam-se por assimilar as riquezas espirituais que fluíam para Roma do recém-conquistado Oriente Próximo. Poucos se preocupavam com a semente de mostarda que se transformaria numa grande árvore.

---

2. Cf. JUNG, C.G. *Aion*. Untersuchungen zur Symbolgeschichte. Zurique: Rascher, 1951 [*Aion* – Estudos sobre o simbolismo do si-mesmo. Petrópolis: Vozes, 2011. OC, 9/2].
3. Mt 10,34.

Civilização em transição

A filosofia clássica chinesa conhece dois princípios opostos do mundo: o *yang* claro e o *yin* escuro. Diz-se deles que quando um alcança o ápice de seu poder, desperta nele qual semente o princípio oposto. Esta é uma formulação bem plástica do postulado psicológico da compensação através de um oposto interno. Quando uma cultura atinge seu ponto mais alto, mais cedo ou mais tarde vem a época da dissociação. A dissolução, aparentemente sem sentido e sem esperança, numa multiplicidade incoerente e sem objetivo que pode encher de amargura e desespero o espectador, contém, todavia, no seu interior escuro o germe de nova luz.

Voltemos por um instante à nossa tentativa anterior de construir um só homem a partir do todo da época antiga decaída. Tentei mostrar-lhes como ele se desintegra psicologicamente, como num momento fatal de fraqueza perde o domínio sobre as condições ambientais e finalmente sucumbe à destruição. Suponhamos que este homem venha a meu consultório. Eu faria o seguinte diagnóstico: "Você está com estresse devido às suas inúmeras atividades e extroversão desmedida. Na profusão e complicação de suas obrigações econômicas, pessoais e humanas, você perdeu a cabeça. Você é uma espécie de Ivar Kreuger[4], típico representante do moderno espírito europeu. Você precisa entender, meu caro, que está completamente arruinado".

Este entendimento é, na prática, muito importante porque os pacientes têm a tendência de continuar chafurdando nos antigos métodos, que de há muito se mostraram inúteis, e assim piorar sua situação. Esperar não adianta nada. Surge então a pergunta: o que fazer?

Nosso paciente é pessoa inteligente; já experimentou todos os remédios da medicina, bons e maus, seguiu todas as dietas e conselhos de pessoas inteligentes; por isso temos que proceder com ele como Till Eulenspiegel que sempre sorria quando o caminho subia e chorava quando descia, exatamente o contrário do que fariam as pessoas ditas saudáveis. Mas nesta aparência de louco escondia-se um sábio que ao subir alegrava-se por causa da descida. Sabedoria e loucura estão amigável e perigosamente próximas!

---

4. "Rei do fósforo" sueco (1880-1932) que após a derrocada financeira cometeu suicídio.

299 Precisamos orientar o nosso paciente para o lugar onde o uno, aquilo que tudo une, nele brota, onde se realiza aquele nascimento criador que "arrebenta a mãe" e que, no sentido mais profundo, é a causa de todas as dilacerações superficiais. Uma cultura não *desmorona*, ela *dá à luz*. Naqueles primeiros decênios de nossa era, poderia alguém esclarecido ter gritado com absoluta certeza, em meio às intrigas políticas, especulações de toda ordem, adoração a César e embriaguez circense do mundo romano: "No escuro, atrás de toda essa confusão sem rumo, já nasceu o *único* rebento dos tempos que estão por vir – o rebento daquela árvore que cobrirá de sombra com *uma* convicção, *uma* cultura e *uma* língua os povos desde a parte mais ocidental de Thule até a Polônia, e desde as montanhas do Norte até a Sicília". Pois isto é lei psicológica.

300 Ao que tudo indica, meu paciente não acreditará em nenhuma palavra minha. No mínimo quer ele mesmo experimentar tudo isso. E aí começam as dificuldades, pois aquilo que deve ser compensado, o novo e o oposto aparecem sempre e justamente onde menos se espera e onde objetivamente também é menos plausível. Suponhamos agora que nosso homem não seja mero estrato de toda uma cultura, mas uma pessoa real de nossos tempos e que tenha o azar de ser um representante bem típico da cultura europeia atual. Veremos que nossa teoria da compensação não lhe diz nada. Sofre principalmente do já-saber-tudo-melhor e nada mais existe que já não tenha sido classificado corretamente. E no tocante à sua psique, ela é sua própria invenção, seu próprio arbítrio e só obedece à sua razão; e quando esta não funciona, isto é, quando aparecem sintomas psíquicos como estados de ansiedade, ideias obsessivas etc., então se trata de doenças clinicamente diagnosticáveis, com nomes científicos bem definidos. Quanto ao psíquico, como experiência primitiva que não pode ser reduzida a outra coisa, nada sabe e nem sabe do que estou falando, mas acha que entendeu tudo muito bem e escreve, inclusive, artigos e livros em que lamenta o "psicologismo".

301 Ninguém pode aproximar-se desse estado de espírito que se entrincheira atrás de grossos muros de livros, revistas, opiniões, instituições e profissões – muito menos aquele germe do novo e do que tudo une, pois é pequeno, tão pequeno e ridículo que por modéstia prefere logo abandonar o espírito. E para onde devemos dirigir nosso

Civilização em transição

paciente a fim de lhe dar ao menos a luzinha de um pressentimento de outra coisa que possa contrabalançar o único mundo cotidiano que ele parece conhecer bem demais? Devemos levá-lo, às vezes por longos desvios, a um lugar escuro, ridiculamente sem importância, bem insignificante e desvalorizado de sua psique, seguindo um caminho já pronto para a ilusão de há muito conhecida e que todos sabem ser "nada mais do que...". Este lugar chama-se o sonho, esta criação grotesca, volátil e fugidia da noite, e o caminho chama-se: *entender os sonhos*.

Com indignação faustiana, grita meu paciente: 302

> Repugna-me a tola bruxaria!
> Você promete que serei curado
> Neste ambiente confuso e louco?
> Tomar conselho de mulher velha?
> ....
> Ai de mim, se nada souberes de melhor![5]

E eu lhe perguntarei: "Você não experimentou isto e aquilo?   303
Você não constatou de sobra que todas as tentativas que fez o levaram num círculo vicioso de volta à confusão de sua vida presente? Donde vai tirar aquele ponto de vista se ele não pode ser encontrado em parte alguma de seu mundo?"

Aqui Mefistófeles murmura aprovando: "Aí é preciso chamar a   304
bruxa" e, à maneira demoníaca que lhe é própria, distorce o "mistério santo e público" do qual o sonho é a face interna. O sonho é a porta pequena e oculta no interior e no mais íntimo da psique que se abriu na noite primordial que era psique quando não havia ainda a consciência do eu e que vai permanecer psique para muito além daquilo que uma consciência do eu jamais poderá alcançar. Toda consciência do eu é isolada, conhece coisas isoladas à medida em que separa e distingue e só vê aquilo que pode ser referido a este eu. A consciência do eu consiste em limitações, mesmo que alcance as mais longínquas nuvens estelares. Tudo o que é consciência separa, mas no sonho entramos no mais profundo, mais geral, mais verdadeiro e mais eterno da pessoa que ainda está no lusco-fusco da noite a come-

---

5. GOETHE, J.W. *Fausto*, parte I (Hexenküche).

çar, quando ainda era o todo e o todo era nela, quando o eu se identificava com a simples natureza.

305 É dessa profundeza que tudo une que nasce o sonho, por mais infantil, grotesco ou imoral que seja. Tem a candura e veracidade das flores que faz corar a nossa capacidade autobiográfica de mentir. Por isso não é de admirar que, em todas as culturas mais antigas, o sonho impressionante era considerado aviso dos deuses! Ficou reservado ao nosso racionalismo a tarefa de explicar o sonho a partir dos "restos que sobraram do dia", isto é, de pedaços que caíram do quadro ricamente enfeitado de nossa consciência para o mundo inferior. Como se esta profundidade escura nada mais fosse do que um saco vazio que só contém o que lhe é jogado do alto. Por que esquecemos sempre que não existe nada de poderoso e belo no vasto campo da cultura humana que não tenha nascido de uma feliz e inesperada ideia? O que seria da humanidade se ninguém tivesse ideias inesperadas? Com mais propriedade, a consciência é aquele saco no qual nunca existe mais do que aquilo que nele "caiu". Só nos daremos conta do quanto dependemos das ideias inesperadas quando elas não mais vierem. O sonho nada mais é do que uma ideia inesperada daquela psique oni-unitiva e escura. Não seria muito natural, se nos tivéssemos perdido nas infindas particularidades e pedaços isolados da superfície do mundo, que batêssemos à porta do sonho para nele procurar aqueles critérios que nos possam aproximar novamente dos fatos básicos do ser humano?

306 E aqui encontramos os mais obstinados preconceitos de que os sonhos são como espuma, não são realidade, mentem, são apenas realização de desejos. Estes preconceitos são subterfúgios para não ter que levar a sério o sonho, pois seria desconfortável. A *hybris* intelectual da consciência gosta do isolamento, apesar dos seus inconvenientes, por isso fazemos tudo para não admitir que os sonhos são reais e falam a verdade. Há santos que tiveram sonhos escandalosos. O que seria de sua santidade, que os faz sobressair tanto às pessoas comuns, se a obscenidade do sonho fosse uma realidade? Mas exatamente os sonhos mais desagradáveis poderiam aproximarnos ao máximo da consanguínea humanidade e diminuir com eficácia o orgulho da libertinagem dos instintos. Ainda que o mundo todo se despedace, a unidade da escura psique nunca poderá romper-se. E quanto

Civilização em transição 157

maiores e mais numerosas forem as divisões da superfície, tanto mais crescerá na profundidade a força da unidade.

Ninguém que não o tenha experimentado acredita que possa existir no homem, além da consciência, alguma outra atividade psíquica autônoma; e uma atividade que não existe apenas em mim mas simultaneamente em todas as pessoas. Mas se compararmos a psicologia da arte moderna com os resultados da psicologia e esta, novamente, com a mitologia e filosofia de outros povos, encontraremos provas irrefutáveis da existência desse fator coletivo e inconsciente.

307

Nosso paciente, porém, está tão acostumado a considerar e manifestar sua psique como algo a seu dispor que me dirá nunca ter percebido que seus processos psíquicos tenham alguma objetividade. Ao contrário, são as coisas mais subjetivas que se possa imaginar. Eu lhe responderia: "Então você pode fazer desaparecer de imediato os seus estados de ansiedade e suas ideias obsessivas. E o mau humor que o persegue já não existirá. Basta dizer a palavra mágica".

308

Em sua moderna ingenuidade nem percebeu que está tão possuído por seus estados doentios quanto qualquer possesso da mais obscura Idade Média. A diferença é apenas de nome. Naquela época recebia o nome de diabo, hoje de neurose. A coisa, porém, é a mesma; é a mesma experiência primordial: algo psíquico-objetivo, algo estranho, impossível de ser dominado encontra-se, irremovível, dentro de nossa vontade soberana. Acontece, então, conosco o mesmo que ao protofantasmista em *Fausto*:

309

> Vocês ainda estão aqui! Não, isto é impossível!
> Desapareceil! Já explicamos tudo!
> O pacto com o demônio não obedece a regras.
> Somos tão inteligentes, mas Tegel continua assombrada[6].

Submetendo-se nosso paciente a esta lógica, muito se terá conseguido. O caminho para a experiência da psique estará livre. Mas ainda é intransitável porque outro preconceito está alerta: Concedido está que experimentamos um poder psíquico que foge ao nosso arbítrio, algo psíquico-objetivo; mas isto continua sendo algo meramente psicológico, isto é, humanamente insuficiente, não confiável, confuso.

310

---

6. Ibid. (Walpurgisnacht).

311   É incrível como as pessoas podem enredar-se em palavras. Sempre acham que dando um nome o assunto está resolvido, como se tivéssemos causado ao demônio um sério transtorno chamando-o agora de neurose! Esta infantilidade tocante é também um resíduo daqueles tempos em que se lidava com palavras mágicas. O que está por trás de demônio ou neurose não se importa com o nome que lhe dermos. Nem mesmo sabemos o que é psique. Chamamos o inconsciente por este nome porque não temos consciência do que ele seja. Sabemos tão pouco quanto o físico sabe o que é matéria. Só possui teorias, pontos de vista, imagens com uma palavra. Por algum tempo parece que servem, mas, havendo nova descoberta, mudam as opiniões – isto por acaso afeta a matéria? Ou fica com isto diminuída a realidade da matéria?

312   Não sabemos simplesmente nada sobre este estranho perturbante que chamamos cientificamente de *inconsciente* ou *psique objetiva*. Parecia justificado chamá-lo de instinto sexual ou instinto de poder. Mas com isso não chegamos mais próximos de seu real significado. O que está por trás desses instintos que certamente não são o fim do mundo mas significam apenas uma limitação do entendimento? O campo está livre a qualquer interpretação. Também podemos considerar o inconsciente como expressão do instinto de vida em geral e relacionar a força produtora e conservadora da vida com o conceito bergsoniano de "élan vital" ou de "durée créatrice". Outro paralelo poderia ser a "vontade" de Schopenhauer. Conheço pessoas que acham ser aquela força estranha dentro da psique algo divino; isto pela simples razão de terem chegado assim à compreensão da experiência religiosa.

313   Entendo perfeitamente a decepção de meus pacientes ou de meu público quando indico paradoxalmente o sonho como fonte de informação na balbúrdia espiritual do mundo moderno. Nada é mais natural que considerar inicialmente ridícula esta indicação. O que pode o sonho, esta coisa tão subjetiva e tão fugaz, num mundo tão cheio de realidades estupendas? À realidade devem ser contrapostas outras realidades palpáveis e não sonhos subjetivos que nada mais produzem do que um sono ruim ou mau humor. É certo que com sonhos não se constroem casas, não se pagam impostos, não se ganha uma batalha ou se resolve a crise mundial. Por isso, meu paciente e todas as demais pessoas querem ouvir de mim o que se pode fazer

Civilização em transição

nesta situação insuportável, empregando meios razoáveis, adequados ao contexto. A infelicidade está em que todos os meios que pareciam adequados foram experimentados sem êxito ou consistem em fantasias de desejos sem aplicabilidade prática. Mas todos estes meios foram escolhidos para fazer frente à situação dada. Se alguém, por exemplo, levou seus negócios a uma situação perigosa, certamente há de preocupar-se em usar todos os meios adequados para sanar o negócio doentio. O que acontecerá, porém, se todos os meios estiverem esgotados e se, ao contrário do esperado, só contribuíram para afundar mais ainda o negócio? Num caso desses é preciso abandonar o quanto antes os assim chamados meios razoáveis.

Meu paciente e talvez nossa época toda estejam nesta situação. 314 Pode ser que me pergunte temeroso: "O que posso fazer?" E eu devo responder: "Também não sei". "Então não há saída?" E eu respondo: "No correr de sua evolução, a humanidade esteve muitas vezes em becos sem saída que ninguém deslindava porque todos estavam ocupados em traçar planos inteligentes para enfrentar a situação. Ninguém tinha a coragem de reconhecer que o caminho não era este. E, de repente, as coisas começaram a andar de novo e a velha humanidade continuou existindo, ainda que um pouco diferente do que era antes".

Olhando para a história da humanidade só vemos a superfície 315 mais externa dos acontecimentos e estes ainda distorcidos pelo espelho turvo da tradição. O que *realmente* aconteceu isto escapa ao olhar perquiridor do historiador, pois o fator realmente histórico está bem oculto; é vivido por todos mas observado por ninguém. É a vivência mais subjetiva e mais privada da vida psíquica. Guerras, dinastias, revoluções sociais, conquistas e religiões são os sintomas mais superficiais de uma atitude psíquica secreta do indivíduo que ele próprio desconhece e, portanto, não é transmitida a nenhum historiador; os fundadores de religiões são talvez aqueles que mais informações podem dar. Os grandes acontecimentos da história mundial são, no fundo, os de menor importância. Essencial mesmo é apenas a vida subjetiva do indivíduo. Só ela faz história, somente nela acontecem em primeiro lugar as grandes transformações; todo o futuro e toda a história mundial brotam qual gigantesca soma dessas fontes ocultas do indivíduo. Em nossa vida mais privada e mais subjetiva somos não apenas os objetos passivos mas os fautores de uma época. Nossa época somos nós!

316   Quando aconselho a meu paciente: "Preste atenção em seus sonhos", quero dizer o seguinte: "Volte ao ser mais subjetivo, à fonte de sua existência, àquele lado onde você faz história do mundo sem o perceber. Sua dificuldade aparentemente insolúvel deve, evidentemente, ser insolúvel para que você não continue procurando remédios que sabemos de antemão serem ineficazes. Os sonhos são expressão de seu ser subjetivo e, por isso, podem mostrar-lhe a atitude errônea que o levou para este beco sem saída".

317   Realmente os sonhos são imparciais, não sujeitos ao arbítrio da consciência, produtos espontâneos da psique inconsciente. São pura natureza e, portanto, de uma verdade genuína e natural; são mais próprios do que qualquer outra coisa a devolver-nos uma atitude condizente com a natureza humana quando nossa consciência se afastou por demais de seus fundamentos e atolou numa situação impossível.

318   Ocupar-se com os sonhos é uma *espécie* de *tomada de consciência de si*. Não é a consciência do eu que se dá conta de si mesmo mas ocupa-se com o dado objetivo do sonho como um comunicado ou mensagem da psique inconsciente e oniunitiva da humanidade. A gente se dá conta não do *eu*, mas sim daquele *si-mesmo* estranho que nos é próprio, que é nossa raiz da qual brotou, em dado momento, o eu. Ele nos é estranho porque dele nos alheamos através do extravio da consciência.

319   Se concordássemos com a ideia geral de que os sonhos não são invenção arbitrária mas produto natural da atividade inconsciente da psique, não teríamos coragem, quando defrontados com sonhos *reais*, de ver neles uma mensagem de qualquer magnitude. A interpretação dos sonhos é uma das disciplinas da bruxaria e faz parte, pois, da magia negra tão perseguida pela Igreja. Mesmo que nós, pessoas do século XX, tenhamos um pensamento mais liberal neste sentido, resta ainda muito preconceito histórico contra a ideia da interpretação dos sonhos para que nos confraternizemos com ela sem mais. A gente se pergunta: Existe realmente um método confiável de interpretação dos sonhos? Não poderíamos acabar acreditando em meras especulações? Compartilho plenamente dessas preocupações e estou conven-

Civilização em transição

161

cido de que não existe um método de interpretação absolutamente confiável. Confiabilidade absoluta na interpretação de dados da natureza só existe dentro dos limites mais estreitos, ou seja, dessa interpretação não sai mais nada além do que nela foi posto. Nossa interpretação global da natureza é uma ousadia. Os métodos só aparecem bem depois que o trabalho pioneiro foi feito. Sabemos que Freud escreveu um livro sobre a interpretação dos sonhos, mas vale dele o que dissemos antes: em sua interpretação não sai nada além do que, segundo sua teoria, deve estar contido no sonho. Naturalmente esta concepção não faz jus à liberdade sem barreiras da vida do sonho, por isso confundiu mais ainda o sentido do sonho ao invés de esclarecê-lo. Considerando a infinda variabilidade dos sonhos, é difícil conceber que haja um método, ou seja, um caminho tecnicamente organizado que leve a resultados infalíveis. E é bom que não haja método válido, pois neste caso o sentido do sonho já seria limitado de antemão e perderia precisamente aquela virtude que o torna tão útil aos objetivos psicológicos, isto é, sua capacidade de oferecer um novo ponto de vista.

O melhor é tratar um sonho como se fosse um objeto totalmente desconhecido: deve-se olhá-lo de todos os lados, tomá-lo nas mãos, levá-lo de cá para lá, despertar todo tipo de fantasias sobre ele, falar dele com outras pessoas. Os primitivos contavam sempre seus sonhos impressionantes e, quando possível, em reuniões públicas; este costume também é encontrado na Alta Antiguidade, pois todos os povos antigos atribuíam grande importância ao sonho. Tratado assim, o sonho sugere todo tipo de associações que nos levam mais próximos de seu significado. A constatação do significado é naturalmente – se assim podemos dizer – um assunto muito arbitrário, pois é na interpretação que começa a aventura. Limites mais apertados ou mais elásticos serão fixados de acordo com a experiência, temperamento e gosto de cada um. Alguns se contentarão com pouco, para outros nem o muito será suficiente. O sentido, ou seja, a explicação do sonho vai depender muito da intenção do intérprete ou de sua expectativa e pretensão. A explicação encontrada vai orientar-se espontaneamente por certos pressupostos e dependerá muito da retidão e honestidade do pesquisador, se ganha alguma coisa com a explicação do sonho ou se acaba mais fundo em seu erro. No tocante aos pressupostos, podemos acei-

320

tar com toda certeza que o sonho não é uma invenção inútil da consciência, mas um fenômeno natural e involuntário, mesmo que se constate que os sonhos se distorcem quando afloram à consciência. De qualquer forma, esta distorção é tão rápida e automática que mal se percebe. Por isso é possível considerá-la como função natural do sonho. Com idêntica certeza podemos aceitar que os sonhos provêm de nosso ser inconsciente e são, por conseguinte, sintomas dele que permitem tirar conclusão quanto à propriedade deste ser. Se quisermos, portanto, investigar o nosso ser, os sonhos são os meios adequados.

321   Na atividade interpretativa precisamos abster-nos de qualquer pressuposto supersticioso, sobretudo que as pessoas que aparecem nos sonhos sejam as pessoas da vida real. Não se deve esquecer que, em primeiro lugar e quase exclusivamente, a gente sonha sobre si mesmo e a partir de si mesmo. (Para as exceções há regras bem definidas, que não pretendo lembrar aqui.) Reconhecendo esta verdade, encontraremos por vezes problemas bem interessantes. Lembro-me de dois casos bastante instrutivos: Alguém sonhara com um mendigo bêbado que jazia numa valeta e outro sonhara com uma prostituta bêbada que rolava na sarjeta. O primeiro era um teólogo, o outro era uma dama da alta sociedade; ambos se irritaram, escandalizaram-se e não quiseram admitir que o sonho era sobre eles mesmos. Dei-lhes o conselho de refletirem sobre si mesmos e examinarem com muito cuidado onde e até que ponto ambos não seriam muito melhores do que o irmão bêbado na valeta e a irmã prostituta na sarjeta. Muitas vezes o sutil processo do autoconhecimento começa com um tiro de canhão desse tipo. O "outro" com o qual sonhamos não é nosso amigo ou vizinho, mas é o outro em nós do qual preferimos dizer: "Senhor, eu lhe agradeço por não ser como aquele". Certamente o sonho, produto da natureza, não tem intenção moralizante; só apresenta a lei, conhecida por todos, de que nenhuma árvore cresce até o céu.

322   Se considerarmos ainda que no inconsciente existe em superabundância tudo o que falta no consciente e que, portanto, o inconsciente apresenta tendência compensatória, então já podemos tirar algumas conclusões, pressuposto que o sonho não provenha de profundezas psíquicas muito grandes. Tratando-se de sonho deste último tipo, contém em geral o que chamamos de *motivos mitológicos*, isto é, combinações de ideias e imagens que encontramos na mitolo-

Civilização em transição 163

gia de nosso próprio povo ou de povos estranhos. Neste caso, o sonho detém um chamado *sentido coletivo*, isto é, um sentido que é comum a toda a humanidade.

Isto não contradiz a minha observação acima de que sempre sonhamos sobre nós e a partir de nós. Mesmo como sujeitos e indivíduos não somos totalmente originais, mas semelhantes aos outros. Um sonho com sentido coletivo vale em primeiro lugar para o sonhador, mas exprime também que seu problema momentâneo pode ser o de outros. Muitas vezes, estas constatações são de grande importância prática porque há inúmeras pessoas que estão interiormente isoladas da humanidade e acham que os outros não têm os problemas que elas têm. Ou são pessoas modestas demais que "nada de especial sentem", mantendo bem no fundo suas pretensões de reconhecimento social. Além disso, todo problema individual se relaciona de certa forma com o problema da época, de modo que toda dificuldade subjetiva pode ser examinada, por assim dizer, sob o prisma da situação geral da humanidade. Mas isto só vale na prática quando o sonho realmente utiliza um simbolismo mitológico, isto é, coletivo.   323

Estes sonhos os primitivos os chamam de "grandes". Os primitivos da África Oriental, observados por mim, achavam que os sonhos "grandes" só eram sonhados por pessoas "grandes", isto é, por feiticeiros e chefes. Isto pode ser verdadeiro no grau primitivo. Mas, entre nós, estes sonhos também ocorrem nas pessoas comuns e, sobretudo, quando estão num aperto psíquico muito grande. É evidente que para tratar dos assim chamados grandes sonhos, o corre-corre intuitivo não leva ao objetivo. Aqui há necessidade de maior conhecimento e que o especialista deveria ter. Mas não bastam conhecimentos para interpretar um sonho. Esses conhecimentos não podem ser um material morto, apenas memorizado; precisam ter a qualidade da vivência naquele que os manipula. O que significam, por exemplo, conhecimentos filosóficos na cabeça de uma pessoa que não é filósofo de coração? Quem quiser interpretar um sonho deve estar mais ou menos ao nível do sonho, pois em nada pode ver mais do que aquilo que ele mesmo é.   324

A arte de saber interpretar sonhos não se aprende nos livros. Métodos e regras são bons quando a gente consegue se virar também sem eles. Um verdadeiro saber só o tem quem sabe, e bom senso só o   325 tem o sensato. Quem não se conhece a si mesmo não pode conhecer o outro. E em cada um de nós existe também um outro que nós não conhecemos. Fala-nos pelo sonho e nos diz quão diferente ele nos vê do que nós nos vemos. Se nos encontrarmos, pois, em situação de difícil solução, o outro estranho pode acender uma luz que muda radicalmente nossa atitude, exatamente aquela atitude que nos levou à situação difícil.

326   Na medida em que fui me aprofundando nesses problemas, cresceu meu convencimento de que nossa educação moderna é doentiamente unilateral. É certo que abramos os olhos e ouvidos de nossos jovens para o vasto mundo, mas acreditar que com isto nossos jovens estejam realmente educados para a vida é uma ilusão sem par. Este treinamento só consegue possibilitar aos jovens uma adaptação externa à realidade mundial; mas ninguém pensa na adaptação ao si-mesmo, às forças da psique que superam em muito todas as grandes forças que existem no mundo. Na verdade, ainda existe um sistema de educação que provém, em parte, da Antiguidade e, em parte, da alta Idade Média. Chama-se Igreja cristã. Mas não é possível negar que, no correr dos dois últimos séculos, o cristianismo bem como o confucionismo e budismo na China perderam boa parte de sua eficácia educadora. E não se diga que é culpa da ruindade das pessoas mas da mudança espiritual, paulatina e geral, cujo primeiro sintoma foi, entre nós, a Reforma. Ela sacudiu a autoridade educativa, e o princípio em geral da autoridade começou a esfrangalhar-se. Consequência inevitável foi o crescimento da importância do indivíduo que se manifestou sobretudo nos modernos ideais da humanidade, no bem-estar social e na igualdade democrática. A tendência pronunciadamente individualista de nossa mais recente evolução resultou numa *volta compensatória ao homem coletivo* cuja autoridade é por enquanto o peso das massas. Não admira pois que predomine hoje uma espécie de sensação de catástrofe, como se uma avalanche estivesse solta sem que ninguém a pudesse deter. O homem coletivo ameaça sufocar o indivíduo sob cuja responsabilidade está em última análise toda a obra humana. A massa como tal é sempre anônima e irresponsável. Os chamados líderes são inevitáveis sintomas de algum movimento de massas. Os verdadeiros líderes da humanidade são sempre aqueles que refletem sobre si mesmos e aliviam o peso morto das massas ao

Civilização em transição

165

menos de seu próprio peso, mantendo-se conscientemente distantes da cega lei natural das massas em movimento.

Mas quem será capaz de opor-se a esta força magnética que tudo domina, onde um se agarra no outro e o arrasta consigo? Somente disso é capaz quem não vive apenas no mundo das exterioridades mas tem seu mundo interior. 327

Pequena e escondida é a porta que se abre para o interior; inúmeros são os preconceitos, pressuposições, opiniões e temores que impedem o acesso. Queremos ouvir grandes programas políticos e econômicos, exatamente aquelas coisas que sempre levaram os povos ao brejo. Por isso soa grotesco quando alguém fala de portas escondidas, de sonhos e de um mundo interior. O que pretende um tal idealismo nebuloso ao lado de um programa econômico gigantesco, ao lado dos chamados problemas reais? 328

Não falo para nações, mas só para indivíduos, para poucas pessoas conscientes de que nossas realidades culturais não caem do céu mas que, em última análise, são produzidas por nós, pessoas individuais. Se as grandes coisas estão mal, isto se deve exclusivamente ao fato de os indivíduos estarem mal, de eu estar mal. Por isso é muito razoável que, antes de mais nada, eu me coloque bem. Para tanto preciso, porque a autoridade não me diz mais nada, de um saber e conhecimento dos fundamentos mais íntimos do meu ser subjetivo a fim de colocar minha base nos fatos eternos da psique humana. 329

Se até agora falei principalmente de sonhos, foi para lembrar um dos pontos de partida mais próximos e mais conhecidos da experiência interior. Mas, além do sonho, existem outras coisas de que não posso falar agora. A pesquisa das profundezas da psique traz a lume muitas coisas das quais não tínhamos a mínima ideia aqui na superfície. Não é de admirar, pois, que às vezes se descubra também a mais forte e mais primitiva de todas as atividades espirituais, isto é, a religiosa. É ela que está mais obstruída no homem moderno, mais do que a sexualidade e mais do que a adaptação social. Conheço pessoas cujo encontro interior com a força estranha significa uma vivência a que dão o nome de Deus. Neste sentido, "Deus" também é uma teoria, uma concepção, uma imagem que o espírito humano, em sua limitação, cria para si a fim de expressar uma vivência inimaginável e 330 indizível. A vivência é a única coisa real que não pode ser disputada. Imagens podem ser sujadas e despedaçadas.

331   Nomes e palavras são pobres invólucros, mas revelam a espécie de vivência. Chamando o diabo de neurose, significa que esta vivência demoníaca é considerada hoje como doença, o que é típico de nossa época. Se dermos a esta vivência o nome de repressão da sexualidade ou vontade de poder, isto mostra que ela afeta seriamente inclusive estes instintos fundamentais. Se a chamamos Deus, quer dizer que gostaríamos de descrever sua significação profunda e universal porque é isto que nela vivenciamos. Considerando com neutralidade e tendo em mente o pano de fundo totalmente incognoscível, esta última denominação é a mais cautelosa e também a mais modesta, pois deixa à vivência o mais amplo espaço e não a força para dentro de esquemas conceituais. Mas ninguém deve chegar à absurda ideia de que com isso saiba exatamente quem é Deus.

332   Qualquer que seja a denominação dada ao pano de fundo psíquico, permanece fato que a existência e o ser da consciência são por ele influenciados em larga escala, e tanto mais quanto menos estivermos conscientes disso. Dificilmente o leigo poderá ter ideia do quanto é influenciado, em suas tendências, disposições de espírito e decisões, pelas obscuras realidades de sua psique e de quão perigosas ou úteis são as forças dela ao comandarem o destino. Nossa consciência cerebral é um ator que esqueceu estar representando um papel. Mas quando o espetáculo termina, deve lembrar-se outra vez de sua realidade subjetiva, pois não pode continuar vivendo como Júlio César ou Otelo, mas como ele mesmo do qual foi alheado por uma ilusão momentânea da consciência. Deve de novo saber que foi apenas um figurante no palco, que foi representada uma peça de Shakespeare, que há um produtor e diretor de teatro que, como sempre, têm algo muito importante a dizer sobre sua atuação na peça.

VIII

A situação atual da psicoterapia[*]

Em tempos idos, quando as concepções eram mais ingênuas, a psicoterapia era considerada uma *técnica* que, por assim dizer, qualquer um poderia empregar se a tivesse aprendido de cor. Em tratados médicos e manuais de ensino, encontrávamos a célebre frase: "... além disso, recomendam-se massagens, água fria, o ar das montanhas e psicoterapia". Prudentemente nunca se davam detalhes sobre o que era esta "psicoterapia". Deveras, enquanto a psicoterapia consistia em hipnotismo, sugestão, persuasão, "reeducação da vontade", cueísmo (método de cura por autossugestão de Emile Coué) e outras coisas, cada qual podia aprender a arte de cor e fazer seu discurso na ocasião própria ou imprópria. O contingente médico em geral, incluídos os psiquiatras e neurologistas, só aprende após longo período de incubação. E assim aconteceu que, longo tempo após a psicoterapia já se haver tornado psicologia e a terapia já haver cessado de ser pura técnica, continuava proliferando a ilusão de que o tratamento psíquico era uma espécie de método técnico. Seria otimismo demais e nem corresponderia aos fatos se disséssemos que esta ilusão tenha cessado de existir, ao menos nos círculos psicoterapêuticos. A única coisa que aconteceu neste particular é que lá e cá se levantam vozes questionando o tecnicismo do procedimento psicoterapêutico e esforçando-se por resgatá-lo da crua frieza de simples "processo técnico". Seu objetivo é elevá-lo ao plano mais alto da dialética psicológica e filosófica, ou seja, ao plano da discussão entre duas esferas psíquicas, isto é, de duas pessoas que se confrontam em sua totalidade.

---

[*] Publicado em *Zentralblatt für Psychotherapie und ihre Grenzgebiete*, VII/1, 1934, p. 1-16. Leipzig.

334   Estas dúvidas e propósitos não foram tirados do vácuo das ideias eternas por uma inteligência engenhosa e filosoficamente sobrecarregada, mas nasceram da profunda impressão que causa, inclusive sobre o espectador longínquo, a confusão atual, mais do que desagradável, das opiniões psicológicas e terapêuticas. Basta um olhar sobre a profusão e confusão da literatura psicoterapêutica para confirmar este fato. Não foram apenas algumas escolas que até os nossos dias evitaram quase ansiosamente entrar em entendimento sério umas com as outras, mas também grupos (as assim chamadas sociedades) que se enclausuraram contra os "de outro credo", sem mencionar os inúmeros "solitários" que fazem alarde de serem por enquanto os únicos membros da sua única Igreja que salva, para usar a conhecida expressão de Coleridge. Sem dúvida, este estado é sinal inconfundível da vitalidade e do grande cunho problemático que apresenta o campo experimental da psicoterapia. Mas gratificante não é este estado; e é difícil harmonizá-lo com a dignidade da ciência quando um parvo dogmatismo e melindres pessoais impedem a discussão tão necessária ao progresso de qualquer ciência.

335   O que poderia lançar mais luz sobre o fato de que a psicoterapia não é simples "técnica" do que a multiplicidade de técnicas, de opiniões, de "psicologias" e de premissas filosóficas (ou de falta delas)? Não é precisamente esta multiplicidade e contraditoriedade que mostram tratar-se de algo bem superior do que mera "técnica"? Uma técnica pode ser modificada e incrementada por todo tipo de receitas e artifícios; e todos receberão muito bem qualquer modificação para melhor. Mas, longe disso, muitos se entrincheiram atrás de teoremas que envolvem com a auréola intocável do dogma. Segundo dizem, trata-se da mais nova verdade científica; mas já presenciamos alguma vez – com exceção dos tempos bem obscuros da história – que uma verdade científica teve necessidade de ser elevada à dignidade de dogma? A verdade consegue subsistir por si, apenas opiniões com pés trôpegos precisam da dogmatização. O fanatismo é o companheiro inseparável da dúvida.

336   O que nos ensinam estes sinais característicos, tão importantes para a história de uma ciência? Apontam claramente para o fato incontroverso de que a psicoterapia superou o estágio evolutivo de mera técnica e já atingiu o campo das opiniões. Sobre uma técnica é

Civilização em transição 169

fácil haver concordância, mas sobre opiniões é difícil; por isso a discussão – se é que tem lugar – é acirrada e o silêncio é eloquente.

Por muito tempo imaginamos ser possível tratar a psicoterapia "tecnicamente", como fórmula de receituário, um método operacional ou um teste de cores. O clínico geral pode lançar mão de todas as técnicas médicas existentes, não importando se tem esta ou aquela opinião pessoal sobre seu paciente, se defende esta ou aquela teoria psicológica, se possui convicções filosóficas ou religiosas. Mas na psicoterapia não se pode proceder assim. *Querendo ou não, o médico está nela envolvido com suas convicções*, tanto quanto o paciente. Inclusive é indiferente qual técnica emprega; o importante não é a "técnica", mas a pessoa que usa determinado método. O objeto do método não é um preparado anatomicamente morto, nem um abscesso ou uma substância química, mas a *totalidade de uma pessoa sofredora*. O objeto da terapia não é a neurose, mas a pessoa que tem neurose. Já sabemos de longa data que a neurose cardíaca, por exemplo, não se origina no coração, conforme dizia a antiga mitologia médica, mas na psique do paciente. Também não brota de algum canto escuro do inconsciente, como creem ainda hoje muitos psicoterapeutas, mas da vida e vivência por anos e décadas da pessoa como um todo; e, enfim, não só da sua vida como indivíduo, mas da experiência psíquica vivida num grupo familiar ou social.

Na neurose, o médico não se defronta com um campo delimitado da doença, mas com uma pessoa doente. Esta não está doente por causa de um único mecanismo ou de um foco isolado de doença, mas está doente no todo de sua personalidade. E, em vista disso, a "técnica" é inoperante. A personalidade do doente exige a presença da personalidade do médico e não artifícios técnicos.

Por isso venho há muito tempo defendendo a ideia de que o próprio médico deve ser analisado. Freud também concordava com isso, porque obviamente não conseguia livrar-se da convicção de que o paciente estava entregue a um médico e não a uma técnica. É louvável que o médico tente ser o mais objetivo e impessoal possível e se esforce por não imiscuir-se na psicologia do paciente qual salvador miraculoso; o artificialismo nesta relação traz, porém, consequências perniciosas. Por isso não poderá ultrapassar impunemente os limites da naturalidade. Daria, assim, um péssimo exemplo ao paciente que não está doente por causa de um excesso de naturalidade. Além disso haveria um menosprezo perigoso do paciente, se o médico imaginasse que todos eles eram tão bobos a ponto de não perceberem os artifícios, o uso de seu prestígio e as medidas de segurança do médico. É inimaginável também que o médico queira apoiar o paciente onde quer que seja em seu funcionamento natural e deixá-lo o quanto possível no escuro, quando se trata do ponto crucial que diz respeito ao próprio médico, e portanto numa dependência desesperadora, ou seja, na "transferência". Isto só pode ser feito por um médico absolutamente não analisado ao qual interessa em primeiro lugar o prestígio e não o bem-estar do paciente.

340 Pelo fato de a personalidade e a atitude do médico serem de importância fundamental na terapia – mesmo que isto seja ou não aceito por alguns – sua opinião pessoal é desproporcionalmente forte na história da psicoterapia, a ponto de causar divisões aparentemente irreconciliáveis. Freud se baseia com frenética unilateralidade na sexualidade, na concupiscência ou, numa palavra, no "princípio do prazer". Tudo gira em torno da questão se alguém pode fazer o que gostaria. "Repressão", "sublimação", "regressão", "narcisismo", "incesto", "satisfação dos desejos" etc. são meros conceitos e pontos de vista relacionados com o drama do "princípio do prazer". Parece até que nesta doutrina a concupiscência da natureza humana foi elevada a princípio fundamental de sua psicologia.

341 Também Adler cavou no vasto campo da concupiscência humana e tirou daí sua necessidade de "autoafirmação". Com a mesma unilateralidade de Freud, fez dessa tendência da natureza humana um princípio básico de sua psicologia.

342 Não há dúvida, portanto, que é possível explicar muitos casos de neurose a partir do princípio da concupiscência, isto é, sendo a psicologia dele neurótica. Pode-se explicar o mesmo caso segundo Freud ou Adler e com bastante força de convicção. Inclusive uma explicação completa a outra, o que seria em si uma circunstância bastante satisfatória; mas isto mostra também que nenhuma das duas explicações pode reclamar validade absoluta. Ambas são relativas, meros pontos de vista heurísticos e, portanto, inadequados para gozar de validade geral. Mas ao menos abordam aspectos parciais muito importantes. A teoria da repressão se baseia em certos fatos psíquicos

Civilização em transição 171

que se encontram em toda parte; o mesmo vale para a necessidade de autoafirmação ou da vontade de poder. É óbvio que toda pessoa gostaria de usufruir de tudo e ainda estar "por cima", mas também é óbvio que enquanto mantiver esta atitude primitiva, ingênua e infantil não conseguirá fugir de uma neurose, se é que vai tentar adaptar-se ao seu meio ambiente. Esta última condição é imprescindível, caso contrário não há neurose, apenas uma "insanidade moral" ou um "alto grau de idiotice".

Se, portanto, duas condições são necessárias para o surgimento de uma neurose, estas devem ser etiológicas. Excluída fica, pois, a hipótese de que apenas a atitude infantil é causal, mas não a vontade de adaptação. Esta não só pode ser, mas sempre é etiológica. Freud e Adler explicam a neurose só a partir do ângulo infantil. No entanto, uma explicação mais abrangente deveria também considerar a vontade de adaptação. Nem sempre se trata apenas do demasiadamente infantil; pode tratar-se também de um excesso de adaptação. Este último fator não deve ser considerado como simples repressão do infantil ou como "compensação", caso contrário deveríamos também inverter as posições e explicar o infantilismo a partir da repressão da adaptação e chamá-lo de "compensação". Tanto a concepção de Freud quanto a de Adler não concordariam com esta inversão. Mas é inevitável logicamente se considerarmos a importância etiológica da vontade de adaptação em geral. E isto precisa ser feito; o próprio Freud precisa de algo que reprime, que não satisfaz os desejos, que produz ansiedade etc. Adler precisa de algo que oprime. Se não houver um oposto etiológico de igual força, toda a concupiscência infantil ficará sem fundamento.

Tendo constatado que todo neurótico sofre de concupiscência infantil, precisamos ainda ver como está a situação da vontade de adaptação, pois pode acontecer que esteja desenvolvendo uma concupiscência infantil só como "compensação". Neste caso, sua concupiscência seria apenas sintomática e não genuína e, se explicada a partir do aspecto infantil, haveria um erro de interpretação e concomitantemente um imperdoável erro profissional. Infelizmente isto acontece com frequência porque a atenção do médico está voltada quase exclusivamente para o aspecto infantil. E assim o doente é logo menosprezado.

343

344

345 O "infantilismo" é algo bastante ambíguo. Em primeiro lugar, pode ser genuíno ou simplesmente sintomático e, em segundo lugar, pode ser apenas residual ou embrionário. Existe grande diferença entre algo que permaneceu infantil e algo que está em formação. Ambas as coisas podem ter forma infantil ou embrionária e muitas vezes é impossível dizer à primeira vista se estamos diante de um lamentável fragmento de vida infantil ou de um importante início criador. Ridicularizar estas possibilidades só o faz um mentecapto que não sabe ser o futuro mais importante do que o passado. Por isto seria mais indicado examinar as fantasias "perverso-infantis" sob o prisma de seu conteúdo criador ao invés de rastreá-las até o berço e entender a neurose em geral mais no sentido de uma tentativa de adaptação do que no sentido de uma satisfação infantil de desejos, mal sucedida ou distorcida de alguma forma.

346 Naturalmente, a teoria do infantilismo tem uma vantagem que não pode ser desprezada, isto é, que o médico está sempre "por cima", como representante do estado "sadio" e superior, enquanto o paciente é uma vítima da satisfação inconsciente de desejos perverso-infantis. Isto também dá ao médico a possibilidade de saber melhor como evitar um confronto pessoal com a personalidade de seu paciente e esconder-se atrás de uma técnica.

347 Não é difícil perceber quantas tendências conscientes e inconscientes vêm em auxílio desta atitude e por que uma "teoria do infantilismo" é *a priori* bem recebida pelo médico mesmo que pessoalmente se dispusesse a reconhecer a personalidade de seu paciente. A tremenda influência das ideias de Freud não está apenas no fato de corresponderem aos dados reais ou aparentes, mas em boa parte também no fato de proporcionarem a alguém fácil oportunidade de atingir o outro em seu ponto fraco, de menosprezá-lo e, assim, colocar-se em posição de superioridade. É gratificante, por exemplo, quando se pode dizer diante de uma dificuldade: "isto é coisa da oposição", ou quando já não se precisa levar a sério o argumento do opositor como "simbólico" e, note-se bem, sem perguntar ao opositor se a explicação concorda com a psicologia dele.

348 Há também inúmeros doentes que endossam com certa cerimônia, mas, no fundo, com grande disposição a "teoria do infantilismo", pois aqui se acena com a possibilidade de poderem rejeitar o in-

Civilização em transição 173

cômodo "infantilismo" como sendo "nada mais do que". E em muitos casos a teoria do infantilismo é uma trilha bem-vinda que desvia dos problemas agudos e desagradáveis para as paragens psíquicas, aparentemente etiológicas, da infância, onde se pretende descobrir por que a gente não presta no presente e que os pais e a educação tiveram grande culpa nisso tudo.

Não há nada que não possa ser malversado para tirar vantagens   349
ilegítimas. Mas deveríamos ver onde se pratica a malversação e como ela é facilitada. Isto depende em grande parte do médico que precisa tratar seu paciente com toda a seriedade para ver se ocorre abuso ou não. A técnica não percebe isto, apenas a pessoa, e só ela é capaz de desenvolver a sensibilidade suficiente para decidir se um caso de neurose deve ser tratado pelo lado infantil ou pelo lado da adaptação.

Não preciso dizer que a técnica é necessária – disso todo mundo   350
já está convencido de há muito. Mas, por trás de todo método, está o homem, muito mais importante do que aquele, pois, independente de qualquer técnica, é ele que deve tomar as decisões humanas que para o paciente são no mínimo de importância tão vital quanto a técnica empregada com sabedoria e competência. Por isso o psicoterapeuta está obrigado a um autoconhecimento e a uma crítica de suas convicções pessoais, filosóficas e religiosas, tanto quanto um cirurgião está obrigado a uma perfeita assepsia. O médico deve conhecer sua "equação pessoal" para não violentar seu paciente. Neste sentido, elaborei uma psicologia crítica que dá ao psicoterapeuta certa possibilidade de conhecer a diversidade de atitudes típicas, mesmo que a escola freudiana diga que isto nada tenha a ver com "psicanálise". Segundo esta escola, a psicanálise é uma "técnica" por trás da qual a pessoa desaparece e que permanece sempre a mesma, ainda que empregada por x, y ou z. Por isso, o psicanalista não precisa de autoconhecimento ou de crítica de suas convicções. Sua "doutrina analítica" não tem como objetivo fazer dele uma pessoa, mas um usuário correto de uma técnica.

A "psicanálise", mesmo como técnica, não é nada simples. É bem   351
complicada, mais cheia de artimanhas do que um complicado processo químico. É tremendamente multiforme, variável e imprevisível. Quem não acredita, estude uma vez, com atenção, a "técnica" da

análise dos sonhos de Freud, em *Traumdeutung*[1] (por exemplo, o sonho da "injeção de Irma"). Aliás chamar este procedimento de "técnica" requer boa dose de otimismo. E, no entanto, os sonhos são a conhecida "via régia para o inconsciente" desempenhando certo papel na "psicanálise"! É preciso ser cego para não ver que este tipo de "técnica" é, antes de tudo, expressão daquela pessoa e de todas as convicções da pessoa que emprega o método.

352   Estas considerações nos levam de novo ao problema da atitude do médico e à necessidade de crítica de suas convicções. Não se pode introduzir na concepção da neurose uma cosmovisão não crítica, como acontece por exemplo na concepção freudiana de inconsciente ou em seu preconceito materialista quanto à função religiosa da psique. O psicoterapeuta deveria abandonar a ilusão de que o tratamento da neurose nada mais exige do que o conhecimento de uma técnica, mas deveria convencer-se de que o tratamento psíquico de um doente é uma relação da qual participa tanto o médico quanto o doente. Um verdadeiro tratamento psíquico só pode ser individual e por isso a técnica, por melhor que seja, tem valor apenas relativo. A atitude geral do médico é da máxima importância e ele deve conhecer-se muito bem para não ferir os valores peculiares – quaisquer que sejam – do doente a ele confiado. Se Alfred Adler procurasse seu antigo mestre Freud para um tratamento analítico, este deveria dispor-se a levar em consideração a psicologia peculiar de Adler e inclusive em seu direito à existência em geral. Há inúmeras pessoas que têm a psicologia do filho que tem necessidade de prestígio. Se eu tivesse que analisar Freud, far-lhe-ia uma grande e irreparável injustiça se não levasse bem em consideração a realidade histórica de sua formação, a importância das tramas do romance familiar, a amargura e gravidade dos ressentimentos bem cedo experimentados e compensatoriamente acompanhados por fantasias de desejos (infelizmente!) não realizados, e se não aceitasse seu modo de ser como fato consumado. Freud certamente não ficaria satisfeito se lhe dissesse que os ressentimentos nada mais eram do que "substitutos" do amor ao próximo não praticado ou de algo semelhante. Por mais verdadeira que esta constata-

---

1. FREUD, S. *Die Traumdeutung*. Leipzig/Viena: [s.e.], 1900, p. 72s.

Civilização em transição

ção pudesse ser em outros casos, aqui seria incorreta, mesmo que conseguisse convencer Freud da verdade de minha ideia. Sem dúvida, Freud está convencido do que diz e por isso deve ser considerado como aquele que isto diz. Só então é aceito o seu caso particular e, com ele, são reconhecidos também aqueles cuja psicologia tem estrutura semelhante. Na medida em que não se pode aceitar que Freud e Adler sejam representantes, aceitos em geral, do homem europeu, resta, ao menos para mim, a esperança de que também eu possua uma psicologia peculiar e, comigo, todos aqueles que não conseguem submeter-se ao primado das fantasias de desejos perverso-infantis ou da necessidade de autoafirmação.

É óbvio que isto não deve transformar-se em autotapeação ingênua; ao contrário, nenhum psicoterapeuta deveria perder a oportunidade de examinar-se criticamente à luz dessas psicologias negativas. Freud e Adler viram claramente a *sombra* que acompanha a todos. Os judeus têm esta peculiaridade em comum com as mulheres; na condição de mais fracos fisicamente, precisam aproveitar as falhas no armamento do inimigo e devido a esta técnica, que lhes foi imposta durante séculos na história, os judeus estão melhor protegidos lá onde os outros se sentem mais vulneráveis. Por causa de sua cultura que é ao menos duas vezes mais antiga do que a nossa, têm maior consciência das fraquezas humanas e de seus lados sombrios do que nós e, por isso, são bem menos vulneráveis neste sentido. Graças também à sua cultura antiga, conseguem viver, com plena consciência, em boa, paciente e amigável harmonia com suas qualidades menos boas, ao passo que nós ainda somos muito jovens para não termos "ilusões" sobre nós mesmos. Além disso, fomos encarregados pelo destino de criar uma cultura (temos necessidade dela) e para isso são indispensáveis as chamadas ilusões na forma de ideais unilaterais, convicções, planos etc. A exemplo do chinês culto, o judeu enquanto membro de uma raça com cultura de aproximadamente três mil anos tem um campo de consciência psicológica bem maior do que o nosso. Por isso também é menos perigoso para o judeu em geral avaliar negativamente seu inconsciente. O inconsciente ariano, porém, encerra forças de expansão e germes criativos de um futuro a realizar-se e que não podemos desprezar como romantismo infantil sem risco psíquico. Os povos germânicos ainda jovens estão em perfeitas condições de criar novas formas de cultura e este futuro ainda jaz no escuro do inconsciente de cada indivíduo como germe carregado de energia, capaz de transformar-se em chama vigorosa. O judeu como nômade relativo jamais criou uma forma própria de cultura e, ao que tudo indica, jamais vai criá-la, uma vez que todos os seus instintos e aptidões pressupõem uma nação mais ou menos civilizada e capaz de albergá-la em seu desenvolvimento.

354   A meu ver, a raça judaica como um todo possui um inconsciente que pode ser comparado ao do ariano só com reservas. Com exceção de alguns indivíduos criativos, o judeu médio já é muito consciente e diferenciado para suportar a gravidez das tensões de um futuro por nascer. O inconsciente ariano tem maior potencial do que o judaico; esta é a vantagem e desvantagem de uma juventude ainda não totalmente desligada do barbarismo. Acho que foi grave erro da psicologia médica até agora ter aplicado indiscriminadamente a cristãos germânicos e eslavos categorias judaicas que nem se aplicam a todos os judeus. Com isso, o mais precioso segredo do homem alemão, ou seja, sua profundeza de alma criativa e intuitiva foi desprezada como brejo infantil e banal, enquanto meus alertas tiveram a suspeição, durante décadas, de antissemitismo. Esta suspeita partiu de Freud. Ele não conhecia a alma germânica, assim como seus seguidores alemães também não a conheceram. Será que ela ensinou algo melhor ao violento surgimento do nacional-socialismo sobre o qual o mundo todo voltava seus olhos arregalados? Onde estavam a tensão e o ímpeto inauditos quando ainda não existia o nacional-socialismo? Jaziam escondidos na psique germânica, naquele solo profundo que é bem outra coisa do que o monturo de dejetos infantis não realizáveis e de ressentimentos familiares não resolvidos. Um movimento que afeta um povo inteiro também amadureceu em cada indivíduo. Por isso afirmo que o inconsciente germânico encerra tensões e possibilidades que a psicologia médica precisa considerar em sua avaliação do inconsciente. Ela não lida com neuroses mas com pessoas. E este é exatamente o belo privilégio da psicologia médica: poder e dever tratar o homem todo e não apenas funções artificialmente separadas[2].

---

2. Opinião semelhante tinha também Von Weizsäcker (1886-1957), professor de medicina na Universidade de Heidelberg e pioneiro da psicossomática.

Civilização em transição 177

Por isso seu campo deve ser bem vasto a fim de serem revelados aos olhos do médico não apenas as aberrações patológicas de um desenvolvimento psíquico anormal mas também as forças construtivas da psique que criam o futuro, e não apenas uma parte nebulosa mas o todo – que é o mais importante.

A neurose absolutamente não é apenas algo negativo; é também algo positivo. Somente um racionalismo sem alma, apoiado na estreiteza de uma cosmovisão puramente materialista, pôde desconhecer este fato. Na verdade, a neurose contém a psique da pessoa ou, ao menos, parte muito importante dela. Se, de acordo com a intenção racionalista, a neurose pudesse ser arrancada à semelhança de um dente estragado, a pessoa não teria ganho nada; ao contrário, teria perdido algo muito importante, como o pensador que tivesse perdido a capacidade de duvidar da veracidade de suas conclusões, como o moralista que tivesse perdido a tentação, ou como o homem valente que ficasse privado do medo. Perder uma neurose é o mesmo que ficar sem objeto, pois a vida perde sua orientação e, portanto, seu sentido. Não foi uma cura, mas uma amputação e é falso consolo quando a "psicanálise" assegura que não houve outra perda a não ser o paraíso infantil com suas quimeras (perversas) de desejos. Na verdade, perdeu-se muito mais, pois na neurose está um pedaço ainda não desenvolvido da personalidade, parte preciosa da psique sem a qual o homem está condenado à resignação, amargura e outras coisas hostis à vida. A psicologia da neurose que só vê o lado negativo joga fora a água do banho com a criança, porque despreza o sentido e o valor do "infantil", isto é, da fantasia criadora. Muitas vezes seu esforço consiste em explicar tudo *para baixo* e realmente nada existe que não possa ser caricaturizado de forma obscena. Esta possibilidade, porém, não prova que o sintoma ou símbolo assim explicado tenha este sentido; mostra apenas a fantasia suja de adolescente que possui o explicador.

Sinto-me na obrigação de dizer que muitas vezes médicos sérios em outros campos, com total desrespeito por todos os fundamentos da exatidão científica, explicam um material psicológico usando conjeturas subjetivas – conjeturas das quais só se pode afirmar que são tentativas de descobrir por meio de qual piada obscena pode o material a ser explicado ser relacionado com o aspecto oral, anal, uretral ou outra anormalidade sexual. O veneno da interpretação deprecia-

355

356

tiva entrou tão fundo na medula dessas pessoas que já não pensam outra coisa a não ser o jargão perverso-infantil de certos casos neuróticos que apresentam as peculiaridades da psicologia de Freud. É grotesco que o próprio médico caia naquele modo de pensar que ele censura nos outros como infantil e do qual deseja curá-los. É bem mais fácil fazer conjeturas do que examinar precisamente o que o material empírico do paciente significa. Temos que pressupor que o doente vá ao médico para livrar-se de seu modo doentio de pensar e conceber as coisas e deveríamos portanto supor – como, aliás, acontece em toda a medicina moderna – que no próprio sintoma da doença já se encontra o esforço do sistema adoentado de seu curar. Mas se o médico se manifesta em voz alta ou pensa de modo tão negativo e depreciativo quanto o paciente, degradando tudo ao lamaçal perverso-infantil de uma psicologia obscena de piada, não admira se o paciente ficar psiquicamente estéril e compensar esta esterilidade por meio de um intelectualismo incurável.

357 Infelizmente existem muitas pessoas em relação às quais se justifica a desconfiança. Muitas utilizam ideais e valores fictícios para fugir de si mesmas. Com esses doentes o médico precisa às vezes empregar uma fórmula bem desagradável para confrontá-los com sua própria verdade. Mas nem todas as pessoas são assim. Há no mínimo igual número de doentes que precisam de bem outra coisa do que desconfiança e depreciação. São pessoas doentes que não procuram iludir ou utilizar valores e ideais para encobrir uma personalidade inferiorizada. Tratar a estas pessoas de modo redutivo, atribuir-lhes motivos falsos e desconfiar que sua pureza natural esteja eivada de obscenidades não naturais é não só burrice pecaminosa mas verdadeiro crime. A técnica é sempre um esquema sem alma e quem considera a psicoterapia como simples técnica corre, no mínimo, o perigo de cometer erros irreparáveis. Um médico consciencioso deve ser capaz de duvidar de todas as suas técnicas e teorias, caso contrário cai nas malhas do esquema. Mas, esquema significa estupidez e inumanidade. Neurose – e sobre isto não deve pairar a mínima dúvida – é bem outra coisa, menos "nada mais do que". A neurose é o sofrimento da psique humana em sua vasta complexidade. Esta complexidade é tão grande que de antemão podemos afirmar de cada teoria da neurose ser ela um esboço quase sem valor, a não ser que apresente um quadro gigantesco da psique, de dimensão inconcebível.

Civilização em transição 179

A regra fundamental do psicoterapeuta é considerar cada caso 358
como novo e único. Assim se chega mais próximo da verdade.

Lidar com material psíquico requer grande tato e uma sensibili- 359
dade quase artística. Sem isto é muitas vezes difícil distinguir entre o
que tem valor e o que não tem. Como disse acima, a neurose consiste
de um não querer infantil e de uma vontade de adaptação. Por isso é
necessário descobrir antes de tudo em que lado recai o acento, pois é
dali que o caminho prosseguirá. Se o acento estiver na vontade de
adaptação, não faz sentido menosprezar a tentativa de adaptação
como fantasia infantil de desejos. Este erro o médico o comete com
muita frequência ao tratar de seu paciente. E este – para grande prejuízo dele – fica contente com o erro, pois fica assegurado pela autoridade do médico contra a exigência temida ou odiada da neurose,
isto é, contra a parte da personalidade que nele se acha escondida.
Mas é exatamente aquela "outra" personalidade que nunca deveria
perder de vista: seu oposto interno, o conflito que sempre de novo
deve ser resolvido e que, assim, produz vida. Sem esta oposição inicial não há liberação de energia, não há vida. Falta de oposição é estagnação no campo atingido por esta falta. Fora de seu alcance, porém, a
vida prossegue inconscientemente com formas sempre novas e diferentes de neurose. Só quem entende e aceita sua neurose como sendo
algo de muito pessoal e essencial pode estar certo de não sucumbir a
nenhuma estagnação, fixidez e subterfúgios neuróticos. *Na neurose
encontra-se nosso maior amigo ou inimigo*. Não se pode apreciá-lo o
suficiente, a não ser que, por força do destino, alguém tenha uma atitude hostil perante a vida. Naturalmente, há sempre desertores que,
no entanto, nada nos têm a dizer e nem nós a eles.

O simbolismo neurótico é ambíguo; aponta ao mesmo tempo 360
para trás e para frente, para cima e para baixo. Em geral, o para frente é mais importante do que o para trás, porque o futuro vem e o passado se vai. Só quem prepara um recuo olha melhor para trás. Mas
também o neurótico não precisa considerar-se derrotado; apenas
menosprezou seu adversário imprescindível e acreditou poder supe-
rá-lo facilmente. Mas é precisamente naquilo que procura evitar que
está a tarefa de sua personalidade. O médico que o afasta enganosa-
mente dessa tarefa presta-lhe mau serviço. *O doente não deve aprender como se livrar da neurose, mas como suportá-la*. A doença não é

um peso supérfluo e, portanto, sem sentido, mas *é ele mesmo*; ele mesmo como o "outro" que, por comodismo infantil, por medo ou por outra razão qualquer, sempre procurou excluir. Desse modo, como afirma acertadamente Freud, fazemos do eu um "lugar de ansiedade", o que nunca aconteceria se não nos defendêssemos neuroticamente contra nós mesmos. Quando o eu se torna sede de ansiedade, todos fugimos de nós mesmos e recusamos admitir nosso medo. Esgarçando e depreciando, a técnica de minar da "psicanálise" visa antes de tudo ao temido "outro si-mesmo", na esperança de paralisar em definitivo o adversário.

361   Não se deveria procurar saber como liquidar uma neurose, mas informar-se sobre o que ela significa, o que ela ensina, qual sua finalidade e sentido. Deveríamos aprender a ser-lhe gratos, caso contrário teremos um desencontro com ela e teremos perdido a oportunidade de conhecer realmente quem somos. Uma neurose estará realmente "liquidada" quando tiver liquidado a falsa atitude do eu. *Não é ela que é curada, mas é ela que nos cura.* A pessoa está doente e a doença é uma tentativa da natureza de curá-la. Por isso podemos aprender muita coisa da doença para a nossa saúde e que aquilo que parece ao neurótico absolutamente dispensável, contém precisamente o verdadeiro ouro que não encontramos em outra parte. A segunda palavra da interpretação "psicanalítica" é "nada mais do que", exatamente o que diria um comerciante a respeito de um artigo que gostaria de comprar barato; e, neste caso, é a psique de uma pessoa, sua esperança, sua mais audaz tentativa e sua melhor aventura.

362   Para o doente é mau negócio querer comprar dele sua neurose e, com isto, sua psique. Isto, no fundo, é algo impossível, um embuste; não se pode renunciar por muito tempo à própria sombra, a não ser que se viva em eterna escuridão. O que vem ao encontro do doente na dissociação neurótica é uma parte estranha e não reconhecida de sua própria personalidade. Ela tenta forçar seu reconhecimento com os mesmos meios que utilizaria uma parte do corpo, teimosamente recusada, para marcar sua presença. Se alguém tivesse resolvido negar a existência de sua mão esquerda, deveria enredar-se numa fantástica linha de explicações "nada mais do que"; é exatamente isto que acontece com o neurótico e que a "psicanálise" elevou a teoria. As fantasias perverso-infantis "nada mais do que" são as tentativas do

Civilização em transição 181

doente de negar sua mão esquerda. Sua tentativa é o desvio mórbido que só tem interesse enquanto em cada fantasia houver também uma secreta referência à mão esquerda. Tudo o mais é impróprio porque foi arquitetado com a finalidade de ocultar. Freud acha que o oculto é aquilo a que as fantasias aludem mais ou menos abertamente, isto é, a sexualidade e quejandos. Mas é exatamente o ponto que este tipo de paciente estava procurando. Cavalga o mesmo cavalo de pau que o médico e provavelmente este ainda lhe deu uma nova e prestimosa ideia como, por exemplo, a do famoso trauma sexual da infância que podemos procurar por muito tempo, acabando por descobrir que estamos muito longe da verdade.

A verdadeira causa da neurose está no hoje, pois ela existe no presente. Não é de forma alguma um *caput mortuum* que aqui se encontra, vinda do passado, mas é nutrida diariamente e, por assim dizer, sempre de novo gerada. Somente no hoje e não no ontem será "curada" uma neurose. Pelo fato de nos defrontarmos hoje com o conflito neurótico, a digressão histórica é um rodeio, quando não um desvio. Pelo fato de a neurose conter um pedaço da própria personalidade, a digressão para milhares de possibilidades de fantasias obscenas ou para desejos infantis não realizados é mero pretexto para fugir do essencial.

A questão central é esta: o que chega à personalidade consciente do doente, vindo de trás desse mundo nebuloso, e qual deveria ser sua atitude para integrar este pedaço que foi separado ou que nunca a ele esteve ligado? De que outro modo poderia afligi-lo se não fosse algo como sua mão esquerda, como uma outra metade de seu eu? Algo, portanto, que lhe pertence no sentido mais profundo, algo que o completa e significa equilíbrio orgânico, mas que por alguma razão é temido, talvez por complicar a vida e exigir tarefas aparentemente impossíveis?

Para fugir desses desafios nada melhor do que colocar em seu lugar algo que é totalmente impossível como, por exemplo, aquele mundo todo de obscenidades em relação ao qual o próprio Freud recomenda a mais pronta sublimação. Parece que Freud tomou bastante a sério a conjetura neurótica e caiu, assim, na armadilha da confusão do neurótico que, por um lado, procura a todo custo uma saída errada e, por outro, não consegue encontrar o caminho certo nesta balbúrdia. Adotou o truque neurótico da diminuição eufemística. Menosprezou a neurose conseguindo assim o aplauso dos doentes e médicos que outra coisa não desejavam que a neurose "não fosse nada mais do que...".

366 Mas a palavra "psicógeno" quer dizer que certas perturbações provêm da psique. Infelizmente a psique não é um hormônio mas um mundo de dimensões, por assim dizer, cósmicas. Isto foi esquecido completamente pelo racionalismo científico. Será que a psicoterapia pensou seriamente no fato de possuir outros precursores além de Mesmer, Faria, Liébeault, Charcot, Bernheim, Janet, Forel e outros mais?

367 Há milênios que o espírito da humanidade se preocupou com a alma doente, talvez há mais tempo do que com o corpo sofredor. A "cura" da alma, o "apaziguamento dos deuses", os "perigos da alma" não são problemas recentes. As *religiões* são sistemas psicoterapêuticos no sentido mais exato da palavra e em grande escala. Exprimem o âmbito do problema psíquico em imagens impressionantes. São o credo e o reconhecimento da alma e, ao mesmo tempo, revelação e manifestação da natureza da alma. Nenhuma alma humana está fora desse fundamento universal; só consciências individuais que perderam a conexão com o todo da psique são presas da ilusão de que a alma é uma pequena região facilmente abrangível e que se presta como objeto de uma teoria "científica". O mal básico da neurose é a perda dessa conexão maior e, por isso, o caminho do doente se perde em meio a pequenos e pequeníssimos becos de reputação duvidosa, pois quem nega o maior tem que buscar a culpa no menor. Em seu escrito *Zukunft einer Illusion* (O futuro de uma ilusão), Freud, sem querer, abriu o jogo. Quer definitivamente colocar um fim no aspecto mais amplo do fenômeno psíquico e, enquanto persiste nesta tentativa, vai contribuindo com aquilo que está em processo no doente: destruição da conexão entre "pessoas e deuses", separação dos fundamentos e dimensões do fenômeno psíquico universalmente percebidos e reconhecidos e, com isso, "recusa da mão esquerda", ou seja, da contrapartida de que a pessoa necessita para sua existência psíquica.

368 Não vamos perguntar quem pregou para ouvidos moucos! Mas terá Goethe escrito seu *Fausto* em vão? Ou será que Fausto não tinha uma neurose do tamanho de um bonde? Pois, segundo consta, o diabo não existe. Portanto, também não existe uma contrapartida psí-

Civilização em transição 183

quica – um mistério a ser resolvido ainda, oriundo da duvidosa secreção interna de Fausto. Isto é opinião de Mefistófeles que, aliás, não apresenta uma postura sexual irrepreensível – é algo bissexual como parece. Este diabo que não existe, segundo *Zukunft einer Illusion*, é o objeto científico da "psicanálise" e se aprofunda com devoção na sua sequência não existente de ideias. O destino de Fausto, seja na terra como no céu, fica "a cargo do poeta" e a imagem confusa da alma humana se torna teoria do sofrimento psíquico.

Acho que a psicoterapia ainda tem muito a aprender e reaprender até que faça justiça a seu objeto, isto é, à psique humana em toda a sua abrangência; e até que consiga não mais pensar de modo neurótico, mas ver os processos da psique em suas verdadeiras proporções. Não apenas a concepção geral da neurose, mas também a concepção das funções psíquicas complexas como, por exemplo, a função do sonho, precisam de revisão acurada. Neste campo ocorreram erros graves porque, por exemplo, a função em si normal do sonho foi submetida à mesma concepção que a doença. Percebe-se então que a psicoterapia cometeu quase os mesmos erros que a medicina antiga que combatia a febre porque achava ser ela o agente nocivo. 369

A fatídica infelicidade da psicoterapia médica está em ter nascido numa época de esclarecimento, em que a autoculpabilidade tornou inacessíveis os antigos valores da cultura e quando ainda não havia psicologia que ultrapassasse os níveis de um Herbart ou de um Condillac. Seja como for, não havia uma psicologia que abordasse, ao menos ligeiramente, as complexidades e perplexidades com as quais se defrontava o médico, totalmente indefeso e completamente despreparado. Neste sentido, precisamos ser gratos a Freud que, ao menos, deu certa orientação neste caos e encorajou o médico a tomar a sério, por exemplo, um caso de histeria e considerá-lo ao menos como proposição científica. Criticar depois é certamente fácil, mas não tem sentido que toda uma geração de médicos deite sobre os louros de Freud. No campo da psique falta muito a aprender e o que nos falta em especial é libertar-nos de pontos de vista ultrapassados que vêm limitando em muito a visão de conjunto. 370

XVI

A consciência na visão psicológica[*]

825   A palavra "consciência"[**] significa uma forma especial de "conhecimento" ou de "consciência psicológica". A especificidade da consciência é ser um conhecimento ou certeza do valor emocional daquelas ideias que temos sobre os motivos de nossas ações. De acordo com esta definição, a consciência é um *fenômeno complexo* que consiste, por um lado, num ato elementar da vontade ou num impulso para a ação que não se baseia em motivo consciente e, por outro lado, num julgamento baseado no sentimento racional. Este é um *juízo de valor* que difere de um juízo intelectual pelo fato de, além do caráter objetivo, geral e imparcial, revelar também a característica da *referência subjetiva*. O juízo de valor implica sempre o sujeito na medida em que pressupõe que algo é belo ou bom "para mim". Mas se a afirmação, ao contrário, soar que é bom e belo para determinadas outras pessoas, isto não é necessariamente um juízo de valor, mas pode ser uma constatação intelectual. De certa forma, o fenômeno

---

[*] Conferência pronunciada durante o ciclo de palestras sobre "A conciência", organizado pelo C.G. Jung-Institut, Zurique, no semestre de inverno de 1957/1958. O manuscrito foi lido pelo médico Dr. Franz Pjklin[†]. Publicado pela primeira vez em *Universitas* (Stuttgart, junho de 1958), depois em *Das Gewissen* (Studien aus dem C.G. Jung-Institut VII), Zurique, 1958.

[**] O título original desse capítulo é Das Gewissen in psychologischer Sicht. Os termos *Gewissen* e *Bewusstsein* são normalmente traduzidos em português pela mesma palavra: consciência. Mas Gewissen significa a consciência sob o aspecto moral e Bewusstsein, a consciência sob o aspecto psicológico. No texto traduzido, para diferenciar os termos, usamos simplesmente a palavra consciência para *Gewissen* e consciência psicológica para *Bewusstsein*.

Civilização em transição 185

complexo da consciência se constitui de dois andares, tendo um deles como base um certo acontecimento psíquico e sendo o outro uma espécie de superestrutura que apresenta o julgamento positivo ou negativo do sujeito.

Correspondendo à complexidade do fenômeno, a fenomenologia empírica da consciência é bastante extensa. Pode manifestar-se como reflexão consciente que precede, acompanha ou segue certos acontecimentos psíquicos ou como simples fenômeno afetivo concomitante, podendo então acontecer que seu caráter moral não apareça. Assim pode, por exemplo, surgir um estado de ansiedade, sem motivo aparente, em certo procedimento, sem que o sujeito tome conhecimento da mais leve conexão entre seu procedimento e o estado subsequente de ansiedade. Não raro o juízo moral é deslocado para um sonho subsequente, totalmente incompreensível ao sujeito. Um exemplo: Foi feita a um comerciante uma oferta que parecia absolutamente séria e honesta; demonstrou-se mais tarde que ele se envolveria em caso grave de fraude se tivesse aceito a oferta. Na noite seguinte ao dia em que recebera a oferta que, como ficou dito, parecia honesta, sonhou que suas mãos e antebraços estavam cobertos por lama preta. Não conseguia ver nenhum vínculo com o acontecimento do dia anterior, porque não era capaz de admitir que a oferta o tivesse atingido no ponto vulnerável, isto é, a expectativa de um bom negócio. Eu o alertei quanto a isso e ele foi precavido o suficiente para tomar certas medidas que o livraram de maiores danos. Se tivesse examinado bem a situação logo no início, teria sentido fatalmente a consciência pesada, pois teria entendido que se tratava de um negócio "sujo" que sua moral não teria aprovado. Como se diz, teria "sujado as mãos". O sonho apresentou este raciocínio de modo plástico.

Neste exemplo não aparece a característica clássica da consciência, ou seja, a "conscientia peccati", a noção de pecado. Consequentemente, também não aparece o tom sentimental específico de uma consciência má. Em vez disso, surge no estado de sono a figura simbólica das mãos pretas que alerta o sonhador sobre um trabalho não limpo. Para ter conhecimento de sua reação moral, isto é, de sua consciência, teve que contar o sonho. Esta comunicação foi um ato de consciência, na medida em que nele existia certa incerteza com referência aos sonhos. Esta incerteza se instalou nele durante uma análise prática que lhe mostrou poderem os sonhos dar muitas vezes uma contribuição importante para o autoconhecimento. Sem esta experiência, talvez nem tivesse prestado atenção ao sonho.

828 Podemos aprender disso um fato importante: A avaliação moral de um procedimento que se expressa no tom sentimental específico da ideia que o acompanha nem sempre é dependente da consciência psicológica, mas também pode funcionar sem ela. Freud lançou a hipótese de que, num caso desses, existe uma "repressão" oriunda de certo fator psíquico, o assim chamado superego. Mas para que a mente consciente realize o ato voluntário de repressão, é preciso supor que haja certo conhecimento da incidência moral do conteúdo a ser reprimido, pois, sem este motivo, o impulso correspondente da vontade não pode ser produzido. Foi precisamente este conhecimento que faltou ao comerciante, a ponto de não ter experimentado nenhuma reação moral do sentimento e só ter acreditado parcialmente no meu alerta. A razão disso foi que não reconheceu de forma alguma a natureza duvidosa da oferta, não tendo, pois, motivo algum para uma repressão. Não é possível, portanto, usar neste caso a hipótese de uma repressão consciente.

829 O que aconteceu foi, na verdade, um ato inconsciente que decorreu como se fosse um procedimento consciente e intencional, ou seja, um ato da consciência. É como se o sujeito soubesse da imoralidade da oferta e este conhecimento tivesse produzido a correspondente reação emocional. Mas todo o processo transcorre subliminarmente e o único traço que deixa para trás é o sonho que, no entanto, permanece inconsciente, enquanto reação moral. Não existe neste caso a "consciência", no sentido da definição dada acima, ou seja, como "um conhecimento" do eu, uma *conscientia*. Se a consciência é um conhecimento, o conhecedor não é o sujeito empírico mas este representa uma *personalidade inconsciente* que se comporta em todos os sentidos como se fosse um sujeito consciente. Ela sabe da natureza dúbia da oferta, sabe da ganância do eu que não recua diante do ilegal e produz a correspondente sentença julgadora da consciência. Isto significa que o eu foi neste caso substituído por uma personalidade inconsciente que realiza o ato necessário da consciência.

830 Estas experiências e outras semelhantes levaram Freud a atribuir especial importância ao superego. O superego de Freud não é uma

Civilização em transição

187

parte natural e hereditária da estrutura da psique, mas é o estoque de usos tradicionais adquirido pela consciência psicológica, o assim chamado código moral, que se codificou, por exemplo, no decálogo. O superego é um legado dos patriarcas e, como tal, representa uma aquisição consciente e uma posse igualmente consciente. Se, em Freud, aparece como fator quase inconsciente, isto se deve à sua experiência prática que lhe ensinou que o ato de consciência em si transcorre na maior parte das vezes inconscientemente, como no nosso exemplo. Como se sabe, Freud e sua escola rejeitaram a hipótese de comportamentos hereditários e instintivos – designados por nossa concepção como *arquétipos* – como míticos e não científicos e explicaram os atos inconscientes da consciência como repressões causadas pelo superego.

O conceito de superego nada contém que, em si, não pudesse ser reconhecido como pertencendo ao patrimônio das ideias em geral. Até aqui é idêntico ao que podemos designar pela expressão "código moral". Especial é apenas o fato de que, no caso individual, um ou outro aspecto da tradição moral se evidenciam como inconscientes. Também é preciso lembrar que Freud reconhece a presença de certos "restos arcaicos" no superego, portanto atos da consciência que são infuenciados por motivos arcaicos. Uma vez que Freud nega a existência dos arquétipos, isto é, modos de comportamento genuínos e arcaicos, só podemos pressupor que entende por "restos arcaicos" certas tradições conscientes que, em casos individuais, também podem ser inconscientes. Em hipótese alguma pode tratar-se de tipos inatos, caso contrário seriam, de acordo com sua concepção, "ideias hereditárias". É isto que ele pensa, mas entende que não existem provas para tanto. Por outro lado, existem muitas provas para a hipótese de modos hereditários e instintivos de comportamento, ou seja, dos arquétipos. É pois provável que os "restos arcaicos" no superego sejam uma concessão inconfessa à doutrina dos arquétipos, significando também uma dúvida fundamental quanto à dependência absoluta dos conteúdos inconscientes em relação à consciência psicológica. Existem boas razões para duvidar desta dependência: primeiramente porque o inconsciente é ontogenética e filogeneticamente mais velho do que a consciência psicológica e, em segundo lugar, porque é fato absolutamente sabido que ele dificilmente ou nunca se deixa influen-

831

ciar pela vontade consciente. No máximo, pode ser reprimido ou oprimido por esta e, no máximo, temporariamente. Via de regra sua conta é liquidada de uma só vez. Se assim não fosse, a psicoterapia não seria problema. Se o inconsciente dependesse da consciência psicológica, seria possível, por meio da introspecção e da vontade, dominar o inconsciente, e a psique poderia ser totalmente transformada em algo premeditado. Só idealistas alienados do mundo, racionalistas e outros fanáticos podem entregar-se a esse tipo de sonhos. A psique não é um fenômeno da vontade, mas *natureza* que se deixa modificar com arte, ciência e paciência em alguns pontos, mas não se deixa transformar num artifício, sem profundo dano ao ser humano. O homem pode transformar-se num animal doente, mas não em um ser ideal imaginado.

832   Ainda que certas pessoas vivam na ilusão de que a consciência psicológica represente o todo da pessoa psíquica, ela é apenas uma parte de cuja relação para com o todo pouco sabemos. Sendo a parte inconsciente realmente inconsciente, não é possível fixar-lhe limites, isto é, não podemos afirmar onde a psique começa ou termina. Sabemos que a consciência psicológica e seus conteúdos são a parte modificável da psique, mas, quanto mais profundamente tentarmos peneirar, ao menos indiretamente, no campo da psique inconsciente, tanto mais se firma nossa impressão de que estamos lidando com uma *entidade autônoma*. Temos que reconhecer, inclusive, que obtemos nossos melhores resultados na educação e no tratamento quando o inconsciente colabora, isto é, quando nosso objetivo coincide com a tendência inconsciente de desenvolvimento; e, ao contrário, nossos melhores métodos e intenções falham quando a natureza não vem em nosso auxílio. Sem uma autonomia ao menos relativa seria também impossível a experiência comum da função complementar, respectivamente compensatória do inconsciente. Se o inconsciente fosse deveras dependente da consciência psicológica, poderia ele conter mais e também outras coisas além da consciência psicológica.

833   Nosso exemplo do sonho e muitos casos semelhantes sugerem que, em vista da concordância do juízo moral subliminar com o código moral, o sonho teria procedido da mesma forma que a consciência psicológica, baseada na lei moral tradicional, e que, portanto, a moralidade em geral seria uma lei básica do inconsciente ou, ao menos,

Civilização em transição   189

o influenciaria. Esta conclusão estaria em flagrante contradição com
a experiência comum da autonomia do inconsciente. Ainda que a
moralidade em si seja uma propriedade universal da psique humana,
o mesmo não se pode afirmar do respectivo código moral. E como tal
não pode ser uma parte natural da estrutura da psique. No entanto,
permanece a circunstância – conforme o demonstra nosso exemplo –
de que o ato da consciência opera, em princípio, da mesma forma no
inconsciente como na consciência psicológica, seguindo os mesmos
preceitos desta e dando a impressão de que o código moral controla
também o processo inconsciente.

Mas esta impressão é enganosa, pois existem tantos e, na prática,   834
talvez mais exemplos, em que a reação subliminar não concorda de
modo algum com o código moral. Fui procurado certa vez por uma
senhora muito distinta – não só por sua conduta irrepreensível mas
também por sua atitude profundamente "espiritual" – por causa de
seus "malditos" sonhos. Mereciam realmente este adjetivo. Tinha
uma série de sonhos de profundo mau gosto que giravam em torno
de prostitutas, bêbados, doenças venéreas e coisas parecidas. Estava
horrorizada com estas obscenidades e não sabia explicar por que exatamente ela, que sempre lutava pelo mais sublime, era perseguida por
estas imagens infernais. Poderia ter perguntado também por que
acontecia que os santos eram submetidos às piores tentações. Aqui o
código moral desempenha o papel exatamente oposto – se é que desempenha algum papel. Longe de produzir exortações morais, o inconsciente se diverte aqui com a produção de todo tipo de imoralida-
des, como se tivesse em mente apenas o moralmente repulsivo. Experiências desse gênero são frequentes e habituais a tal ponto que o próprio Paulo confessou que não fazia o bem que queria e que praticava
o mal que não queria (Rm 7,19).

Dado o fato de que o sonho tanto exorta quanto seduz, torna-se   835
duvidoso se aquilo que nele aparece como juízo da consciência deve
ser considerado como tal ou – em outras palavras – se devemos atribuir ou não ao inconsciente uma função que se nos apresenta como
moral. É claro que podemos entender o sonho moralmente sem logo
pressupor que o inconsciente vincule a ele também uma tendência
moral. É mais provável que produza juízos morais com a mesma objetividade com que produz fantasias imorais. Este paradoxo ou con-

tradição interna da consciência já é conhecido de há muito pelos pesquisadores do assunto: ao lado da consciência "reta" existe uma "falsa" consciência que exagera, deturpa e transforma o bem em mal e vice-versa, exatamente como ocorre, por exemplo, com os célebres escrúpulos da consciência e com a mesma compulsão e os mesmos epifenômenos emocionais como na consciência reta. Sem este paradoxo, a questão da consciência não constituiria problema algum, pois seria possível, do ponto de vista moral, confiar totalmente na decisão da consciência. Mas como existe grande e justificada incerteza neste ponto, é preciso muita coragem ou – o que dá quase na mesma – fé inabalável, se alguém pretende simplesmente seguir a própria consciência. Normalmente obedecemos à nossa consciência até certo limite que é determinado previamente pelo código moral. Aqui é que começam os temíveis conflitos de deveres que geralmente são respondidos segundo os preceitos do código moral e poucas vezes são resolvidos por um ato individual de julgamento. Assim que não estiver mais apoiada no código moral, a consciência sucumbe facilmente a um ataque de fraqueza.

836   Devido ao alcance das prescrições tradicionais da moral, é quase impossível distinguir na prática entre consciência e estas prescrições. Por isso surgiu muitas vezes a opinião de que a consciência nada mais seria do que o efeito sugestivo dos preceitos morais e que ela simplesmente não existiria se não tivessem sido inventadas as leis morais. O fenômeno que chamamos "consciência" nós o encontramos em toda parte entre os homens. Quer alguém "sinta a consciência pesada" pelo fato de ter tirado a pele do animal com faca de metal ao invés de usar faca de pedra, como deveria proceder, ou pelo fato de ter abandonado em apuros um amigo a quem deveria ajudar, trata-se em ambos os casos de uma censura interna, de um "remorso". E, em ambos os casos, o desvio de um hábito inveterado, de longo uso, ou de uma norma de validade geral produz algo como um choque. Tudo que é incomum e não usual causa na psique primitiva uma reação emocional tanto mais forte quanto maior for a oposição a certas "representações coletivas" que acompanham quase sempre o comportamento traçado pelas normas. É próprio da mente primitiva enfeitar tudo e cada coisa com derivações e explicações míticas que devem servir de base. E também tudo que explicaríamos como simples acaso é enten-

Civilização em transição

191

dido pelo espírito primitivo como intencional e como influência mágica. Este entendimento não é "invenção", mas produto espontâneo da fantasia que aparece sem premeditação, de modo natural e involuntário; é uma reação inconsciente e arquetípica, própria da psique humana. Nada mais errado do que supor seja um mito "arquitetado". Chega a existir quase por acaso como se pode observar em todos os produtos autênticos da fantasia, sobretudo nos sonhos. A *hybris* da consciência psicológica, porém, quer que tudo derive do primado da consciência psicológica, quando se pode demonstrar que ela mesma provém de uma psique inconsciente mais antiga. A unidade e continuidade da consciência psicológica são aquisições tão recentes que persiste o receio de que possam perder-se novamente.

Também a reação moral é um comportamento primitivo da psique, enquanto as leis morais são resultados posteriores, com formulação rígida, do comportamento moral. Por causa disso parecem idênticas à reação moral, ou seja, à consciência. Este engano se desfaz no momento em que um conflito de deveres põe às claras a diferença entre o código moral e a consciência. Aqui se decide quem é o mais forte, se a moral tradicional e convencional ou a consciência. Devo dizer a verdade e, com isso, levar meu próximo a uma grande catástrofe, ou devo mentir para salvar uma vida humana? Em casos como esses não seguiremos a consciência se nos aferrarmos ao preceito "Não deves mentir". Observamos apenas o código moral. Se, no entanto, obedecermos ao juízo da consciência, estamos sozinhos e damos ouvidos a uma voz subjetiva, não sabendo em quais motivos ela se baseia. Ninguém garante que ela só possui motivos nobres. Conhecemo-nos bem demais para nos iludirmos que somos cem por cento bons e não egoístas até os ossos. Em nossas ações, que supomos serem as melhores, está sempre o demônio por trás de nós batendo paternalmente em nosso ombro e sussurrando: "Isto foi o máximo!"

Donde retira sua justificação a verdadeira e autêntica consciência que se sobrepõe ao código moral e não se submete aos ditames dele? O que lhe dá a coragem de achar que não se trata de uma "falsa" consciência, de autoilusão?

João (lJo 4,1) diz: "Examinai primeiro se os espíritos são de Deus". Esta recomendação podemos aplicá-la ao nosso caso. Desde épocas remotas, a consciência foi entendida por muitos não como função psíquica, mas como intervenção divina; seus ditames eram *vox Dei,* a voz de Deus. Esta concepção mostra o valor e a importância atribuídos a este fenômeno. A psicologia não pode desconsiderar esta valorização, pois também ela é um fenômeno bem autêntico que, necessariamente, deve vir à baila, se quisermos tratar psicologicamente o conceito de consciência. A questão da verdade que normalmente é posta aqui de modo não objetivo, isto é, se foi provado que o próprio Deus nos fala pela voz da consciência, nada tem a ver com o problema psicológico. A *vox Dei* é uma afirmação e uma opinião assim como a afirmação de que existe uma consciência. Todos os fatos psicológicos que não podem ser verificados com a ajuda de aparelhos e de métodos exatos das ciências naturais são afirmações e opiniões que, no entanto, têm realidade psíquica. É uma verdade psicológica a permanência da opinião de que a voz da consciência é a voz de Deus.

840   Uma vez, portanto, que a consciência em si não coincide com o código moral, mas é anterior a ele e o transcende em conteúdo e, como dissemos acima, pode também ser "falsa", a concepção da consciência como *vox Dei* pode constituir-se em problema bem delicado. Na prática, é muito difícil dizer exatamente onde termina a consciência "reta" e começa a "falsa", e qual o critério que distingue uma da outra. É novamente o código moral que assume a tarefa de saber precisamente o que é bom e mau. Mas, se a voz da consciência é a voz de Deus, deveria ter autoridade bem maior do que a moral tradicional. Quem, portanto, atribuir à consciência este valor, deveria confiar-se em tudo à determinação divina e seguir mais sua própria consciência do que voltar-se aos preceitos da moral convencional. Se o fiel confia absolutamente na sua definição de Deus como Sumo Bem, seria fácil obedecer à voz interior, pois estaria seguro de nunca ser levado ao erro. Mas, como no Pai-nosso sempre pedimos "não nos deixeis cair em tentação", fica abalada aquela confiança que o fiel deveria ter para, na escuridão de um conflito de deveres, seguir a voz de sua consciência sem olhar para o "mundo" e, talvez, agir contra as prescrições do código moral, "obedecendo mais a Deus do que aos homens" (At 5,29).

841   A consciência – não importa em que se baseie – exige que o indivíduo obedeça à sua voz interior, mesmo correndo o perigo de errar. Pode-se negar obediência a esta exigência invocando, por motivos

Civilização em transição 193

religiosos, o código moral, ainda que com a desagradável sensação de haver cometido uma deslealdade. Pode-se pensar do etos o que se quiser, mas ele é e continua sendo um valor interno. Lesá-lo não é brincadeira e pode acarretar sérias consequências psicológicas em certos casos. Estas são relativamente pouco conhecidas, pois são em pequeno número as pessoas que levam objetivamente em conta as relações psíquicas. A psique é uma das coisas sobre a qual as pessoas quase nada sabem pois ninguém gosta de informar-se sobre a própria sombra. A própria psicologia deve confessar sua culpa por ocultar as verdadeiras conexões causais. Quanto mais "científica" pretende ser, mais bem-vinda é a assim chamada objetividade, pois é um meio adequado de livrar-se dos componentes importunos e emocionais da consciência, apesar de estas representarem a dinâmica propriamente dita da reação moral. Sem a dinâmica emocional o fenômeno da consciência perde qualquer sentido; mas é este precisamente o objetivo inconsciente da assim chamada observação "científica".

A consciência é em si um fator psíquico autônomo. Nisto concordam todas as opiniões que não a negam diretamente. Neste sentido, a mais explícita é a concepção da *vox Dei*. É a "voz de Deus" que se contrapõe às nossas intenções subjetivas, interceptando-as, sem mais, e forçando uma decisão extremamente desagradável. Se o próprio Freud atribui ao superego um poder quase demoníaco, ainda que por definição não seja uma consciência genuína mas uma convenção e tradição humanas, não está exagerando de modo algum, mas apenas constata a experiência repetida do psicólogo prático. A consciência significa uma exigência que se impõe ao sujeito em geral ou, ao menos, lhe traz grandes dificuldades. Com isto não negamos que existam casos de falta de consciência. Afirmar que a consciência em si seja apenas algo aprendido, só pode fazê-lo quem imagina ter estado presente na pré-história, quando surgiram as primeiras reações morais. A consciência não é nem de longe o único caso em que um fator interno se opõe autonomamente à vontade do sujeito. Isto o faz todo complexo. E ninguém, em sã razão, pode dizer que o complexo foi aprendido e que ninguém o teria se não tivesse sido inculcado nele. Os próprios animais domesticados dos quais dizemos erroneamente não possuírem consciência têm complexos e reações morais.

842

194 Obra Completa — Vol. 10/3

843   A autonomia da psique cheira ao primitivo como algo demoníaco e mágico. Consideramos esta atitude perfeitamente normal no primitivo. Mas, estudando mais a fundo, percebe-se que também o homem culto de antigamente como, por exemplo, Sócrates, tinha ainda o seu *daimon* e que, naquela época, havia uma crença generalizada e natural em seres sobre-humanos que, segundo nosso conhecimento atual, eram personificações de conteúdos inconscientes projetados. Esta crença, em princípio, não desapareceu; permanece ainda sob diversas variantes, como, por exemplo, na concepção de que a consciência seja a voz de Deus ou no fato de que ela seja um fator psíquico muito importante, de tal forma que acompanha, segundo o temperamento, a função em geral mais diferenciada (por exemplo, a moral intelectual ou emocional). Ou ainda, quando a consciência aparentemente não desempenha nenhum papel, aparece indiretamente sob a forma de sintomas compulsivos. Em todas estas formas de manifestação, torna-se evidente o fato de que a reação moral corresponde a uma dinâmica autônoma que, de acordo com a conveniência, é chamada *daimon* do homem, gênio, anjo da guarda, "melhor ego", coração, voz interior e homem interior ou superior. Bem próximo a ela, isto é, ao lado da consciência positiva ou "reta", está a consciência negativa ou "falsa", chamada de demônio, sedutor, tentador, espírito maligno etc. Qualquer pessoa que examina sua consciência é confrontada com este fato e precisa conceder que o montante do bem só ultrapassa – se é que ultrapassa – no melhor dos casos, um pouco o do mal. Compreende-se assim perfeitamente o fato de São Paulo admitir seu "anjo de Satanás" (2Cor 12,7). Deveríamos evitar o "pecado" e às vezes o conseguimos, mas, conforme a experiência o mostra, no próximo passo nele reincidimos. Somente pessoas inconscientes e não críticas acham que podem permanecer em estado duradouro de bondade moral. Pelo fato de faltar-lhes autocrítica, o que predomina é a autoilusão. Uma consciência psicológica mais desenvolvida traz à luz do dia o conflito moral latente ou torna mais agudas as oposições já conscientes. Isto é razão suficiente para temer o autoconhecimento e a psicologia em geral, e para tratar a psique com menosprezo.

844   É difícil encontrar outro fenômeno psíquico que mostre com maior clareza a polaridade da psique do que a consciência. Se quiser-

Civilização em transição 195

mos entender alguma coisa sobre o assunto, só podemos explicar sua dinâmica evidente em termos energéticos, isto é, como um potencial baseado em opostos. A consciência traz estes opostos que sempre e necessariamente estão presentes à percepção consciente. Seria o maior erro pensar que poderíamos livrar-nos dessa polaridade, pois ela é um elemento indispensável da estrutura psíquica. Mesmo que pudéssemos eliminar a reação moral mediante treinamento, os opostos iriam servir-se de outro modo de expressão que não o moral. E apesar disso estariam presentes. Se a concepção da consciência como *vox Dei* for correta, surgirá logicamente um dilema metafísico: ou existe um dualismo e a onipotência divina é partida, ou os opostos estão contidos na imagem monoteísta de Deus, como, por exemplo, na imagem de Javé do Antigo Testamento que nos mostra aspectos moralmente opostos existindo lado a lado. A esta figura corresponde uma imagem unitária da psique que se baseia dinamicamente sobre opostos, como o cocheiro de Platão, com o cavalo branco e preto, ou temos que confessar com Fausto: "Duas almas moram em meu peito" que nenhum cocheiro humano consegue dominar, conforme o demonstra claramente o destino de Fausto.

A psicologia pode criticar a metafísica como sendo uma asserção humana, mas ela mesma não está em condições de fazer asserções desse tipo. Só consegue estabelecer que elas existem como uma espécie de exclamação, sabendo que nem esta ou aquela formulação são demonstráveis e, portanto, objetivamente justificadas, devendo, no entanto, admitir a legitimidade da afirmação subjetiva. Asserções desse tipo são manifestações psíquicas que fazem parte da natureza humana e não existe totalidade psíquica sem estas, mesmo que não lhes possamos atribuir mais do que validade subjetiva. Também a hipótese da *vox Dei* é uma exclamação subjetiva que significa em primeiro lugar uma acentuação do caráter numinoso da reação moral. A consciência é um fenômeno *mana*, isto é, a manifestação do "extraordinariamente operante", uma qualidade própria sobretudo das *representações arquetípicas*. Na medida em que a reação moral é apenas idêntica, na aparência, ao efeito sugestivo do código moral, pertence à categoria do *inconsciente coletivo* apresentando um padrão arquetípico de comportamento que atinge inclusive a alma animal. A experiência mostra que o arquétipo como fenômeno da natureza tem

845

um caráter moral ambivalente ou, melhor, não possui em si qualquer propriedade moral, isto é, é amoral, como acontece no fundo com a imagem já vista de Deus, e só adquire conotação moral através do ato do conhecimento. Assim Javé aparece como justo e injusto, bondoso e cruel, verdadeiro e enganador. Isto se aplica também ao arquétipo. Por isso é paradoxal a forma primitiva da consciência: queimar um hereje é, por um lado, ato meritório e piedoso como o próprio João Huss, segundo a tradição, teria reconhecido quando estava ele mesmo sob a fogueira, ao exclamar: "O sancta simplicitas" (Ó santa simplicidade); mas, por outro lado, é brutal manifestação do prazer infame e cruel de vingança.

846   As duas formas de consciência, a falsa e a certa, provêm da mesma fonte e possuem quase a mesma força de persuasão. Isto aparece também sob outros aspectos como, por exemplo, nas designações simbólicas de Cristo como lúcifer ("que traz luz"), leão, corvo (nyktikorax = corvo da noite, respectivamente), serpente, filho de Deus etc., designações que ele compartilha com satanás; ou na ideia de que o bondoso Deus-pai do cristianismo é tão vingativo que foi necessário o cruel sacrifício de seu filho para reconciliá-lo com a humanidade; ou na ideia de que o *summum bonum* tem a tendência de induzir em tentação uma criatura tão inferior e indefesa como o homem para assim responsabilizá-lo pela condenação eterna, se não conseguir a tempo perceber a armadilha divina. Diante desses paradoxos, insuportáveis para o sentimento religioso, gostaria de propor que a concepção da *vox Dei* fosse reduzida à hipótese do arquétipo que é compreensível e acessível a nós. O arquétipo é um padrão de comportamento que sempre existiu e que enquanto fenômeno biológico é moralmente indiferente, mas possui uma dinâmica impressionante mediante a qual consegue influenciar profundamente o comportamento humano.

847   O conceito de arquétipo foi tantas vezes mal entendido que é difícil falar dele sem que devamos explicá-lo sempre de novo. É derivado da variada e repetida observação de que, por exemplo, os mitos e contos de fadas da literatura mundial contêm motivos determinados que aparecem sempre e em todos os lugares. Estes mesmos motivos nós os encontramos nas fantasias, sonhos, delírios e alucinações do homem de hoje. Essas imagens e associações típicas são designadas

Civilização em transição

representações ou ideias arquetípicas. Quanto mais nítidas forem, tanto mais virão acompanhadas de tons sentimentais bem vivos. Isto lhes dá um especial dinamismo no âmbito da vida psíquica. São impressionantes, influenciam e fascinam. Têm sua origem no arquétipo que em si é uma forma irrepresentável, inconsciente e pré-existente que parece ser parte da estrutura hereditária da psique e que pode manifestar-se, por isso, como fenômeno espontâneo em qualquer lugar. De acordo com sua natureza instintiva, o arquétipo serve de base aos complexos de cunho afetivo e participa de sua relativa autonomia. O arquétipo é também o pressuposto psíquico das afirmações religiosas e determina o antropomorfismo das imagens de Deus. Mas isto não é razão suficiente para qualquer juízo metafísico, seja positivo ou negativo.

Segundo esta concepção, ficamos dentro dos limites do humanamente experimentável e cognoscível. A hipótese da *vox Dei* já não passa de tendência amplificadora própria do arquétipo, ou seja, as expressões míticas, características das experiências numinosas, que exprimem e também fundamentam este acontecimento. Com esta redução ao empiricamente palpável, não fica prejudicada sua transcendência. Quando alguém, por exemplo, era morto por um raio, o homem primitivo acreditava que Zeus havia atirado sobre ele uma seta do trovão. Em vez dessa dramatização mítica, contentamo-nos com a explicação mais modesta de que uma súbita descarga de tensão elétrica ocorreu, por acaso, exatamente no local em que estava o infeliz, debaixo de uma árvore. A parte fraca desse argumento é naturalmente o acaso, sobre o qual poderíamos dizer muitas coisas. No estágio primitivo não existem acasos desse tipo, mas apenas intencionalidades. 848

A redução do ato de consciência a uma colisão com o arquétipo é uma explicação aceitável em seu todo, mas é preciso levar em conta que o *arquétipo psicoide*, isto é, sua essência irrepresentável e inconsciente, não é apenas um postulado mas possui qualidades de ordem parapsicológica que agrupei sob o termo "sincronicidade". Com isto aponto para o fato de que, nos casos de telepatia, precognição e outros fenômenos inexplicáveis desse gênero, pode-se constatar muitas vezes também uma situação arquetípica. Isto deveria estar em conexão com a natureza coletiva do arquétipo, pois o inconsciente coletivo, ao contrário do inconsciente pessoal, é um só e o mesmo em toda 849 parte e em todas as pessoas, assim como todas as demais funções biológicas básicas ou todos os instintos são iguais nos membros da mesma espécie. Sem considerar a sincronicidade mais sutil, podemos observar precisamente nos instintos como, por exemplo, no instinto de migração, um sincronismo bem evidente. Mesmo que os fenômenos parapsicológicos, ligados à psique inconsciente, mostrem uma tendência peculiar de relativizar as categorias de espaço e tempo, ao inconsciente coletivo não cabe uma peculiaridade espaçotemporal. Consequentemente existe certa probabilidade de que uma situação arquetípica venha acompanhada de um fenômeno sincronístico como, por exemplo, em caso de morte, em cuja proximidade esses fenômenos são relativamente frequentes.

850 Assim como em todos os fenômenos arquetípicos, também no caso da consciência entra em consideração o fator da sincronicidade. Ainda que a voz da verdadeira consciência (e não apenas a lembrança do código moral) se levante no momento de uma constelação arquetípica, não é certo que a razão disso seja sempre uma reação moral subjetiva. Pode acontecer que alguém sinta a consciência profundamente má, apesar de não haver motivo plausível. Evidentemente há muitos casos que se explicam por falta de conhecimento e autoilusão, o que não impede haver também casos em que o fenômeno da má consciência se manifeste quando falamos com alguém desconhecido que tem todos os motivos para uma consciência má e, no entanto, está inconsciente disso. Vale o mesmo para o medo e outras emoções que se baseiam numa colisão com o arquétipo. Quando nos entretemos com alguém que "constela", isto é, que tem conteúdos inconscientes ativados, surge no nosso inconsciente uma constelação paralela, ou seja, é ativado um arquétipo igual ou semelhante. E, como se está menos inconsciente do que o outro, e não se tem motivos para repressão, fica-se cada vez mais presente ao seu tom emocional, o que se expressa na forma de uma consciência inconfortável que vai crescendo. Tem-se a tendência natural de atribuir a si esta reação moral, o que é bem fácil de acontecer, já que ninguém possui razão suficiente para gozar de consciência absolutamente boa. Mas, no caso em pauta, a autocrítica, louvável em si, vai longe demais. Descobre-se, no final da conversa, que a má consciência desaparece da mesma forma inexplicável que surgiu e, após algum tempo, torna-se cla-

Civilização em transição   199

ro que era o outro que deveria ficar consciente de sua má consciência. Como exemplos, temos casos como o descrito por Zschokke em seu *Selbstschau*: Em Brugg, o autor entrou num restaurante para almoçar. Diante dele estava sentado um jovem. De repente teve uma visão interior do jovem diante de uma escrivaninha arrombando a gaveta. Tirou de dentro dela o dinheiro que havia. Zschokke sabia inclusive o montante exato da quantia e estava tão certo do ocorrido que interpelou o jovem diretamente. Este ficou tão espantado com o conhecimento de Zschokke que confessou tudo na hora.

Esta reconstrução espontânea de um fato desconhecido pode exprimir-se num sonho noturno ou causar um sentimento consciente e desagradável porém inexprimível, ou ainda, dar ensejo a pensar num fato sem que se saiba a quem referi-lo. O arquétipo psicoide tem a tendência de comportar-se como se não estivesse localizado numa pessoa, mas como se estivesse agindo no espaço próximo ou mais afastado. Na maior parte dos casos, a transmissão do fato ou da situação se dá pela percepção subliminar de pequenos sinais de mal-estar. Os animais e os primitivos têm um sentido apurado para estas coisas. Mas esta explicação não serve para casos de conotação parapsicológica.

Experiências desse tipo são comuns sobretudo ao psicoterapeuta ou a alguém que muitas vezes tem oportunidade de conversar – profissionalmente talvez – com pessoas sobre assuntos íntimos delas e com quem não tem qualquer relacionamento pessoal. Mas disso não se pode concluir que todo medo da consciência, aparentemente subjetivo e infundado, seja causado pela pessoa com a qual se está falando. Esta conclusão se justifica apenas quando o componente de culpa, próprio e sempre presente, demonstra ser, após madura reflexão, explicação inadequada da reação. A distinção é muitas vezes assunto delicado porque – como no caso da terapia – os valores éticos não podem ser feridos nem por um e nem por outro lado, se não se quiser comprometer o resultado do tratamento. Mas o que vale para o processo terapêutico e nele se realiza é apenas um caso especial do relacionamento humano em geral. Assim que a conversa entre duas pessoas chega a coisas fundamentais, essenciais e numinosas, e se estabelece certa afinidade, surge o fenômeno que Lévy-Bruhl chamou, com muito acerto, de *participation mystique*. É uma identidade inconsciente em que as esferas psíquicas de ambos os indivíduos se interpene-

851

852

tram a tal ponto que se torna impossível dizer o que pertence a quem. Tratando-se de um problema de consciência, a culpa de um é a culpa do outro e, em princípio, não há possibilidade de quebrar esta identidade de sentimentos. Para isso é necessário um ato especial de reflexão. Entrei mais profundamente neste fenômeno porque desejava mostrar que nada de definitivo se pretende com o conceito de arquétipo e que, portanto, seria errôneo supor que a essência da consciência estivesse reduzida a "nada mais do que" o arquétipo. A natureza psicoide do arquétipo contém muito mais do que se pode incluir numa explicação psicológica. Ela aponta para a esfera do *unus mundus*, o mundo unitário, para o qual a psicologia, por um lado, e a física atômica, por outro, convergem por caminhos diferentes, produzindo, uma independente da outra, certos conceitos análogos e auxiliares. Ainda que o primeiro passo do processo cognitivo seja distinguir e separar, no segundo passo vai unir de novo o separado e só haverá uma explicação satisfatória quando se alcançar a síntese.

853 Por causa dessa última razão não pude ater-me exclusivamente à natureza psicológica da consciência, mas tive que levar em consideração também o aspecto teológico do fenômeno. Este não pressupõe que o ato de consciência seja *de per si* um assunto que possa ser tratado exaustivamente por uma psicologia racional, mas prioriza a afirmação da própria consciência de que ela é a *vox Dei*. Tal concepção não é uma artimanha do intelecto, mas, antes, uma primeira afirmação do próprio fenômeno; é um imperativo numinoso que desde remotas eras goza de maior autoridade do que a razão humana. O daimon de Sócrates não é a pessoa empírica de Sócrates. A própria consciência, quando olhada objetivamente, isto é, sem pressupostos racionais, comporta-se, em termos de exigências e autoridade, como um Deus e dá a entender assim que é uma *vox Dei*. Esta afirmação não pode ser ignorada por uma psicologia objetiva que deve incluir também o irracional. E não está de forma alguma atrelada à questão simplesmente irrespondível da verdade. Por razões epistemológicas, esta questão já se tomou obsoleta há muito tempo. O conhecimento humano deve contentar-se com a produção de modelos que correspondem à probabilidade. Mais do que isto seria presunção descabida. Assim como o conhecimento não é fé, também a fé não é conhecimento. Falamos aqui de coisas discutíveis, isto é, de conhecimentos,

Civilização em transição 201

e não de fé indiscutível que corta de antemão a discussão crítica. O paradoxo muitas vezes citado do "conhecimento pela fé" procura em vão construir uma ponte sobre o abismo que separa as duas coisas.

Quando a explicação psicológica apresenta a genuína consciência como colisão da consciência psicológica com o arquétipo numinoso, e se contenta com esta formulação, pode até ter razão. Mas tem que acrescentar logo que o arquétipo em si, isto é, sua natureza psicoide, não pode ser apreendido por ela. Em outras palavras, o arquétipo possui uma transcendência que compartilha com a substância desconhecida da psique em geral. A afirmação mítica da consciência de que ela é *vox Dei* é parte imprescindível de sua natureza enquanto fundamento de seu *numen*. Esta afirmação é um fenômeno tanto quanto o é a própria consciência. 854

Resumindo, gostaria de dizer que a consciência é uma reação psíquica que se pode denominar moral, porque aparece quando a consciência psicológica abandona a trilha dos costumes, da moral (dos mores), ou a ela recorre. Portanto, a consciência significa também, em primeiro lugar e na maioria dos casos individuais, uma reação a um desvio real ou suposto do código moral e corresponde, em grande parte, ao medo primitivo do não usual, não costumeiro e, portanto, não "moral". Uma vez que este comportamento é, por assim dizer, instintivo e, no melhor dos casos, apenas em parte resultado da reflexão, pode ainda assim ser moral, mas não pode ter a pretensão de ser ético. Esta qualificação ele só a merece se for reflexivo, isto é, se for submetido a um entendimento consciente. Isto só é possível quando surge uma dúvida fundamental entre dois modos possíveis de comportamento moral, portanto num conflito de deveres. Uma situação dessas só pode ser resolvida quando uma reação moral até então irrefletida for suprimida em favor de outra. Neste caso o código moral será invocado em vão e o intelecto judicante ficará na situação do burro de Buridan entre os dois feixes de capim. Aqui somente a força criadora do etos, que representa a pessoa inteira, pode dar a decisão final. Como todas as faculdades criativas do homem, também o etos emana de duas fontes: da consciência psicológica racional, por um lado, e do inconsciente irracional, por outro. O etos é uma instância especial daquilo que chamamos "função transcendental", ou 855

202 Obra Completa — Vol. 10/3

seja, um entendimento e cooperação entre os fatores conscientes e inconscientes, expresso na linguagem religiosa como a *razão* e a *graça*.

856 Não cabe à compreensão psicológica ampliar ou restringir o conceito de consciência. Na linguagem comum, "consciência" significa a certeza da existência de um fator que, no caso de "boa consciência", afirma ser uma decisão ou ato conformes à moral ou, em caso contrário, condena-os como "imorais". Esta concepção, derivada dos "mores" (costumes e usos) pode receber o nome de "moral". Dela se distingue a forma ética de consciência que aparece quando duas decisões ou modos de agir, ambos qualificados como morais e, portanto, considerados como obrigações, conflitam entre si. Neste caso, não previsto pela moral, que é mais individual, há necessidade de um julgamento que de fato já não pode ser qualificado de moral, isto é, conforme os costumes. Neste caso, a decisão não dispõe de costume em que possa basear-se. Ao que parece, o fator decisório da consciência aqui é outro: Não deriva do código moral tradicional, mas do fundamento inconsciente da personalidade ou da individualidade. A decisão é tirada das águas escuras das profundezas. É verdade que estes conflitos de deveres são resolvidos muitas vezes, e de modo bem cômodo, por decisões conformes ao código moral, isto é, pela supressão do oposto, mas nem sempre. Quando existe bastante escrúpulo, o conflito se resolve ao surgir uma solução criadora, produzida pelo arquétipo constelado, que possui tal autoridade impositiva que pode ser caracterizada com razão como *vox Dei*. A espécie de solução corresponde aos fundamentos mais profundos da personalidade bem como à sua totalidade que abarca coisas conscientes e inconscientes, mostrando-se por isso superior ao eu.

857 Quando examinados do ponto de vista psicológico, o conceito e o fenômeno da consciência apresentam duas situações distintas: de um lado, a lembrança dos e a admoestação pelos costumes (*mores*) e, de outro, o conflito de deveres e sua solução através da criação de um terceiro critério. Aquele é o aspecto moral e este o aspecto ético do ato de consciência.

XVII

O bem e o mal na psicologia analítica[*]

Quero agradecer profundamente ao professor Seifert pela exposição ampla com que nos brindou sobre o problema da sombra. Se devo acrescentar, conforme desejo dos senhores, alguma coisa a isto, será apenas sobre o aspecto puramente *empírico* do bem e do mal, aspecto com o qual o terapeuta se defronta no dia a dia.

858

Devo confessar que encontro dificuldades ao conversar sobre este tema com filósofos e teólogos. Parece-me que não falam sobre o assunto, mas apenas usam palavras e conceitos que significam ou interpretam o assunto. Facilmente nos deixamos cegar por palavras; a realidade toda nós a substituímos por palavras. Falam comigo sobre o bem e o mal pressupondo que eu saiba o que isto seja. Mas, eu não sei. Quando falamos de bom e mau então falamos daquilo que uma pessoa chama de bom ou mau, que ela experimenta como bom ou mau. Fala com grande segurança sobre o assunto, sem saber se isto realmente é assim ou se aquilo que chama de bom ou mau realmente corresponde aos fatos. Talvez a imagem que o falante tenha do mundo não corresponda aos fatos reais e o objetivo seja substituído por uma imagem subjetiva e interna.

858[a]

---

[*] Colaboração à discussão no encontro de final de semana do grupo de trabalho "Arzt und Seelsorger" de Stuttgart no outono de 1958. Texto trabalhado por Gebhard Frei, com base nas atas, e publicado em *Gut und Böse in der Psychotherapie*. Ein Tagungsbericht, Stuttgart, 1959. O editor Wilhelm Bitter escreveu no prefácio: "De todos os participantes, muito apreciadas foram sobretudo as extensas explanações do professor Jung que ia falando livremente como reação espontânea ao relatório do professor Seifert e às perguntas dos participantes".

204 Obra Completa – Vol. 10/3

859 Se quisermos entender uma questão tão complexa quanto o bem e o mal, é preciso partir do seguinte: Bem e mal são em si *princípios*; e princípios existem bem antes de nós e perdurarão depois de nós.

860 Falando de bem e mal, estamos falando concretamente de algo cuja qualidade mais profunda não conhecemos realmente. Depende do critério subjetivo algo ser vivenciado como mau ou culposo, bem como a magnitude e gravidade da culpa.

861 Provavelmente os senhores conhecem a história pitoresca de um confessor do Texas que atendeu a um jovem de rosto transtornado: "What's the matter?" (O que aconteceu?) – "Something terrible happened" (Aconteceu algo horrível). – "But what happened?" (Mas, o quê?) – "Murder" (Homicídio). – "How many?" (Quantos?). – Isto mostra como são diferentes as duas concepções do mesmo fato, da mesma realidade. Muitas vezes qualifico algo de mau sem ter a certeza de que seja realmente mau. Algumas coisas me parecem más quando na realidade não o são. Várias vezes já me aconteceu que, após a saída do paciente de meu consultório, tive vontade de arrancar os cabelos pois supunha ter sido injusto com ele. Achava que tinha sido rude ou de não lhe ter dado a orientação certa. Na próxima vez, vinha aquele paciente e dizia: "Foi uma consulta formidável. Era exatamente o que eu precisava ouvir". Também o inverso pode acontecer. Estou crente de que a consulta foi excelente, por exemplo uma interpretação feliz de um sonho – e fica provado depois que estava enganado.

862 Donde nos vem a crença, esta aparente certeza de que conhecemos o bem e o mal? "Sereis como Deus, conhecendo o bem e o mal"[1]. Só os deuses o sabem, nós não. Isto é extremamente verdadeiro, inclusive sob o ponto de vista psicológico. Se nossa atitude for esta: "Isto pode ser bem ruim – ou também não", então temos a chance de acertar. Mas se já temos certeza de antemão, então nos comportamos como se deuses fôssemos. Somos todos pessoas limitadas e não sabemos, concretamente bem no fundo, o que é bom ou mau neste caso. Só o sabemos abstratamente. Perscrutar cabalmente uma situação concreta é assunto do bom Deus. Podemos formar uma opinião mas sem saber se, em última análise, é válida. No máximo podemos afir-

---

1. Gn 3,5.

Civilização em transição 205

mar com prudência: segundo tais e tais critérios, isto ou aquilo é bom ou mau. O que ao nosso povo parece mau pode ser considerado bom por outro povo. Esta relatividade de juízos de valor se aplica também no campo da estética: uma obra de arte moderna pode representar para alguém um enorme valor, dispondo-se a pagar vultosa soma por ela; outra pessoa pode nem se interessar.

Apesar disso, não podemos simplesmente omitir-nos de formu- 863 lar juízos. Se afirmarmos ser bom o que realmente nos parece mau, o efeito é uma mentira. Se disser a um escritor: "O que você produziu é obra de mestre" e achar que não vale nada, isto é mentira. Talvez isto atue de modo positivo sobre o homem e ele se sinta lisonjeado. Mas só terá efeito realmente construtivo se der a uma pessoa o melhor, ou seja, um reconhecimento positivo que brota da convicção e que seja dado no momento certo. Quando damos uma opinião empática, estamos num estado emocional e, portanto, somos menos capazes de aplicar critérios válidos.

Minha posição diante desse problema é empírica, e não teórica 864 ou apriorística. Se o paciente vem ao terapeuta é porque está com algum conflito. Trata-se, então, de pôr a descoberto esta situação conflitiva, muitas vezes inconsciente e, sobretudo, de descobrir uma saída para o conflito. Talvez não haja outra possibilidade a não ser dizer cautelosamente: não se sabe exatamente o que está acontecendo. Parece ser isto ou aquilo – mas será que não existe outra explicação igualmente válida? A coisa parece a princípio negativa, mas depois se vê que isto fatalmente devia acontecer ao paciente. Direi no máximo: espero em Deus estar procedendo corretamente. Talvez se trate de uma situação de transtorno emocional excessivo, como diz Alberto Magno: *in excessu affectus*. Se prestarmos atenção, veremos que o bem e o mal são *principia* (princípios). "Princípio" vem de "prius", o que foi "antes", "no início". O último princípio concebível é Deus. Os princípios quando levados ao extremo são aspectos de Deus. O bem e o mal são princípios de nosso juízo ético; mas, levados à última raiz *ôntica*, são "princípios", aspectos de Deus, nomes de Deus. Se me chocar com uma situação ou acontecimento paradoxais *in excessu affectus*, numa situação de transtorno emocional excessivo, então me choco em última análise com um aspecto de Deus que não consigo julgar e dominar logicamente porque é mais forte do que eu, porque possui caráter numinoso e eu me encontro com o tremendo e o fascinante. Não posso "dominar" um numinoso, apenas manter-me disponível a fim de ser dominado por ele, confiando em seu significado. Um princípio é sempre algo superior, mais forte do que eu. Mesmo os menores princípios da física não os posso "dominar". Como simples dados estão diante de mim, acima de mim, "prevalecem". Aqui temos algo insuperável em ação.

865 Se, *in excessu affectus*, eu disser: "É um vinho ruim" ou "Este sujeito é um cachorro ordinário", dificilmente saberei se estes juízos são válidos. Outra pessoa poderá ter opinião bem diferente sobre o mesmo vinho ou o mesmo sujeito. Só conhecemos a superfície das coisas, só vemos a aparência – e aí precisamos ser modestos. Várias vezes me ocorreu que gostaria de ter eliminado uma tendência absolutamente prejudicial – ao menos assim me parecia – de um paciente, mas, examinando a coisa mais a fundo, ela estaria certa se a seguisse. Quero por exemplo impedir que uma pessoa corra risco de vida. Se tiver êxito, penso que prestei um serviço terapêutico. Mas, percebo depois – não tendo seguido meu conselho – que foi correto ela correr este risco. Surge então a pergunta: Não era necessário que corresse o risco? Se não tivesse ousado arriscar a vida talvez ficasse empobrecida de uma experiência de suma importância para ela. Jamais teria exposto sua vida e, por isso, também jamais a teria ganho.

866 Também na questão do bem e do mal nós, terapeutas, só podemos confiar estarmos vendo as coisas de modo certo, mas não se pode ter certeza absoluta. Enquanto terapeuta, não posso abordar, em casos concretos, o problema do bem e do mal de modo teológico ou filosófico, mas apenas de modo empírico. Sendo minha atitude empírica, isto não quer dizer que relativizo *em si* o bem e o mal. Sei muito bem: isto é mau, mas o paradoxo é que nesta pessoa, nesta situação concreta, neste determinado grau de seu amadurecimento isto pode ser bom. Por outro lado, também vale: o bom no momento errado e no lugar impróprio se torna o pior. Se assim não fosse, tudo seria muito simples demais. Se não fizer um juízo *a priori* mas escutar os fatos concretos, não sei de antemão o que é bom ou mau para o paciente. Muitas coisas se nos apresentam mas não conseguimos desvendar seu significado. Aparecem cobertas pelo véu da sombra e ocultas pela escuridão; só mais tarde a luz se projeta sobre o escondi-

Civilização em transição 207

do. O que no *Antigo Testamento* se manifestava "como sombra", no *Novo Testamento* se revelou na luz da verdade.

O mesmo se dá na psicologia. É presunção nossa poder dizer 867 sempre o que é bom ou mau para o paciente. Pode ser que algo seja realmente mau para ele, mas assim mesmo o faz, ficando então com a consciência pesada. Em sentido terapêutico, portanto, empírico, isto pode ser muito bom para aquela pessoa. Talvez tenha que experimentar e sofrer o mal em toda a sua força, pois só assim abrirá mão de seu farisaísmo com relação aos outros. Talvez o destino, o inconsciente ou Deus – deem o nome que quiserem – precisem dar-lhe uma lição e deixá-lo cair na lama, pois só uma experiência drástica vai "funcionar", vai tirá-lo um pouco de seu infantilismo e vai torná-lo um pouco mais maduro. Como experimentará alguém a necessidade de redenção se acha, em sua presunção, que não precisa ser redimido de nada? Uma pessoa enxerga seus lados sombrios, seu plano inclinado, mas desvia deles os olhos, foge, não se confronta, não entra em si, não tenta nada – e vangloria-se então diante de Deus, de si mesma e das outras pessoas de sua túnica que permaneceu branca e imaculada mas o que, na verdade, deve à sua covardia, regressão, angelitude e perfeccionismo. E, ao invés de envergonhar-se, posta-se bem na frente no templo, e diz: "Eu te dou graças por não ser como aquele ali..."[2].

Semelhante pessoa acha que está justificada porque sabe o que é 868 injusto e o evita. Mas consequentemente isto não se tornou conteúdo de sua vida concreta e não sabe do que deveria ser redimida. Mesmo o dito apócrifo: "Se sabes o que fazes, és abençoado; se não o sabes, és amaldiçoado"[3] só contém meia chance. Quem sabe o que faz quando pratica o mal tem uma chance de ser abençoado, mas enquanto isso está no inferno. Pois o mal, quando praticado, mesmo que praticado com consciência, é mal e não escapa de seus efeitos correspondentes. Mas, se a pessoa não tivesse trilhado este caminho, não tivesse dado este passo, talvez tivesse ocorrido uma regressão psíquica, um retrocesso no desenvolvimento interior, uma covardia infantil. Quem pensa que, pelo emprego do dito apócrifo, pelo "agir com

---

2. Lc 18,9-14.

3. HENNECKE, E. (org.). *Neutestamentliche Apokryphen*. Tübingen/Leipzig: Mohr, 1904, p. 11.

consciência", pode resguardar-se contra o pecado ou salvar-se, está enganado; ao contrário, afunda-se ainda mais no pecado. Isto é tão paradoxal que choca tremendamente o senso comum. A Igreja porém sabe disso quando (na noite da Páscoa) fala da "feliz culpa" dos primeiros pais. Se não tivessem pecado, não teria havido a feliz culpa que acarretou o grande milagre da salvação. Mas nem por isso o mal deixa de ser mal. Não há outra saída a não ser acostumar-se com esta ideia paradoxal.

869 Sem querer somos colocados, enquanto seres humanos, em situações em que os "princípios" nos enredam em grande confusão, em situações em que Deus deixa a nosso cargo sairmos delas. Às vezes aparece um caminho bem claro com a ajuda d'Ele, mas quando é para valer temos a sensação de completo abandono por parte de todos os bons espíritos. Em situações críticas, sempre falta ao herói sua arma; num momento semelhante, como é o caso da morte, somos confrontados com a crueza do fato. E não se sabe como chegamos a isto. Milhares de complicações do destino nos levam de repente a esta situação. Isto vem apresentado simbolicamente na luta de Jacó com o Anjo. Aqui a pessoa só pode apresentar-se a si mesma. É a situação em que se exige que reaja *como um todo*. Pode ser também que já não consiga ater-se às percepções da lei moral em vigor. Pode ser que então tenha início sua ética bem pessoal: no sério confronto com o absoluto, no trilhar de um caminho condenado pelas leis morais em vigor e pelos guardiães da lei. No entanto, a pessoa sente que talvez nunca estivesse sendo tão fiel a seu ser e vocação e, com isso, ao absoluto, porque só ela e o Onisciente veem a situação concreta pelo lado de dentro, ao passo que os julgadores e condenadores só a veem de fora.

870 Conhecemos a história do filho que atingiu a maioridade. O pai lhe disse: "Você agora tem vinte e um anos. As pessoas comuns seguem a Bíblia e o que diz o pároco. E para os mais inteligentes existe o código penal". Em outras palavras: Você está entregue à moralidade "oficial", civil e religiosa. Quando sua consciência colide com isso, começa a decisão pessoal e ética, com plena consciência da liberdade criadora de observar a lei moral ou não. Posso chegar, por exemplo, a uma situação em que deva mentir para proteger o sigilo médico. Seria futilidade recusar isto dizendo que somos uma pessoa "moral". Ao diabo com tal autorrespeito!

Civilização em transição 209

Digo isto para elucidar minha atitude prática. Não considero tarefa minha discutir isto em termos filosóficos. Para mim, trata-se de coisas práticas. É certo que o aspecto filosófico também me interessa, mas não me leva ao meu objetivo. A realidade do bem e do mal consiste em coisas, situações que acontecem, que ultrapassam nosso pensamento, em que a gente está, por assim dizer, diante da vida e da morte. O que me sobrevém nesta força e intensidade eu o experimento como algo numinoso, não importa se o designo como divino, demoníaco ou causado pelo destino. Está atuando algo mais forte, insuperável com o qual me confronto. A dificuldade está em que estamos acostumados a pensar estes problemas a ponto de ficarem claros como "dois mais dois são quatro". Mas na prática isto não funciona; não chegamos a uma solução, em princípio, de como devemos proceder. Querer isto é errado. É como nas leis da natureza que a gente acha serem válidas em toda parte. A moral tradicional é exatamente como a física clássica: uma verdade e sabedoria estatísticas. O físico de hoje sabe que a causalidade é uma verdade estatística. Mas no caso prático sempre procurará saber qual a lei aplicável a este caso. O mesmo se dá no campo da moralidade. Não podemos supor que tenhamos dito algo de validade absoluta quando opinamos num caso concreto: isto é bom, isto é mau. É certo que muitas vezes devemos pronunciar um julgamento, não dá para fugir. E pode acontecer que digamos inclusive a verdade, que acertemos na mosca. Mas considerar nosso julgamento simplesmente como válido seria disparate, seria querer ser como Deus. Mesmo quem pratica uma ação moral nem sempre estuda sua qualidade moral mais profunda, a soma dos motivos conscientes e inconscientes que a fundamentam. E muito menos quem julga a ação de outro, que só a percebe de fora, em sua aparência e não em seu ser mais profundo. Kant diz com razão que o indivíduo e a sociedade deveriam passar de uma "ética da ação" para uma "ética de convicção". Mas só Deus pode perscrutar a última e mais profunda convicção que está por trás da ação. Por isso, nosso julgamento sobre o que é bom ou mau concretamente deve ser muito prudente e hipotético, jamais apodítico como se pudéssemos ver claramente todos os fundamentos últimos. As concepções morais são muitas vezes tão divergentes quanto diverge nosso paladar do dos esquimós no tocante a guloseimas.

871

872   Pode-se objetar que o meu ponto de vista é extremamente empírico, mas é preciso que assim seja para encontrar uma solução. Quando observamos o comportamento das pessoas que se veem confrontadas com uma situação a ser avaliada eticamente, constatamos um duplo efeito bastante curioso: de repente ambos os lados se manifestam. Estas pessoas não apenas tomam consciência de sua inferioridade moral mas também de seu lado bom. E dizem com razão: "Também não sou tão abominável assim". Confrontar alguém com sua sombra significa também mostrar-lhe sua luz. Quando se experimenta algumas vezes o que significa estar na posição de julgador entre opostos, então a gente percebe com clara evidência o que se entende pelo próprio si-mesmo. Quem percebe ao mesmo tempo sua sombra e sua luz este se enxerga dos dois lados e, assim, *fica no meio*.

873   Este é o segredo da atitude oriental: a observação dos opostos ensina ao homem oriental o caráter do maia. Empresta à realidade o caráter de ilusão. Por trás dos opostos e nos opostos encontra-se a realidade propriamente dita – o que vê e abarca o *todo*. O hindu chama isto de atmã. A autorreflexão nos faz dizer: "Sou aquele que fala bem e mal", ou melhor: "Sou aquele pelo qual se diz que é bom ou mau. Aquele que está em mim, que diz os princípios, serve-se de mim como expressão. Ele fala através de mim". Isto corresponde ao que o homem oriental chama atmã, aquilo que, figurativamente falando, "respira através" de mim. E não só de mim mas de todos, ou seja, não é apenas o atmã individual, mas o atmã-purusha, o atmã geral, o "pneuma" que respira através de tudo. Usamos para isto a palavra "si-mesmo", em contrapartida ao pequeno eu. Do que ficou dito resulta claro que este si-mesmo não é apenas um "eu" mais consciente ou mais intensificado que expressões como "autoconsciente", "autocomplacente" etc. poderiam insinuar. O que aqui chamamos de "si-mesmo" não está apenas em mim mas em todos os seres, como o atmã e como o tao. *É a totalidade psíquica*.

874   Trata-se de um mal-entendido quando me acusam de ter criado um "Deus imanente" e, portanto, um "substituto de Deus". Sou empírico e como tal posso demonstrar empiricamente a existência de uma totalidade superior à consciência. Esta totalidade superior é percebida pela consciência como algo numinoso, como tremendo e fascinante. Enquanto empírico só me interessa o caráter experimental

Civilização em transição 211

dessa totalidade superior que, em si e considerada onticamente, é indescritível. Este "si-mesmo" nunca estará no lugar de Deus, mas talvez possa ser um *receptáculo* da graça divina. Este mal-entendido provém da suposição de ser eu um homem a-religioso que não acredita em Deus e a quem se deveria mostrar o caminho da fé.

Também na história espiritual da Índia sempre de novo aparecem tentativas de não identificar o atmã com um brama monisticamente entendido como, por exemplo, em Ramanuja que se opõe a Sankara ou no bhakti-ioga; e Aurobindo acha que o hindu progrediu tanto da inconsciência para a consciência que seu absoluto já não pode ter o caráter de simples força cósmica inconsciente e impessoal. Mas isto já não são questões do puro empírico. Como empírico, posso ao menos constatar que o homem oriental tanto quanto o ocidental são retirados do jogo do maia ou dos opostos pela vivência do atmã, do "si-mesmo", da totalidade maior. Ele sabe que o mundo é formado pelo claro e pelo escuro. Só posso dominar esta polaridade na medida em que me libertar dela pela contemplação de ambos os opostos e, assim, atingir a posição do meio. Somente nesta posição não estarei mais submetido aos opostos. 875

Não temos uma visão correta do Oriente. De lá provém a pergunta humorística: Quanto tempo leva alguém no caminho da salvação se amar a Deus ou se o odiar? Esperamos que, em princípio, levaria mais tempo quem odiasse a Deus. Mas o hindu responde: Quem ama a Deus leva sete anos e quem o odeia, apenas três. Pois quem odeia a Deus pensa mais nele. Que sutil infâmia! Mas a pergunta é absolutamente correta no modo como foi colocada. É uma pergunta humorística que pode ser formulada para um público culto, não para um camponês inculto. 876

Esta história me faz lembrar algo que vi no Ceilão. Dois camponeses, montados em suas carroças, se encontraram numa estrada muito estreita. Imagine-se o que teria acontecido aqui na Suíça onde somos pródigos em palavrões! Lá aconteceu o seguinte: Inclinaram-se um diante do outro e disseram: "Dificuldade passageira. Nada de alma (anatmã)". Isto quer dizer que a dificuldade só aconteceu externamente, no domínio do maia, não no campo da verdadeira realidade, onde não acontece nem deixa rastros. Parece quase inacreditável que isto tenha ocorrido com pessoas tão simples. É admirável. 877

Mas isto está tão arraigado nelas que acham esta atitude absolutamente normal. O mesmo foi observado por Richard Wilhelm. Viu dois rapazes que brigavam por causa de suas carrocinhas. Era uma verdadeira guerra de palavras. Esperava que a qualquer momento um partisse para cima do outro e que o sangue fosse voar pelos ares. Realmente um partiu na direção do outro, mas passou por ele e seguiu na direção da carrocinha; deu um pontapé na roda dela e, com isso, terminou a briga. Pessoalmente vi garotos brigando que avançavam um contra o outro de punhos cerrados, mas os punhos paravam no ar a alguns centímetros do rosto do adversário. Ninguém ficou ferido. Este é o resultado da educação dos garotos. Isto aconteceu no Ceilão onde predomina o velho budismo. É a educação moral que se tornou hábito, não havendo nada de realmente meritório.

878   E agora, senhoras e senhores, há alguma pergunta que queiram fazer? (Houve uma pergunta sobre o "diabo" e sua característica especial em face da realidade de hoje uma vez que toda época tem "seu" diabo.)

879   O diabo de nossa época é algo aterrador. Observando a situação atual, não dá para dizer onde tudo vai parar. O desenvolvimento prosseguirá impreterivelmente. Todas as forças divinas que se encontram na criação são postas aos poucos nas mãos do homem. Com a divisão nuclear algo terrível aconteceu; algo terrível foi colocado sob o poder do homem. Quando Oppenheimer viu o primeiro teste da bomba atômica, ocorreram-lhe as palavras do *Bhagavadgita*: "...mais ofuscante do que mil sóis". As forças que sustentam o mundo caem nas mãos do homem que, inclusive, pensa em criar um sol artificial. São forças divinas que vieram às nossas mãos, nossas mãos humanas tão frágeis. Isto é inconcebível! Trata-se de forças que não são más em si, mas nas mãos de pessoas más são um perigo terrível. E diria alguém ainda que o mal não é uma realidade no mundo em que vivemos? O mal é uma realidade tremenda! E assim o é na vida de cada indivíduo. Se considerarmos o *princípio* do mal como *realmente* existindo, também podemos chamá-lo de "diabo". Pessoalmente acho difícil aceitar como válida a ideia da *privatio boni* (o mal como sendo apenas a *privação do bem*). (Uma pergunta prática: O que deve fazer o psicoterapeuta? Deve indicar ao paciente como lidar com o mal, ou deve aconselhá-lo a encontrar por si próprio o caminho?)

Civilização em transição   213

Esta pergunta é uma tentação para eu fixar alguma regra. Mas   880
prefiro sugerir. Faça uma coisa e outra; em seu tratamento terapêutico não assuma uma posição apriorística, mas veja em cada caso o que
a situação concreta exige. Esta é sua única atitude *a priori*. Pode ser
que um paciente esteja ainda tão inconsciente que é impossível tomar
qualquer iniciativa em relação a seu problema. O paciente ainda se
identifica com seu inconsciente como um psicótico, considerando o
médico como doido, ao invés de entender sua própria situação interna. Se você disser, por exemplo, a uma mãe totalmente inconsciente,
uma espécie de Kali Durga, mas que se considera a melhor mãe do
mundo, que é a culpada pela neurose da filha mais velha e pelo casamento infeliz da filha mais nova – você pode preparar-se para ouvir!
E o pior é que a paciente não aceita ajuda. É preciso que antes de mais
nada cresça algo no interior dela. Outro paciente chegou a certa
consciência e espera do terapeuta uma orientação. Seria falta grave
não dar a ele sua opinião. É preciso dizer a coisa certa, na hora certa e
no lugar certo.

Não se deve olhar o paciente como um ser inferior que fica deita-   881
do num sofá enquanto a gente assume, ao lado, a posição de um deus
que vez por outra solta uma palavra. Também se deve evitar tudo que
possa sugerir alguma doença, pois o paciente tem tendência para isto
e gostaria de refugiar-se na doença: "... Agora desisto, só preciso dei-
tar-me, estou doente e acabado...". A doença também é uma espécie
de solução para os problemas vitais: "Agora estou doente: o médico
precisa ajudar". O terapeuta não pode ser ingênuo. Quando o paciente não precisa deveras ir ao leito, deve-se tratá-lo como pessoa normal ou, por assim dizer, como um parceiro. Isto fornece a base sadia
de onde parte o tratamento. Muitas pessoas vêm a mim esperando
que eu liberte um feitiço medicinal. Ficam decepcionadas quando as
trato como pessoas normais e eu mesmo me comporto como pessoa
normal. Uma paciente, em outro consultório, só havia experimentado um "deus calado" atrás de seu sofá. Quando comecei a falar com
ela, ficou espantada: "Mas o senhor demonstra emoções, o senhor
manifesta inclusive sua opinião". Naturalmente, tenho emoções e as
manifesto também. Nada é mais importante do que isto: Deve-se
considerar toda pessoa realmente como pessoa e tratá-la de acordo
com suas peculiaridades.

882   Costumo dizer aos jovens terapeutas: "Aprendam o máximo, saibam o máximo e, depois, esqueçam tudo quando chegarem ao paciente". Ninguém é bom cirurgião pelo fato de saber de cor um livro sobre o assunto. Mas corremos hoje o perigo de toda a realidade ser substituída por palavras. Isto leva àquela falta de instinto da pessoa de hoje, sobretudo da pessoa que mora na cidade. Falta contato com a natureza que cresce, vive e respira. A pessoa sabe o que é um coelho ou uma vaca através de livros ilustrados, enciclopédias ou televisão. E pensa que conhece realmente, mas fica admirada quando mais tarde descobre que o estábulo "fede", pois isto não estava na enciclopédia. O perigo é semelhante no diagnóstico de pessoa que sofre. Sabe-se que esta doença foi tratada pelo autor X, no capítulo 17 de seu livro – e acha-se que o mais importante aconteceu. Mas o pobre paciente continua sofrendo.

883   Fala-se muitas vezes em "vencer o mal". Mas será que temos a "força" necessária para vencê-lo? É preciso lembrar, em primeiro lugar, que bom e mau é apenas nosso julgamento em determinada situação ou, dito de outro modo, que certos princípios tomaram conta de nosso julgamento. Por isso não é possível muitas vezes falar de vencer o mal através de nós, porque estamos numa situação de não liberdade ou numa aporia, isto é, ambas as coisas não são boas, quer sejam feitas assim ou assado. O importante é sentir que estamos neste caso numa situação numinosa, rodeados por Deus de todos os lados, que pode provocar isto ou aquilo e realmente o faz. No Antigo Testamento há exemplos de sobra. Podemos lembrar também o mal que aconteceu a Teresa de Ávila: Ao atravessar um riacho, a charrete quebrou e ela caiu na água gelada. "Senhor, como pudeste permitir isto?" – "Bem, é assim que trato meus amigos". – "Então é por isso que tens tão poucos". Teresa está envolvida numa situação em que lhe ocorreu um mal – e, neste caso, um mal físico. Não sabe como "ordená-lo", mas percebe nele também a presença imediata de Deus. Sobrevêm então à pessoa "princípios" ou "forças primordiais" que a colocam numa situação numinosa em que não existe uma solução puramente racional e em que a pessoa não se sente o "autor" e senhor da situação, mas sente Deus como "autor". Ninguém pode prever o que acontece então. Muitas vezes não sabemos dizer como se resolve nestas situações o problema do bem e do mal. Dependemos de poderes mais altos.

Civilização em transição

Quando se apresenta praticamente este problema na análise, talvez eu diga: Bem, vamos esperar com paciência e ver se os sonhos revelam algo ou se os poderes mais altos vão interferir através da doença ou da morte... em todos os casos, não decidam de imediato. Não somos Deus. 884

Na conscientização da sombra é preciso ter muito cuidado para que o inconsciente não pregue outra peça impedindo uma autêntica confrontação com a sombra. Pode ser que um paciente veja rapidamente o escuro dentro de si, mas no mesmo instante diga para si mesmo que isto não é importante, que é tudo bagatela... Ou ainda: Um paciente exagera o remorso porque é maravilhoso ter um remorso tão "belo", degustá-lo como uma cama quentinha em manhã de inverno quando seria preciso levantar-se. Esta deslealdade, este não querer ver faz com que não aconteça o confronto com a própria sombra. Se houvesse o confronto, poderia ocorrer que, junto com a conscientização, viessem à luz também o bom e o positivo. Precisamos, porém, estar atentos à mania de enredar-se em certos afetos: remorso, melancolia etc. São coisas enganosas. É possível a pessoa orgulhar-se de, por exemplo, ter grande compaixão. Por isso as pessoas gostam de peças teatrais, filmes ou oradores que as levem às lágrimas porque aí saboreiam sua própria comoção. 885

Nesta palestra apareceu uma vez a palavra "esotérico". Fala-se, por exemplo, que a psicologia do inconsciente leva a uma ética esotérica. Mas é preciso tomar cuidado com esta palavra. Esoterismo é o mesmo que ciência oculta. As coisas realmente ocultas não as conhecemos e nem as conhecem os assim chamados esotéricos. Os esotéricos – ao menos antigamente – não deviam revelar seus mistérios. Aliás, os verdadeiros mistérios não se *pode* revelá-los. Também não se pode "fazer esoterismo" com os verdadeiros mistérios porque ninguém sabe o que são. Os chamados mistérios esotéricos são na maior parte das vezes mistérios forjados e não verdadeiros. O homem necessita de mistérios e, por não ter noção alguma dos verdadeiros, forja alguns artificiais. Os verdadeiros lhe sobrevêm a partir da profundeza do inconsciente, de modo que talvez revele coisas que deveria guardar em segredo. Também aqui encontramos o caráter numinoso da realidade recôndita. Não somos nós que temos mistérios secretos, são os verdadeiros mistérios que nos têm. 886

XVIII

Prólogo aos "Estudos sobre a psicologia de C.G. Jung", de Toni Wolff[*]

887   Com este prólogo pago uma dívida de gratidão. A autora dos ensaios aqui publicados esteve ligada a mim e às minhas obras, por laços de amizade e colaboração, durante quarenta anos, até sua morte inesperada em 1953, com 65 anos de idade. Participou ativamente de todas as fases de evolução da psicologia analítica e devemos a ela a expressão "psicologia dos complexos". Sua colaboração não se limitou ao aperfeiçoamento de métodos práticos ou a formulações teóricas que foram publicados, mas dedicou-se também, por mais de quarenta anos, a uma "experiência secreta" em psicologia de grupos, ou seja, da vida do Clube de Psicologia de Zurique.

888   Este pequeno grupo de trinta a setenta pessoas, fundado em 1916, deveu sua origem à inevitável constatação de que a terapia analítica individual (incluindo o método "psicanalítico") representa um processo dialético entre dois indivíduos e, portanto, necessariamente garante resultados unilaterais sob o ponto de vista coletivo-social. A personalidade individual do analista é apenas uma das infindas possibilidades de adaptação que a vida não só propicia, mas também exige. Mas também não é assim que a análise signifique discussão entre dois indivíduos que, no fundo, seria uma incomensurabilidade sem esperança, ou nada mais do que simples aproximação de dois indivíduos. A personalidade humana não é apenas individual, mas também coletiva e de forma tal que o indivíduo representa, por

---

[*] WOLFF, T. *Studium zu C.G. Jungs Psychologie*. Zurique: Rhein-Verlag, 1959.

Civilização em transição 217

assim dizer, menoridade oprimida. Toda pessoa dita normal representa o gênero *homo sapiens* e pode servir de parâmetro das *rerum humanarum* (coisas humanas) ou de exemplo do comportamento humano. Por isso grande parte do trabalho analítico acontece em esferas que são comuns a todas as pessoas ou, ao menos, a muitas e podem dispensar a discussão sobre as diferenças individuais. Quanto mais tempo a discussão é intencionalmente limitada ao comum, ao coletivo e ao médio, ou seja, a pressupostos teóricos, tanto mais próximo se está do perigo da *opressão individual*.

Graças à sua grande inteligência e ao apurado sentimento psicológico, igualmente genial, percebeu a autora bem cedo a extraordinária dimensão desse problema psicoterapêutico e a ele se dedicou com afinco. Durante muitos anos foi presidente do Clube tendo, assim, oportunidade ímpar de reunir experiências sobre a psicologia de grupos. É no grupo que acontecem os fatos que nunca são constelados a um indivíduo e que podem até ser suprimidos sem querer. Um analista homem, por exemplo, jamais pode constelar aquelas reações que a mulher manifestaria se estivesse no lugar dele. Estas modalidades de comportamento ficam latentes, isto é, só aparecem quando não há um olho crítico separando o joio do trigo. Na melhor das hipóteses, ficam no ar como especulações teóricas; não são experimentadas como realidades e, por isso, não podem ser reconhecidas em si. Só o que por experiência própria se tornou consciente ao analista pode ser objeto de discussão psicológica. Assuntos de outra ordem que poderiam ser apresentados pelo paciente, suposto que tenham chegado à sua consciência, esbarram na inconsciência do analista neste ponto especial. Se conseguir renunciar à sua autoridade neste caso, pode acontecer que compense sua falta de experiência pela experiência do outro. O perigo está em que oponha à realidade psicológica algum teorema esquemático porque seu medo do sentimento de inferioridade não lhe permite reconhecer seu defeito. Este perigo é muito grande para o médico, pois dele sempre se espera autoridade. Por isso acontece facilmente que o analista já não consiga manter o equilíbrio entre a prevenção teórica e a aceitação não crítica e distinguir entre resistência justificada e injustificada por parte do paciente.

889

Esta questão muito importante na prática levou a autora a prestar especial atenção aos modos típicos de comportamento, sobretudo

890

das mulheres. Como sabem os entendidos, esta tipificação não se destina a ser usada por uma classificação estatística, mas visa a compreender e intuir a estrutura dos diversos modos de comportamento normal. Estas são formas típicas de reação cuja existência é justificada e que não devem ser consideradas patológicas só porque o analista pertence a outro tipo. Por isso a tipificação deve ser em primeiro lugar uma ajuda à crítica psicológica do conhecimento. A psicologia empírica é tão rica que podemos estabelecer centenas de critérios de tipificação, sem atribuir a nenhum deles valor especial, a não ser que seja um critério muito geral e evidente. O grande valor disso tudo é a atitude crítica que previne a pessoa de colocar seu próprio preconceito como critério da normalidade, o que, infelizmente, acontece com frequência. Diz-se, por exemplo: a extroversão é normal, mas a introversão é autoerotismo patológico.

891   O estudo das dificuldades que ocorrem num grupo forneceu à autora um rico material empírico do qual fez bom uso. Da mesma forma que o indivíduo, o grupo é influenciado por muitos fatores típicos como o ambiente familiar, a sociedade, a política, a cosmovisão, a religião etc. Quanto maior o grupo tanto mais funciona nele a pessoa como ser coletivo, e isto é tão forte que pode rebaixar a consciência individual até o autoesquecimento; e acontece com mais facilidade em indivíduos com pouca personalidade individual e com pouco conteúdo espiritual. Por isso o grupo e tudo o que o constitui cobrem a falta de individualidade genuína, assim como os pais suprem tudo que falta aos filhos. Neste sentido, o grupo atua de modo sedutor pois nada é mais fácil do que perseverar no caminho infantil ou, inclusive, voltar a ele. Só fica imune a isto quem sabe conquistar sua própria personalidade.

892   As experiências com grupos sempre confirmaram que o grupo leva, qual desvio sutil, para a imitação e dependência prometendo livrar as pessoas do doloroso confronto consigo mesmas. As pessoas ainda não se dão conta de que o destino as atingirá de qualquer forma, seja direta ou indiretamente. Um Estado que nos protege contra tudo também nos tira tudo que torna a vida gostosa de ser vivida. É chover no molhado apontar as vantagens sociais da vida em grupos ou a proteção indispensável e vital oferecida pela sociedade. Todos estão convencidos disso. Contudo, ninguém gosta de lembrar aberta-

Civilização em transição   219

mente os efeitos negativos da vida em grupos e nem ousa fazê-lo,
pois, assim, poderia vir à tona o temido problema do autoconhecimento e da individuação. No campo do tratamento analítico que
procura ser um entendimento psicológico entre dois indivíduos, co-
loca-se a odiosa pergunta: Qual é a minha e qual é a tua identidade?

A resposta exige um exame cuidadoso de conteúdos, sentidos e   893
valores, além do coletivo "teria que" e "deveria". A tarefa principal é
a reflexão sobre a essência do individual, pois ninguém pode aproximar-se da sua autonomia sem ter consciência de sua singularidade. A
crença em leis gerais faz do homem nunca mais nada além de um ser
coletivo quando, na verdade, é um indivíduo diferente dos outros e
deveria, portanto, estar também de posse de uma consciência individual. Sem a respectiva posse física e psíquica persiste o perigo de a
pessoa submergir no coletivo. Como isto se opõe à sua característica
necessidade biológica de desenvolver uma consciência individual e
diferenciada, podem ocorrer efeitos prejudiciais sob vários aspectos.

Quanto mais "científica" pretende ser a educação, mais se orien-   894
ta por leis gerais e mais impede o desenvolvimento individual da criança. Um desses princípios gerais soa assim: "Deve-se levar em conta
a individualidade do aluno e protegê-la".

Este princípio, tão louvável em si, transforma-se na prática em   895
absurdo, se as inúmeras peculiaridades dos alunos não se diferencia-
rem através da confrontação com os valores coletivos. Se não for este
o caso, só se estarão protegendo e desenvolvendo peculiaridades,
sem considerar se elas serão proveitosas ou prejudiciais à criança em
sua vida social no futuro. Nega-se a ela a importante experiência de
que as peculiaridades não são válidas sem mais. A distinção e valorização das peculiaridades exigem muito tato, experiência e senso de
valor por parte do pedagogo, a fim de que nosso princípio básico,
mencionado acima, possa realizar-se sem prejuízo para o aluno. Existe o perigo de que a aplicação muito geral desse princípio forme indi-
vidualistas inadaptados, ao invés de indivíduos capazes de adaptação.
No primeiro caso, comanda um eu intolerante; no segundo, o eu conhece a existência de fatores que são iguais ou mesmo superiores à
sua vontade própria.

As peculiaridades não constituem mérito nem presente valioso   896
da natureza. São um simples "estar aí" que só adquire importância

quando a consciência refletir sobre isto, valorizá-lo e submetê-lo a uma decisão ética. A autoridade indispensável para tal desenvolvimento é representada pelo educador. Deve-se pressupor que ele seja realmente esta autoridade. Mas, para isto, é necessário que tenha realizado o ato do autoconhecimento e reconheça a autoridade. Caso contrário, as crianças logo descobrirão que o professor apenas fala, mas não é. Só tem direito a peculiaridades quem lutou por elas; e só na medida em que as tiver conquistado, terá autoridade, isto é, independência e individualidade. Estas qualidades não se conseguem jamais através de ganância mimada e indulgente.

897 Parece que esses lugares-comuns pedagógicos em muitos lugares caíram no esquecimento. A ignorância neste aspecto se afigura como a principal causa do aumento assustador da criminalidade juvenil. Uma vez que ninguém é educado por preceitos gerais, dando rédea solta às peculiaridades, o jovem perde qualquer noção de autoridade e o indivíduo cai vítima do seu caos interno de valores indiferenciados. O desenvolvimento de sua personalidade chega a um ponto de estagnação, sente-se oprimido e roubado em suas peculiaridades. Paradoxalmente resulta daí que a juventude busca sua identidade, chegando mesmo à prática de delitos para conseguir pela força uma identidade própria e irrevogável. É um fenômeno coletivo de protesto contra todos os planos niveladores da assim chamada cosmovisão científica e contra a destruição das forças instintivas e emocionais dela resultantes.

898 O valor espiritual e moral de um grupo corresponde à média dos valores dos membros individuais. Se forem imprestáveis os valores, não adianta qualquer ideal do grupo. Por isso as experiências no grupo sempre remetem à pergunta acerca do valor do indivíduo e de seu desenvolvimento.

899 O interesse da autora dos presentes trabalhos vale muito para a pergunta sobre os conteúdos psicológicos do indivíduo como tal e para a discussão deles, a fim de intensificar a consciência. O específico de uma discussão desse gênero – e que muitas vezes é estranho ao leigo – consiste em não ser ela filosófica, no sentido tradicional, mas psicológica. Isto significa que ela considera os valores afetivos e emocionais do indivíduo não buscando seu objeto num mundo conceitual, abstrato e geral, mas na vida do dia a dia, ou seja, nas experiências,

Civilização em transição   221

sonhos e fantasias do indivíduo. A discussão procura colocar certa
ordem neste caos de detalhes desconexos e incompreendidos para
que as conexões desconhecidas cheguem à luz da consciência; isto
evidentemente enquanto for possível com a ajuda da compreensão
atual e de nossa possibilidade de compreender. É óbvio que esta atividade terapêutica não é nenhuma filosofia no sentido hodierno da palavra, ainda que os não familiarizados com o material psicológico
sempre de novo incorram no erro de confundir os termos puramente
empíricos e pragmáticos da psicologia com conceitos filosóficos ou
até com afirmações metafísicas.

A autora votou a esta questão um interesse digno de nota. Para o   900
entendido na matéria, suas proposições são extremamente informati-
vas e estimulantes. Inclusive ao leigo instruído ensinam muitas coisas
sobre as quais o especialista tem pouco a dizer. São respostas a questões que atingem mais a psique do homem comum do que as respostas do especialista acadêmico. Considerando a objetividade de seu
trabalho científico, o especialista faz bem em excluir valores emocionais e sobretudo reações subjetivas e excursões em campos vizinhos –
nos quais ele também é leigo. Mas o psicólogo estaria mal orientado
se não considerasse as conexões emocionais e analogias afetivas que
são os elementos da vida psíquica. Para traçar um quadro pertinente
da verdadeira riqueza relacional dos acontecimentos psíquicos, deve
sublinhar exatamente aqueles aspectos que o especialista mantém cuidadosamente afastados de sua mesa de trabalho. Por isso, uma psicologia empírica de natureza complexa terá lugar muito difícil no mundo dos especialistas. Enquanto o especialista, baseado em princípios
gerais, dá maior importância a uma concepção mais exata e precisa
de mínimos e máximos detalhes, o caminho do psicólogo empírico
começa num campo bem limitado, onde ele é o único especialista, ou
seja, naquilo que aprendeu por si mesmo. Às vezes encontrará sérias
dificuldades para superar os preconceitos de que esteja praticando
"psicologia". Se possuir verdadeira aptidão neste sentido, cedo des-
cobrirá que está cercado de um número de especialistas semelhantes
que também têm preconceitos e, como ele, estão inclinados a considerar seu preconceito pessoal como conhecimento psicológico de validade geral. Mas o conhecimento empírico é constituído de muitas
experiências individuais, feitas por observadores individuais, que

previamente se certificaram da identidade de seus métodos de observação bem como de seus objetos de observação. Os fenômenos da psicologia dos complexos só são acessíveis aos métodos experimentais em pequeníssima escala. Por isso temos que recorrer à descrição e só podemos explicá-los pela ampliação e comparação. Este procedimento é exatamente o contrário do que o especialista pretende: quer conhecer seu objeto na mais lídima essência, ao passo que o psicólogo que amplifica e compara, para entender sua particularidade irracional e aparentemente caótica e causal, deve encarar também as analogias óbvias, superficiais, externas e formalmente casuais, pois estas são precisamente as pontes para as associações psíquicas. Ele espanta tanto o filósofo que desconhece os anseios da psicologia por lhe parecerem filosofia inferior, como desagrada o especialista científico que não conhece a problemática psicoterapêutica por sua inexatidão e superficialidade de analogias "fantasiosas". O que deverá o psicólogo esperar então do teólogo cujas proposições considera blasfemamente como "afirmações", ou seja, como produtos psíquicos, no mesmo nível das afirmações de outras religiões que nada mais são do que falcatruas?

901   No sentido mais amplo, a terapia psicológica busca os valores que satisfazem a necessidade do homem atual de forma a não ser vítima da massificação destruidora. "Teria que" ou "deveria" são meios que há muito tempo perderam sua eficácia. Mas, para encontrar os meios corretos, precisamos conhecer o homem em sua realidade e totalidade, o que só é possível com a colaboração de todas as esferas de conhecimento que a ele dizem respeito.

902   Vários ensaios da autora testemunham seu esforço neste sentido. São exemplos instrutivos e práticos da luta da psicologia dos complexos de tampar o buraco que a invasão das ciências naturais abriu na educação superior do gênero humano.

Agosto de 1958
C.G. Jung

XXII

As complicações da psicologia americana[*]

Jamais ocorreria ao europeu ingênuo considerar a psicologia do   946
americano médio como especialmente complicada e, mesmo, sofisti-
cada. Ao contrário, impressiona-se com a simplicidade e transparên-
cia do pensar e agir americanos. Gosta de considerar os americanos
como gente ativa, prática e muito eficiente, concentrada num único
objetivo (isto é, o deus amarelo) e um pouco limitada por aquilo que
certos periódicos ingleses chamam de "Americana" – algo próximo
de mansa loucura: "Os habitantes das colônias têm propensão a serem um pouco esquisitos; basta ver nossos primos sul-africanos".

Por isso, ao dizer algo sério sobre os americanos e sua psicologia   947
peculiar, meu auditório europeu não fica propriamente chocado,
mas algo confuso e inclinado a desaprovar. Resta saber o que os americanos acham de minhas ideias.

Em 1909 fiz minha primeira viagem aos Estados Unidos. Tive aí   948
minha primeira impressão sobre o povo americano como um todo.
Antes disso só havia conhecido pessoas isoladas. Lembro-me que, ao
andar pelas ruas de Buffalo, encontrei centenas de trabalhadores saindo da fábrica. Como europeu ingênuo, falei ao meu companheiro:
"Não imaginava que houvesse tanto sangue índio em seu povo". "O
quê? Sangue índio? Aposto que não há uma gota sequer de sangue índio nesta multidão", disse ele. Retruquei: "Repare só no rosto deles.

---

[*] Escrito em inglês e publicado sob o título "Your Negroid and Indian Behavior", em
Forum, LXXXIII/4, 1930, p. 193-199. Nova York [Levemente retocado para a edição anglo-americana deste volume].

São mais índios do que europeus". Fui informado, depois, que a maioria deles era provavelmente de descendência escocesa, irlandesa e alemã, não tendo o menor traço de sangue índio nas veias. Fiquei surpreso e meio incrédulo. Posteriormente, percebi o ridículo de minha hipótese. Mas ficou-me a impressão da semelhança facial que os anos seguintes só fizeram aumentar. Segundo o professor Boas, ocorreram mudanças anatômicas sensíveis em muitos imigrantes americanos, mudanças já perceptíveis na segunda geração. Suas observações, porém, não foram aceitas por outras autoridades no assunto.

949   Conheci em Nova York uma família de imigrantes alemães que tinha três filhos nascidos na Alemanha e quatro na América. Estes eram inconfundivelmente americanos e aqueles tipicamente alemães. O europeu atento percebe algo, indefinido mas inegável, no aspecto global do nascido na América que o distingue do nascido na Europa. Não é tanto nas feições anatômicas mas no comportamento geral, físico e mental. Observa-se isto na fala, gestos, mentalidade, movimentos do corpo e em outras coisas mais sutis.

950   Quando voltei da América fiquei com a desagradável sensação de alguém que não chegou de forma alguma ao essencial. Confesso que fui incapaz de "identificá-la". Sabia apenas que existia uma diferença sutil entre o americano e o europeu, igual a que existe entre o australiano e o sul-africano. Pode-se fazer piada ou dizer coisas sábias sobre esta diferença, mas não se chega a matar a charada. Outra impressão ficou martelando em minha cabeça. Não havia percebido antes, mas ela voltava sempre de novo como todas as coisas de certa importância que ainda não foram compreendidas. Certa vez fui convidado para a casa de uma família da Nova Inglaterra, muito formal, cerimoniosa e de respeitabilidade quase assustadora. Parecia o meu país. (Há pessoas conservadoras e de alta respeitabilidade também na Suíça. Podemos até bater o recorde dos americanos neste sentido.) Havia garçons negros servindo à mesa. A princípio me senti como se estivesse almoçando num circo, olhei desconfiado os pratos querendo descobrir as impressões digitais daqueles dedos pretos. Pairava sobre a refeição uma solenidade para a qual não via razão alguma; supunha que era a excelência ou serenidade de um grande virtuose, ou algo semelhante, que vibrava na sala. Ninguém se atrevia a rir. Todos eram muito gentis e atenciosos. Finalmente, não pude aguentar mais

Civilização em transição
225

e comecei a contar piadas. Eram recebidas com sorrisos condescendentes. Mas não consegui aquela risada cordial e generosa que aprecio e admiro no americano. "Bem – pensei comigo – sangue de índios, caras de pau, mongóis camuflados, por que não chateá-los com algo chinês?" Contei então minha última história, aliás, uma bela história. Mal acabara de contá-la, ouvi atrás de minha cadeira uma risada das mais gostosas. Era um garçom negro. E era a verdadeira risada americana, aquela maravilhosa, incontrolada e legítima risada, mostrando dentes, língua, palato e tudo, talvez um pouco exagerada, mas certamente com menos idade do que sessenta anos. Como adorei aquele irmão africano.

Admito tratar-se de um incidente tão bobo que não consigo entender por que este fato ficou gravado na minha memória naquela época. Só mais tarde descobri o sentido disso, como também daquela outra impressão que tivera em Buffalo. 951

Muitas vezes nossas convicções têm origem bem simples. Por isso não tenho vergonha de confessar ao leitor como foi que minhas ideias sobre a psicologia americana surgiram. Aquelas duas pequenas ocorrências (a de Buffalo e da Nova Inglaterra) trouxeram como que numa casca tudo o que aprendi mais tarde, no curso de vinte e cinco anos, no trato com pacientes americanos. 952

A risada americana é impressionante. A risada é uma expressão emocional importante e aprende-se muito sobre o caráter das pessoas se observarmos atentamente seu modo de rir. Há pessoas que sofrem de uma paralisia do riso. É doloroso vê-las rir e o som de um matraquear guinchado, infeliz e comprimido deixa a gente quase doente. A América é um país que pode rir, e isto significa um bocado. Lá existe ainda um espírito de criança, emoções saudáveis e um relacionamento aberto com o semelhante. 953

Esta risada vem acompanhada de uma vivacidade incrível e grande facilidade de expressão. Os americanos são muito faladores. Mexericos e fofocas encontram guarida inclusive em jornais de grande envergadura. A conversa continua mesmo durante a leitura. O estilo da "boa" literatura americana é coloquial. Quando não é banal demais, é tão divertida e refrescante para nós europeus quanto a própria risada. Muitas vezes, porém, é simples conversa fiada, um barulho crepitante de grande formigueiro. 954

955   Um dos pontos altos do linguajar americano é a gíria. Longe estou de desgostar da gíria americana, ao contrário, sou grande fã dela. A gíria significa uma linguagem em evolução, uma coisa bem viva. Suas imagens não são metáforas desgastadas ou carcomidas, pálidos reflexos de épocas imemoriais ou convenções lisas, corretas e concisas, mas figuras cheias de vida contendo a vitalidade originária do solo que habitam e o sabor incomparável das condições locais, próprias de uma terra estranha e sem preconceitos de um novo país. Sente-se uma nova corrente de vida estranha fluindo através da velha linguagem inglesa, e não se sabe donde ela provém. Será que a causa é apenas o novo país? Duvido um pouco.

956   O modo de mover-se do americano mostra grande tendência ao relaxamento. Observando seu modo de andar, de usar o chapéu, de segurar o charuto, de falar, percebemos um ar de relaxamento. Numa conversa, ouve-se grande quantidade de vozes incontidas que o cercam de todos os lados. Há falta de certa compostura no modo de sentar-se, às vezes com prejuízo dos próprios móveis; e, aos domingos, passando pelas ruas, pode-se ver uma porção de pés descalços das pessoas sentadas nas janelas. Há uma tendência de andar com as juntas soltas, com um mínimo de inervação. Na fala, percebe-se este relaxamento numa inervação insuficiente do palato mole, responsável pela entonação nasal muito comum entre os americanos. O rebolar das ancas que podemos observar nas mulheres primitivas, e sobretudo negras, e o andar bamboleante do homem são coisas bastante comuns.

957   A característica mais divertida da vida americana é a abertura. Todos devem conhecer a todos e isto parece causar-lhes enorme prazer. Para um europeu da região central da Europa como eu, esta possibilidade americana de vida, a proximidade entre as pessoas, a ausência de sebes ou cercas em torno dos jardins, a crença na popularidade, as colunas de fofocas dos jornais, as portas sempre abertas das casas (pode-se ver da rua a sala de estar, o quarto de dormir, o pátio dos fundos e tudo o mais), a falta de defesa do indivíduo contra o ataque da imprensa, tudo isso é mais do que desagradável, é realmente aterrador. A pessoa é imediatamente engolida por uma onda quente e absorvente de desejo e incontinência emocional. Vê-se reduzida a uma partícula na massa, sem outra esperança ou expectativa do que os objetivos ilusórios de uma coletividade impaciente e excitada.

Nada simplesmente para sobreviver, e é só. E o mais esquisito é que e sente livre, apesar de a onda coletiva ser mais estranguladora do que qualquer raiz do solo europeu. Até a própria cabeça afunda. Há uma abertura total para as emoções da coletividade americana. Pode-se ver isso na impetuosidade e na corrida de cada dia, em toda espécie de entusiasmos, nas explosões orgiásticas e sectárias, na violência da admiração pública e na infâmia. A influência predominante das emoções coletivas invade tudo. Se possível, tudo seria feito coletivamente porque há uma resistência muito fraca às influências coletivas. É verdade que a ação coletiva é sempre menos penosa do que a iniciativa individual. O instante da ação coletiva tem maior repercussão do que o esforço individual, por mais concentrado, pois aquele faz com que as pessoas se esqueçam de si mesmas e nem pensem nos riscos. Mas, por outro lado, facilmente vai longe demais e coloca as pessoas em situações que a deliberação individual jamais teria escolhido. Isto tem uma grande influência de nivelamento sobre a psicologia das pessoas.

Pode-se observar isto sobretudo no problema sexual americano, 958 como ele evoluiu desde a guerra. Há uma tendência acentuada para a promiscuidade que se manifesta não só nos inúmeros divórcios mas também na liberação da geração mais jovem quanto aos preconceitos sexuais. Consequência inevitável é a deterioração do relacionamento individual entre os sexos. Um acesso fácil não desafia os valores do caráter e por isso também não os desenvolve, dando origem a sérios obstáculos para um entendimento mútuo mais profundo. Este entendimento, sem o qual não existe verdadeiro amor, só é alcançado superando-se todas as dificuldades inerentes à diferença psicológica entre os sexos. A promiscuidade paralisa todos esses esforços porque oferece oportunidades fáceis de fuga. E o relacionamento individual e torna muito supérfluo. Quanto mais predominarem uma assim chamada liberdade sem preconceitos e a fácil promiscuidade, tanto mais o amor se tornará banal e degenerará em interlúdios sexuais transitórios. Os desenvolvimentos mais recentes no campo da moralidade sexual tendem para o primitivismo sexual, a exemplo da instabilidade dos costumes morais dos povos primitivos onde, sob a influência da emoção coletiva, todos os tabus sexuais desapareciam na mesma hora.

228 Obra Completa — Vol. 10/

959 Toda a vida americana parece a de um grande acampamento ·
vida de cidade. Inclusive o menor povoado não quer ser vila mas pre
tende ser cidade. A cidade comanda todo o estilo de viver, mesmo n
campo. Parece que tudo é coletivo e padronizado. Visitando cert.
vez um assim chamado *camp* com aquela *country life* (vida de cam
po), um amigo que viajava comigo, também europeu, soprou ao me
ouvido: "Aposto que eles têm um livro que ensina como viver n
campo" e, dito e feito, lá estava ele na estante brilhando em seus ton
vermelho e amarelo.

960 O campo é realmente maravilhoso, quase divino, ainda com un
vago cheiro de eternidade não histórica e os adoráveis grilos que nã
têm medo do homem. Ainda não sabem, como certos navajos, que es
tão vivendo na América. E o sapo-boi coaxa de noite com sua vo
pré-histórica e ameaçadora. Lindas e imensas noites, e dias abençoa
dos com sol. Isto é realmente o campo e ninguém pode competir con
ele, muito menos aquelas pessoas apressadas, falando alto e andand
de carro. Elas não sentem o campo como o pele-vermelha; com ele
gente se sente bem porque está sob o encanto de sua terra e não n
topo dela. Ao menos aqui reina a paz de Deus!

961 Conheço bastante bem as nações-mães da América do Nort
mas se quisesse explicar, baseado na teoria da hereditariedade, com
os americanos que deles descendem adquiriram suas qualidades sur
preendentes, ficaria completamente perdido. Poder-se-ia supor qu
algumas dessas qualidades fossem produto do comportamento dc
antigos pioneiros ou colonizadores. Mas não sei como as qualidade
peculiares que mencionei acima têm algo a ver com o caráter dos pr
meiros colonizadores. Há hipótese melhor para explicar as peculiar
dades do temperamento americano. É que há muitos negros nos Esta
dos Unidos que são as figuras mais impressionantes. E alguns Estadc
têm predominância negra, fato que surpreende o ingênuo europe
que sempre acreditou que a América é um país de brancos. Não é u
país de brancos, é malhado, e nada se pode fazer quanto a isto.

962 O que existe de mais contagiante do que viver lado a lado co
um povo primitivo? Aconselho irem à Africa para ver o que acontec
Quando é tão óbvio que a gente tropeça nisso, recebe o nome de *goin
black*, tomar-se negro. Quando é menos óbvio, explica-se como ser
do "o sol". Na Índia, é sempre o sol. Na verdade é um *going blac*

Civilização em transição   229

atenuado, contrabalançado por um convencionalismo bem formal com suas subdivisões de honradez e devido respeito). Sob a pressão de todo este convencionalismo, as pessoas simplesmente secam, ainda que responsabilizem o sol. Para nós europeus, é mais fácil sermos pouco imorais ou, ao menos, um pouco relaxados porque não precisamos manter o padrão moral contra o forte contrapeso da vida primitiva. O homem inferior exerce grande atração porque fascina as camadas mais baixas de nossa psique que, por incontáveis anos, viveu sob condições semelhantes – "on revient toujours à ses premiers amours" (sempre se volta aos primeiros amores). Ele nos lembra – menos à nossa mente consciente do que à inconsciente – não apenas a infância mas a nossa pré-história que, no tocante à raça germânica, recuaria apenas em mil e duzentos anos. O barbarismo ainda está bem forte em nós e ele cede facilmente à tentação de suas recordações juvenis. Por isso precisa de proteções bem definidas. Os povos latinos por serem mais antigos não necessitam de tanta cautela pois seu relacionamento com as pessoas de cor é diferente.

Mas as medidas de proteção dos germânicos só vão até onde alcança a consciência. Abaixo do limiar da consciência o contágio encontra pouca resistência. Assim como o homem de cor vive nas cidades de vocês e mesmo dentro das casas de vocês, também vive debaixo da pele de vocês, subconscientemente. Isto naturalmente atua nos dois sentidos. Assim como todo judeu tem um complexo de Cristo, o negro tem um complexo de branco e todo americano tem um complexo de negro. Via de regra, o homem de cor daria tudo para mudar sua pele; e o branco odeia admitir que foi atingido pelo negro.   963

Vamos aos fatos. O que dizer dessa risada americana? De sua sociabilidade barulhenta e sem limites? Do prazer no movimento e em toda espécie de atos de força? Do andar desengonçado, da dança e música negroide? O ritmo do jazz é o mesmo da dança africana *n'goma*. Pode-se dançar o *n'goma* da África Central, com todos aqueles pulos e maneios, com seu balanço dos ombros e ancas, igual ao jazz americano. A música americana é pervadida pelo ritmo e melodias africanos.   964

É fácil verificar que o homem de cor influenciou o "comportamento" americano com seus movimentos primitivos, com sua emotividade transparente, com seu lado criança à flor da pele, com seu senso de música e ritmo, com sua linguagem divertida e pitoresca. Como   965 todo psicólogo e médico sabem, nada é mais contagiante do que tiques, gagueira, contorções, sinais de emoção e sobretudo o riso e maneiras especiais de falar. Mesmo que seu pensamento esteja em outra parte, mesmo que não entenda uma piada em língua estrangeira, é difícil não rir quando todos estão rindo. O gaguejar exerce uma atração especial, e é difícil a gente não querer imitar o gago, ao menos involuntariamente. O ritmo e a melodia são insidiosos; podem ser uma obsessão por dias. No que se refere à linguagem, é consternador como expressões metafóricas ou diferentes maneiras de pronunciar afetam as pessoas; no início, a gente as justifica como sendo citações, mas depois as emprega porque simplesmente não consegue mais livrar-se delas.

966   O branco é um problema terrível para o negro e quando você afeta alguém profundamente então alguma coisa dele volta, de maneira misteriosa, para você. Por sua simples presença, o negro exerce influência sobre o temperamento e o instinto de imitação. Isto não pode passar despercebido ao europeu, da mesma forma como percebe o intransponível fosso entre o negro americano e o negro africano. O contágio racial é um problema intelectual e moral muito sério onde o primitivo supera o homem branco. Na América este problema é apenas relativo porque os brancos superam em número as pessoas de cor. Aparentemente conseguem assimilar a influência primitiva com pouco risco para si mesmo. O que aconteceria se houvesse um incremento considerável da população de cor? Isto é outro assunto.

967   Estou convencido de que algumas peculiaridades dos americanos podem ser atribuídas diretamente às pessoas de cor, outras são uma espécie de defesa compensatória contra seu relaxamento. Mas são aparências externas, deixando intocável o jeito de ser do caráter americano, o que não é o caso quando se trata do *going black*. Não sou behaviorista, e creio que a gente fica bem mais longe do homem real quando só se observa o seu comportamento. Considero o comportamento mero invólucro que esconde a substância viva interior. Por isso consigo distinguir perfeitamente o homem branco através de seus maneirismos negroides, e minha pergunta é esta: Este americano branco é simplesmente um homem branco, ou é, de alguma forma, diferente do representante europeu da espécie? Acho que há grande diferença entre eles, tanto interna como externamente. Há pouco tempo, revistas europeias publicaram, lado a lado, fotos de pessoas americanas bem co-

Civilização em transição   231

nhecidas usando roupa de índio, e alguns índios pele-vermelha com roupas europeias, com a pergunta: Quais deles são índios?

Não se trata de simples brincadeira. Há alguma coisa nisso que é   968
difícil negar. Pode ser misterioso e inacreditável, mas é um fato que se observa também em outros países. O homem pode ser assimilado pelo país. Há um x e um y no ar e no solo de um país que aos poucos pervadem o homem e o integram no tipo do habitante aborígine, remodelando aos poucos inclusive suas feições físicas. Ainda que às vezes absolutamente óbvia, a verificação de tais fatos em termos de dimensionamento exato é muito difícil. Mas existem muitas coisas que escapam de todos os nossos meios de verificação científica exata, apesar de seu caráter óbvio e indubitável. Basta lembrar as sutilezas da expressão do olhar, dos gestos e da entonação. Na prática, todos se orientam por elas e não há idiota que não as entenda, mas quando se trata de dar uma descrição absolutamente científica, a tarefa é bem complicada. Conheço um homem que, vendo uma série de fotografias de judeus, conseguia identificar com precisão quase absoluta o país donde eram: este é polonês, aquele é cossaco, este outro é alemão etc.

Indiscutivelmente existem no homem estas características sutis: 969
às vezes se escondem nas linhas do rosto, às vezes nos gestos, na expressão facial, no olhar e às vezes em sua psique que brilha através do véu transparente de seu corpo. Seja como for, muitas vezes é possível dizer em que país ele nasceu. Conheço vários casos de crianças de pais europeus puros que nasceram em países do Oriente e que traziam as marcas de seus respectivos locais de nascimento, seja nos aspectos imponderáveis de sua aparência, seja na sua constituição mental, ou em ambos, de modo que não apenas eu mas também outras pessoas que ignoravam totalmente esta circunstância podiam fazer o diagnóstico. O país estrangeiro parece que entra por baixo da pele de quem nele nasce. Algumas tribos bem primitivas estão convencidas de que não é possível usurpar um território estrangeiro, porque as crianças que nele nascessem haveriam de herdar os maus espíritos dos ancestrais que moravam nas árvores, rochas e água daquele território. Parece haver certa verdade sutil nesta intuição primitiva.

Isto significaria que o espírito do índio penetra no americano a   970
partir de dentro e de fora. Há realmente muitas vezes uma semelhança incrível no talhe do rosto americano com o do índio pele-vermelha;

penso mais no rosto do homem do que no da mulher. Mas é que a mulher é sempre o elemento mais conservador, apesar de seu notável fingimento de modernidade. É um paradoxo, sem dúvida, mas é assim a natureza humana.

971 A assimilação externa às peculiaridades de um país é algo de se esperar. Nada há de surpreendente nisto. Mas a semelhança externa é pequena em comparação com a influência pouco visível, mas muito intensa, sobre a mente. É como se a mente fosse um meio infinitamente mais sensível e sugestionável do que o corpo. É provável que bem antes de o corpo reagir, a mente já tenha sofrido grandes transformações. Estas transformações não se apresentam como óbvias ao próprio indivíduo ou ao círculo mais chegado de pessoas, mas apenas ao observador de fora. Por isso não esperaria do americano médio, que não viveu alguns anos na Europa, que percebesse a grande diferença entre sua atitude mental e a do europeu; também não esperaria do europeu mediano que percebesse a diferença que existe entre ele e o americano. Eis a razão por que muitas coisas bem características de um país parecem esquisitas ou ridículas; é que as condições de que se originaram são desconhecidas ou não são entendidas. Não seriam esquisitas ou ridículas se a atmosfera local a que pertencem fosse percebida; isto as torna perfeitamente compreensíveis e lógicas.

972 Quase todo grande país tem sua atitude coletiva que pode ser denominada índole ou *spiritus loci* (o espírito do lugar). Às vezes pode ser traduzida numa fórmula, às vezes é mais evasiva, mas está indiscutivelmente presente numa espécie de atmosfera que tudo pervade: o olhar das pessoas, sua fala, comportamento, vestuário, cheiro, seus interesses, ideais, política, filosofia, arte e, mesmo, sua religião. Numa civilização bem definida, com sólida base histórica, como, por exemplo, a França, pode-se facilmente descobrir a tônica do espírito francês: é *la gloire*, uma psicologia tipicamente de prestígio, em sua forma mais nobre e também em sua forma mais ridícula. Percebe-se isto em sua fala, gestos, crenças, no estilo de tudo, na política e, inclusive, na ciência.

973 Na Alemanha, é a "ideia" que é incorporada por todas as pessoas. Lá não existem pessoas comuns. Elas são "Herr Professor" (senhor professor), "Herr Geheimrat" (senhor conselheiro), "Herr Oberrechnungsrat" (senhor conselheiro superior de contas) e denominações

Civilização em transição 233

mais compridas ainda. Algumas vezes a ideia germânica é correta e às vezes errada, mas nunca deixa de ser uma ideia, quer pertença à mais alta filosofia quer seja um preconceito tolo. Mesmo a morte na Alemanha é algo especial: a pessoa não morre como simples ser humano, mas na forma ideal de *Hausbesitzersgattin* (esposa do dono da casa) ou algo semelhante.

A verdade mais profunda da Inglaterra e, ao mesmo tempo, sua contribuição mais valiosa à família humana é o *gentleman*, resgatado da empoeirada cavalaria dos inícios da Idade Média, mas penetrando agora nos recônditos da moderna vida inglesa. É um princípio definitivo que nunca falha em seu poder de convencimento: a armadura brilhante do perfeito cavaleiro em corpo e alma, e o miserável sepulcro de pobres sentimentos naturais. 974

Mas será que podemos "avaliar" com a mesma facilidade países como a Itália, Áustria, Espanha, Holanda e Suíça? São todos países bem típicos mas é difícil apreender seu espírito. Não bastaria uma palavra, mas uma porção de frases. A América também é um país que não pode ser atingido por um tiro só. O preconceito europeu talvez diga: dinheiro. Só pessoas que não têm ideia do que significa o dinheiro para os americanos podem pensar desta forma. Se essas pessoas fossem americanos, então sim, seria o dinheiro. Mas a América não é tão simples. É claro que existe materialismo ordinário em boa quantidade na América, como, aliás, em toda parte, mas há também idealismo admirável que dificilmente se encontra igual em outros lugares. O dinheiro para nós ainda tem algo da magia dos velhos tabus da época em que toda transação com dinheiro como atividade bancária e empréstimos a juros era considerada desonesta. Nos países antigos, lidar com dinheiro é ainda uma espécie de prazer proibido. Por isso, entre nós, é considerado de bom tom escamotear assuntos de dinheiro. Livre do fardo dos condicionamentos históricos, o americano pode fazer e gastar dinheiro conforme acha que valha a pena. A América é particularmente livre em relação ao encanto do dinheiro, apesar de tê-lo em boa quantidade. Como o europeu poderia entender este enigma? 975

A América tem um princípio, ideia ou atitude, mas certamente não é o dinheiro. Muitas vezes ao pesquisar no consciente ou inconsciente de meus pacientes e alunos americanos, encontrei algo que só poderia descrever como uma espécie de ideal heroico. Seu esforço 976 idealista visa extrair o melhor de cada pessoa, e quando encontram uma pessoa boa eles a apoiam naturalmente e exigem dela tanto que corre o perigo de entrar em colapso de tanto esforço, sucesso e triunfo. Isto acontece em toda família onde a mãe ambiciosa instiga seus filhos a serem, a todo custo, algum tipo de herói. Também se encontra isto na fábrica onde o sistema todo procura ansiosamente colocar o melhor homem no lugar certo; ou na escola onde a criança é treinada para ser espetacular, corajosa, eficiente, "boa no esporte", enfim um herói. Não há recorde que as pessoas não tentem quebrar, mesmo com risco de vida, ainda que seja a maior besteira. O cinema está cheio de heróis de todos os tipos. O aplauso americano detém o recorde mundial. A pessoa "grande" e "famosa" se vê rodeada por multidões entusiastas, não importando em que ela é "grande"; inclusive Valentino teve o seu quinhão. Na Alemanha você é grande se a lista de seus diplomas e títulos alcançar três metros; na Inglaterra, se, além de tudo, for um gentleman; na França, se você coincidir com o prestígio do país. Em países pequenos, normalmente não há grandeza enquanto se está em vida, porque as coisas precisam ser pequenas, ficando a grandeza reservada para depois da morte. Talvez a América seja o único país onde a "grandeza" é irrestrita porque expressa as esperanças, desejos, ambições e convicções mais fundamentais da nação.

977   Acredito que para o americano estas coisas pareçam bastante naturais, mas não para o europeu. Muitos europeus experimentam sentimentos de inferioridade quando entram em contato com a América e encontram seu ideal heroico. Em geral não admitem isto e começam a elogiar a Europa a todo vapor e a ridicularizar tudo o que na América é passível de crítica, como a grosseria, a brutalidade e o primitivismo. Muitas vezes recebem o primeiro e decisivo choque na alfândega, de modo que seu apetite pelo resto dos Estados Unidos vai por água abaixo. É inevitável que a atitude heroica venha acompanhada de certo primitivismo, porque sempre foi o ideal de uma sociedade algo esportista e primitiva. E é aqui que entra o verdadeiro espírito histórico do homem vermelho. Vejam seus esportes! São os mais brutos, imprudentes e eficientes do mundo. A ideia de simples jogo praticamente desapareceu, ao passo que em outras partes do mundo esta ideia ainda pervade e supera a ideia do esporte profissional. O esporte dos americanos exige um treino quase cruel e uma dedicação quase inumana. Os esportistas são gladiadores em todos os sentidos e a ex-

Civilização em transição 235

citação dos espectadores provém de instintos antigos, aparentados com a sede de sangue. Os estudantes submetem-se a ritos de iniciação e formas de sociedades secretas no melhor estilo das tribos bárbaras. Sociedades secretas de toda espécie superabundam no país todo, desde a *Ku Klux Klan* até os cavaleiros de Colombo, e seus ritos são semelhantes a qualquer religião primitiva e cheia de mistérios. A América ressuscitou os fantasmas do espiritualismo do qual é o país originário, e cura as doenças através da Christian Science que mais tem a ver com a cura mental xamanista do que com qualquer espécie de ciência conhecida. Além disso, mostra-se tão eficiente quanto foram as curas dos xamãs.

A antiga herança europeia parece bem pálida ao lado dessas vigorosas influências primitivas. Alguém já comparou a linha de horizonte de Nova York ou de outra grande cidade americana com a de um Pueblo como Taos? E percebeu como as casas viram torres perto do centro? Sem ter consciência da imitação, o americano completa inconscientemente o perfil espectral da mente e temperamento do homem vermelho. 978

Não há nada de milagroso nisso. Sempre foi assim: o conquistador vence o antigo habitante no corpo mas sucumbe a seu espírito. Quando Roma estava no auge, albergava dentro de seus muros todos os cultos de mistérios do Oriente; na verdade o espírito do mais humilde deles, uma sociedade judaica de mistérios, transformou de cima até embaixo a maior de todas as cidades. Os primitivos diriam: o conquistador captura os espíritos falsos dos ancestrais. Gosto do modo pitoresco de se exprimirem. É original e traduz qualquer implicação imaginável. 979

As pessoas raramente querem saber o que uma coisa é; querem saber se é favorável ou desfavorável, aconselhável ou nefasta; se é portadora de boas ou más coisas. As coisas são como as concebemos. Além do mais, tudo que se move é um risco. Por isso um país que está se fazendo é naturalmente grande risco para si próprio e para os outros. Certamente não cabe a mim o papel de profeta ou de conselheiro ridículo de nações e, aliás, não há nada sobre o que aconselhar. Os fatos nunca são favoráveis ou desfavoráveis: são apenas interessantes. E o mais interessante de tudo é que esta América com espírito de criança, impetuosa e "ingênua" talvez tenha a psicologia mais complicada de todas as nações. 980

XXIII

A Índia — um mundo de sonhos[*]

981   Muitas vezes a primeira impressão de um país é semelhante ao primeiro encontro com uma pessoa. A impressão pode ser inadequada e mesmo errônea sob vários aspectos, dependendo da disposição que se tem para ver certas ou determinadas sombras. Esta impressão pode ser desfeita por observações mais precisas numa segunda ou terceira visita. Meu leitor cometerá grave erro se tomar por verdade evangélica alguma afirmação que eu fizer sobre a Índia. Imaginemos alguém vindo à Europa pela primeira vez em sua vida, gastando seis a sete semanas em viagens de Lisboa a Moscou e da Noruega à Sicília; não entende outra língua senão o inglês; só tem um superficial conhecimento das pessoas, de sua história e de sua vida real. Estará em condições de produzir algo melhor do que fantasmagoria levemente desvairada de impressões ligeiras, sentimentos sem profundidade e opiniões impacientes? Receio que dificilmente escapará do ônus de total incompetência e inadequação. Estou praticamente na mesma posição ao ousar dizer algo sobre a Índia. Dizem-me que tenho a meu favor o fato de ser psicólogo e, por isso, estaria em condições de ver mais ou, no mínimo, algo peculiar que outras pessoas não veriam. Não sei. Deixo o veredicto final ao leitor.

982   A grande planície de Bombaim e suas baixas colinas verde-escuras levantando-se rapidamente acima do horizonte deixam a impressão de um vasto continente por detrás delas. Isto explica minha primeira reação logo ao desembarcar: tomei um carro e saí da cidade

---

[*] Escrito em inglês e publicado sob o título "The Dreamlike World of India". *Asia*, XXXIX/1, 1939, p. 5-8. Nova York.

Civilização em transição 237

para o campo. Lá me senti bem melhor – capim amarelo, campos empoeirados, cabanas dos nativos, figueiras-bravas verde-escuras e estranhas, palmeiras esmaecidas e sugadas de sua seiva (escorria para dentro de garrafas, presas bem no topo, para fazer vinho de palmeira – que nunca experimentei), gado magro, homens de pernas finas, os saris coloridos das mulheres, todos com pressa descansada ou em descanso apressado, sem necessidade de serem explicados ou de se explicarem a si mesmos, porque obviamente são o que são. Não estavam preocupados nem impressionados: eu era o único que não pertencia à Índia. Andamos através de uma faixa de juncos perto de um lago azul. Paramos de repente. Mas em vez de termos atropelado um tigre em posição de espreita, estávamos no meio de um cena nativa de um filme: alguma coisa estava acontecendo a uma moça branca, vestida de domadora de circo. Câmeras, megafones e homens excitados em manga de camisa estavam em plena ação. O choque foi tão grande que instintivamente voltamos a rodar. Depois disso, percebi que poderia voltar à cidade que, aliás, não tinha realmente visto ainda.

O estilo anglo-hindu de arquitetura dos últimos cinquenta anos não é interessante, mas dá um aspecto peculiar a Bombaim, se é que alguém já viu algo semelhante em outro lugar. Tem mais a ver com o "caráter inglês" do que com a Índia. Faço exceção ao "portão da Índia", um majestoso portal no início da estrada real para Délhi. Repete de certa forma a ambição de esplendor encontrada no "portal de vitória", construído por Akbar o Grande, em Fatehpur-Sikri, aquela cidade cedo abandonada e jazendo em ruínas – arenito vermelho brilhando ao sol da Índia por muitos séculos, passados e por vir – uma onda que quebrou na praia do tempo e deixou uma faixa de espuma. 983

Esta é a Índia como a vi: certas coisas permanecem para sempre – planícies amarelas, árvores-espíritos verdes, penedias marrom-escuras de tamanho gigantesco, campos alagados de cor verde-esmeralda coroados por aquela fímbria metafísica de gelo e pedra em direção ao norte, aquela barreira inexorável além da concepção humana. As outras coisas desenrolam-se qual filme, incrivelmente ricas em cor e forma, mutantes, durando alguns dias ou séculos, mas essencialmente transitórias, semelhantes a um sonho, um véu multicor de *maia*. Hoje é o império britânico, ainda jovem, que vai deixar marcas 984 na Índia, à semelhança do império mongol, de Alexandre Magno, de inúmeras dinastias de reis nativos e dos invasores arianos – mas a Índia nunca mudará sua face majestática. A vida humana parece curiosamente insignificante sob qualquer aspecto. A cidade primitiva de Bombaim parece um amontoado de habitações reunidas por acaso. O povo leva uma vida aparentemente sem sentido, ansiosa, movimentada e barulhenta. Morre e nasce em ondas sem parar, sempre a mesma coisa, uma gigantesca monotonia de vida que se repete sem fim.

985   Em toda esta futilidade e tumulto vão, tem-se noção de uma idade incomensurável sem história. Afinal, por que se haveria de registrar a história? Num país como a Índia ninguém realmente sente falta dela. Toda sua grandeza nativa é, de qualquer forma, anônima e impessoal, a exemplo da grandeza da Babilônia e do Egito. A história faz sentido nos países europeus onde num passado relativamente recente, bárbaro e não histórico, as coisas começam a tomar forma. Castelos, templos e cidades construídos, estradas e pontes foram feitas e os povos descobriram que tinham nomes, que viviam em determinado lugar, que suas cidades se multiplicavam e que seu mundo ficava maior a cada século. Quando perceberam que as coisas evoluíam, interessaram-se, naturalmente, pelas mudanças das coisas e parecia valer a pena registrar inícios e futuros desenvolvimentos – pois tudo fluía para algum lugar e todos esperavam por melhorias e possibilidades inauditas no futuro, tanto espirituais quanto materiais.

986   Mas na Índia parece não haver nada que já não tenha vivido milhares de vezes antes. Mesmo o indivíduo singular de hoje já viveu inúmeras vezes nos tempos idos. O próprio mundo nada mais é do que uma renovação da existência mundial que já transcorreu muitas vezes antes. Inclusive o maior indivíduo da Índia, o Gautama Buda, foi precedido por uma série de outros budas, e não será o último. Não admira, pois, que os deuses também tenham numerosos avatares. "Plus ça change, plus c'est la même chose" (por mais que algo mude, mais permanece a mesma coisa) – por que haver história nestas circunstâncias? Além disso, o tempo é relativo: o iogue vê o passado e o futuro. Se alguém percorrer a "nobre via óctupla" lembrará o que foi dez mil vidas antes. O espaço é relativo: o iogue anda em seu corpo-espírito na velocidade do pensamento sobre terras, mares e céus. O que chamamos "real" – tudo que é bom e mau na vida huma-

Civilização em transição 239

na – é ilusão. O que chamamos "irreal" – deuses sentimentais, grotescos, obscenos, monstruosos e horripilantes – torna-se de repente realidade sem mais, quando se escuta durante uma meia noite tórrida o incessante e refinado tocar de tambores que desperta o plexo solar adormecido do europeu. Está acostumado a considerar sua cabeça como único instrumento de entender o mundo e o *kathakali*, que ele segue com seu olhar, permaneceria uma dança grotesca não fosse o rufar do tambor que cria uma nova realidade provinda das entranhas.

Um passeio pelo alvoroço dos bazares de Bombaim me fez pensar. Senti o impacto do mundo sonial da Índia. Estou convencido de que o hindu mediano não sente seu mundo como sonial: ao contrário, cada reação sua mostra o quanto está impressionado e preso em sua realidade. Se não estivesse escravizado em seu mundo, não precisaria da doutrina religiosa e filosófica da Grande Ilusão, da mesma forma que nós não precisaríamos da mensagem cristã do amor se fôssemos diferentes do que somos. (O essencial da doutrina é transmitir conhecimento sobre coisas das quais pouco sabemos!) Talvez eu mesmo tenha entrado em situação de sonho, movendo-me entre personagens lendárias das mil e uma noites. Meu próprio mundo de consciência europeia tornou-se feérico, igual a uma rede de fios telegráficos, bem acima do chão, estendendo-se em linha reta sobre a superfície de uma terra que ilusoriamente se parece com um globo geográfico. 987

É possível que a Índia seja o mundo verdadeiro e que o branco viva num hospício de abstrações. Nascer, morrer, estar doente, ser voraz, sujo, infantil, ridiculamente fútil, miserável, faminto, viciado, claramente preso em inconsciência analfabética, estar suspenso num estreito universo de deuses bons e maus e ser protegido por feitiços e *mantras* próprios, talvez seja esta a verdadeira vida, assim como foi ideada, a vida da terra. A vida na Índia não se retraiu para dentro da cápsula da cabeça. É ainda o corpo todo que vive. Não admira que os europeus a considerem um sonho: a vida total da Índia é algo com que ela apenas sonha. Se alguém anda descalço como pode esquecer a terra? É necessário toda a acrobacia da mais elevada ioga para torná-lo inconsciente da terra. Quem quisesse experimentar seriamente viver na Índia precisaria de alguma espécie de ioga. Não vi nenhum europeu na Índia que realmente vivesse lá. Todos moravam na Euro- 988

240 Obra Completa — Vol. 10/3

pa, isto é, numa espécie de redoma cheia de ar europeu. Provavelmente pereceriam sem a parede de vidro isoladora; afogar-se-iam em todas aquelas coisas que nós, europeus, conquistamos em nossa fantasia. Na Índia tornam-se realidades fantásticas uma vez que se transpõe a barreira de vidro.

989   O norte da Índia se caracteriza por ser parte do imenso continente asiático. Notei com frequência certo tom de aspereza na maneira como as pessoas falavam entre si, fazendo lembrar furiosos tocadores de camelos ou irritados vendedores de cavalos. Aqui a variedade de roupas asiáticas substitui o branco imaculado de humildes vegetarianos. As roupas das mulheres são alegres e provocantes. Os inúmeros pathans, orgulhosos, indiferentes e insensíveis e os barbudos sikhs com seu caráter contraditório – brutalidade supermasculina combinada com sentimentalismo enternecedor – dão uma conotação fortemente asiática ao visual das massas. A arquitetura mostra claramente como o elemento hindu sucumbiu à influência asiática predominante. Mesmo os templos de Benares são pequenos e de pouca expressão, a não ser por seu barulho e sujeira. Shiva, o destruidor e a sedenta de sangue e horripilante Kali parecem estar em primeiro plano. O gordo Ganesha, com cabeça de elefante, também é muito invocado para trazer boa sorte.

990   Em termos de comparação, o islamismo se apresenta como religião superior, mais espiritual e mais avançada. As mesquitas são limpas e bonitas e, naturalmente, bem asiáticas. Não há grande intelectualidade nelas, mas boa dose de sentimento. O culto é um grito de lamúria pelo todo-misericordioso. É um desejo, um anelo ardente, uma verdadeira fome de Deus. Não chamaria isto de amor. Mas há amor, o amor mais poético, mais primoroso pelo belo nesses velhos mongóis. Num mundo de tirania e crueldade, um sonho celeste cristalizado em pedra: o Taj Mahal. Não consigo dissimular minha ilimitada admiração por esta flor maravilhosa, esta joia inestimável e encanta-me aquele amor que descobriu o gênio do Xá Jahan e o empregou como instrumento de autorrealização. Este é o único lugar no mundo onde, infelizmente, a beleza, de todo invisível e ciosamente guardada, do eros islâmico, foi revelada por um milagre quase divino. É o delicado segredo do jardim de rosas de Shiras e dos silenciosos *patios* dos palácios árabes, arrancado do coração de um grande

Civilização em transição 241

amante por uma perda cruel e incurável. As mesquitas e as tumbas dos mongóis podem ser puras e austeras, seus *divans*, ou salas de audiência, podem ser de beleza impecável, mas o Taj Mahal é uma revelação. É totalmente não hindu. É mais semelhante a uma planta que poderia medrar e florir no rico solo da Índia como em qualquer outro lugar. É eros em sua forma mais pura; não há nada de misterioso, nada de simbólico. É a sublime expressão do amor humano por um ser humano.

Nas mesmas planícies do norte da Índia, em torno de dois mil anos antes do tempo dos mongóis, o espírito da Índia deu à luz o seu fruto mais maduro, a verdadeira essência de uma vida, o perfeito senhor Buda. Não muito longe de Agra e Délhi está a colina de Sanchi com sua famosa stupa. Estivemos lá numa fresca manhã. A luz intensa e a extraordinária claridade do ar deixavam ver todos os detalhes. No topo de uma colina rochosa, com vista panorâmica sobre as planícies da Índia, vê-se um enorme globo de alvenaria, meio enterrado no chão. Segundo o *Maha-Parinibbana-Sutta*, o próprio Buda indicou o modo como seus restos mortais deveriam ser enterrados. Tomou duas tigelas de arroz e tampou uma com a outra. A stupa visível é exatamente a tigela superior. É preciso imaginar a que está por baixo, enterrada. A forma arredondada, símbolo da perfeição desde os tempos antigos, parece um monumento apropriado e expressivo para um Tathagata. É de simplicidade, austeridade e lucidez imensas, bem de acordo com a simplicidade, austeridade e lucidez da doutrina de Buda. 991

Há algo de indizivelmente solene neste lugar em sua grandiosa solidão. É como se ainda testemunhasse o momento da história da Índia quando o maior gênio de sua raça formulou sua verdade suprema. Este lugar, com sua arquitetura, seu silêncio, sua paz além de qualquer tumulto do coração e seu esquecimento das emoções humanas, é verdadeira e essencialmente indiano: é o "segredo" da Índia, assim como o Taj Mahal é o segredo do islã. Assim como o cheiro da cultura islâmica ainda paira no ar, Buda, ainda que esquecido na superfície, é ainda o secreto sopro de vida do moderno hinduísmo. Ao menos é tolerado como sendo um avatar de Vishnu. 992

Viajando com os delegados britânicos ao congresso de Ciências da Índia, em Calcutá, fui obrigado a participar de muitos jantares e recepções. Nestas ocasiões tive oportunidade de conversar com mu- 993 lheres indianas de boa cultura. Isto foi algo novo para mim. Suas roupas diziam que eram mulheres. É a roupa mais adequada, de mais estilo e também a mais significativa já desenhada pelas mulheres. Espero ardentemente que a doença sexual do Ocidente que procura transformar a mulher numa espécie de rapaz desajeitado não se arraste para a Índia sob o pretexto de "educação científica". Seria uma perda para o mundo todo se a mulher indiana deixasse de usar suas roupas nativas. A Índia (e talvez a China que não conheço) é praticamente o único país civilizado onde se pode ver, nos modelos vivos, como as mulheres se podem e se deveriam vestir.

994   A roupa da mulher indiana diz muito mais do que os trajes de gala da mulher ocidental, semidespida e sem graça. Ficou algo para ser desvelado ou revelado e, por outro lado, o gosto não é ofendido pela visão de uma lacuna estética. Os trajes noturnos dos europeus são um sintoma óbvio de nossa morbidade sexual: primam pela falta de vergonha, exibicionismo, provocação impotente e pela ridícula tentativa de fazer a relação entre os sexos barata e fácil. Todos estão, ou deveriam estar, profundamente conscientes do fato de que o segredo da atração sexual não é barato e nem fácil, mas é um dos demônios que nenhuma "educação científica" conseguiu dominar. Entre nós, as modas femininas foram criadas, quase sempre, pelos homens: pode-se imaginar o resultado. Após terem exaurido todos os meios de produzir a imagem de uma fértil égua parideira com espartilhos e coxins, tentam agora criar o hermafrodita adolescente, um corpo atlético, semimasculino, mesmo que o corpo da mulher nórdica já tenha uma tendência desagradável para a constituição ossuda. Tentam a coeducação para tornarem os sexos iguais, ao invés de acentuarem a diferença. Mas o pior espetáculo são as mulheres de calças compridas servindo a bordo. Será que não percebem que fica horrível? Em geral são tipos decentes da classe média, nada refinadas, apenas acometidas pela onda moderna da hermafroditíase. É uma triste verdade, mas a mulher europeia e principalmente seu péssimo modo de vestir-se nem aparece se comparada com a dignidade e elegância da mulher indiana e seu modo de vestir-se. Até as mulheres gordas têm chance na Índia; entre nós, conseguem no máximo morrer de fome de tanto regime.

Civilização em transição 243

Falando de roupas, é preciso dizer que o homem hindu ama o comodismo e sentir-se fresco, arejado. Usa uma longa peça de algodão que envolve o corpo e entre as pernas. A parte dianteira está coberta mas a parte de trás está ridiculamente nua. Há nisto algo de efeminado e infantil. É difícil imaginar um soldado com essas guirlandas de roupas entre as pernas. Muitos usam uma camisa por cima ou uma jaqueta europeia. Fica esquisito, mas não muito masculino. O tipo nórdico de vestir-se é persa; parece agradável e varonil. O tipo guirlanda é sobretudo sulino, talvez por causa da tendência matriarcal que predomina no sul. A "guirlanda" parece uma grande fralda. É uma roupa essencialmente antiguerreira e se adapta bem à mentalidade pacifista do hindu.   995

Uma batalha real nesses trajes seria praticamente impossível. Os lutadores provavelmente se enroscariam nas inúmeras voltas de suas ridículas roupas. São livres para palavras e gestos, mas quando é para valer, limitam-se a agarrar a camisa e as fraldas um do outro. Assisti, certa vez, a briga de dois garotos de oito ou nove anos por causa de um jogo. Chegaram a atracar-se. Podemos imaginar perfeitamente o que significa a luta entre dois garotos dessa idade. A performance desses garotos indianos foi algo digno de nota: batiam violentamente, mas o punho agressor se detinha milagrosamente a poucos centímetros da cara do inimigo – e finalmente parecia que houve na verdade uma boa luta. Eles são profundamente civilizados. Isto aconteceu no sul. O elemento maometano no norte provavelmente chega às vias de fato quando se trata de uma luta.   996

A impressão de ternura que o hindu transmite aponta para uma predominância do elemento feminino na família, provavelmente o da *mãe*. Parece um estilo que vem das antigas tradições matriarcais. O hindu educado ostenta o caráter do "rapaz de família", do "bom" filho que sabe que deve lidar com uma mãe e, mais, sabe como fazê-lo. A mesma impressão se tem também das mulheres. Ostentam uma espécie de modéstia e discrição estudadas e estilosas que imediatamente faz a gente sentir-se como na presença de pessoa bem cultivada e socializada. Não há rudeza ou arrogância, nem masculinidade ou estridência em sua voz. É um contraste bem agradável com certas mulheres europeias que conheci, cujas vozes exageradas, estridentes e artificiais, denunciam um comportamento absolutamente forçado e nada natural.   997

998   Tive muitas oportunidades de estudar a voz inglesa na Índia. As vozes são traiçoeiras: revelam muita coisa. É impressionante o esforço que as pessoas fazem para sua voz parecer jovial, alegre, convidativa, empreendedora, animada, benevolente, amigável etc. E a gente sabe que é simples tentativa de esconder uma verdade que é exatamente o oposto. Cansa escutar sons artificiais e a gente gostaria que alguém dissesse algo indelicado ou ofensivo. Não se pode deixar de constatar quantos ingleses perfeitamente gentis e decentes imitam com capricho uma voz de *he-man*. Sabe Deus por quê. Soa como se tentassem impressionar o mundo com seus tons guturais tonitruantes ou se estivessem falando num comício político e o povo precisasse ser convencido da profunda honestidade e sinceridade do orador. Em geral o timbre é o baixo, às vezes pode ser o do coronel, ou do chefe de uma casa cheia de crianças e empregados que precisam ser devidamente impressionados. A voz do papai-noel é uma variedade especial, normalmente usada por gente de formação acadêmica. Descobri que aqueles que arrotavam ameaças eram caras bem modestos e decentes, com grande sentimento de inferioridade. É uma carga sobre-humana ser os senhores todo-poderosos de um continente como a Índia.

999   Os indianos falam sem afetação. Não representam nada. Pertencem às trezentas e sessenta milhões de pessoas da Índia. As mulheres representam menos do que nada. Pertencem a grandes famílias vivendo por acaso e geograficamente num país chamado Índia. É preciso saber adaptar-se à família, saber como falar e comportar-se quando do vinte e cinco a trinta membros da família estão reunidos em pequena casa sob a hegemonia de uma avó. Nesta situação a gente aprende a falar com modéstia, cuidado e polidez. Isto explica aquela voz sussurrando baixinho e aquele comportamento semelhante ao da flor. A confluência na família tem efeito contrário entre nós. Faz com que as pessoas fiquem agitadas, irritadiças, grosseiras e, inclusive, violentas. A Índia, porém, leva a família a sério. Não há quanto a ela amadorismos ou sentimentalismo. É considerada a forma de vida indispensável, inevitável, necessária e óbvia. Só a religião é capaz de quebrar esta lei e fazer do "abandono da família" o primeiro passo da santidade. Isto faz parecer que é muito agradável e fácil viver com os indianos, sobretudo com as mulheres; e se o estilo fosse tudo na vida humana, o viver do indiano seria quase o ideal. Mas a delicadeza de gestos e a doçura da voz fazem parte do segredo e da diplomacia.

Civilização em transição

245

Considero os indianos simplesmente pessoas humanas e, por isso, nenhuma generalização é bem exata.

Na verdade sempre nos defrontamos com uma resistência peculiar quando perguntamos por alguma informação definitiva. Consta-se muitas vezes que as pessoas não se preocupam tanto com a pergunta que fizemos, mas com os possíveis motivos da pergunta e como podem sair desta situação penosa sem se machucarem. A superpopulação certamente tem algo a ver com este defeito muito difundido e típico do caráter indiano, pois somente a arte de enganar consegue preservar a privacidade do indivíduo na multidão. Todo o comportamento da mulher é orientado para a mãe e o marido. Com relação à primeira, é filha; com relação ao segundo, é a mulher cujo comportamento habilidoso lhe dá uma chance razoável de sentir-se como um homem. Ao menos não encontrei nenhum "navio de batalha", tão comum nas salas de visita do Ocidente, e cuja visão faz com que o homem se sinta tão confortável quanto um camundongo que, antes de ser devorado, está se afogando em água fria. | 1.000

Os indivíduos têm a intenção de viver na Índia e para isso são constituídos. Por isso desenvolveram um grau de domesticação que nós não conseguimos atingir mesmo com a ajuda de ideais e frenéticos esforços morais. Nossas migrações ainda não terminaram. Faz pouco tempo que os anglo-saxões imigraram do norte da Alemanha para sua nova pátria. Os normandos chegaram lá um pouco depois, vindos da Escandinávia e passando pelo norte da França; e o mesmo acontece praticamente com todas as nações da Europa. Nosso lema ainda é: *Ubi bene, ibi patria* (Onde a gente se sente bem, aí está a pátria). Por causa dessa verdade, somos todos patriotas fervorosos. Pelo fato de ainda podermos e querermos mudar, achamos que podemos viver mais ou menos em qualquer lugar. Não convencidos ainda de que devíamos ser capazes de levar a vida em família apertados e colados, temos a impressão de que poderíamos arriscar uma luta, pois ainda existe terra boa e disponível "longe, no Oeste", se as coisas ficarem péssimas. Ao menos é o que parece. Mas já não é bem assim. Inclusive os ingleses não se estabeleceram na Índia: foram realmente condenados a cumprir seu tempo lá e fazer o melhor possível. É isso que explica todas aquelas vozes esperançosas, alegres, ansiosas, enérgicas e poderosas, provindas de pessoas que pensavam na primavera em Sussex e com ela sonhavam. | 1.001

XXIV

O que a Índia nos pode ensinar[*]

1.002   A Índia está situada entre o norte asiático e o sul do Pacífico, entre o Tibet e o Ceilão. Termina bruscamente aos pés do Himalaia e na Adam's Bridge. De um lado começa o mundo mongol e, do outro, o "paraíso" de uma ilha do Mar do Sul. O Ceilão é tão diferente da Índia quanto o Tibet. Mas, curiosamente, em ambos os limites encontramos o "rasto do elefante" como o *Cânon Pali*[1] chama a doutrina do Senhor e Mestre Buda.

1.003   Por que a Índia perdeu sua maior luz, o caminho da redenção, ensinado por Buda, aquela síntese gloriosa de filosofia e *opus divinum* (obra divina)? Sabe-se que a humanidade não consegue viver continuamente num ápice de iluminação e esforço espiritual. Buda foi um intruso intemporal, revolvendo o processo histórico que, posteriormente, levou vantagem sobre ele. A religião da Índia é semelhante a um *vimana* ou pagode. Os deuses vão subindo uns por cima dos outros como formigas, desde os elefantes esculpidos na base até o abstrato lótus que coroa o alto do edifício. Com o tempo, os deuses viraram conceitos filosóficos. Buda, um pioneiro espiritual do mundo todo, disse e tentou mostrar sua veracidade: que o homem iluminado é o professor e redentor até mesmo de seus deuses (não seu estúpido negador como pretende o "iluminismo" ocidental). Isto foi realmente demais porque a mentalidade indiana não estava de forma alguma apta a integrar os deuses a ponto de torná-los psicologicamente dependentes da condição mental do homem. O fato de Buda

---

[*] Escrito em inglês e publicado sob o título "What India Can Teach Us". *Asia*, XXXIX/2, 1939, p. 97-98. Nova York.

1. O conjunto dos escritos sagrados dos budistas do Sul.

Civilização em transição   247

conseguir tal compreensão sem perder-se numa completa inflação mental beira o miraculoso (mas todo gênio é um milagre).

Buda perturbou o processo histórico ao interferir com a lenta transformação dos deuses em ideias. O verdadeiro gênio quase sempre se intromete e perturba. Fala a um mundo temporal a partir de um mundo eterno. Por isso diz as coisas erradas no tempo certo. As verdades eternas nunca são verdadeiras num dado momento da história. O processo de transformação tem que fazer uma pausa para digerir e assimilar as coisas extremamente esquisitas que o gênio produziu a partir do celeiro da eternidade. Contudo, o gênio é o curador de seu tempo porque tudo o que revela de verdade eterna é salutar.   1.004

O objetivo remoto do processo de transformação era o que Buda intencionava. Mas para chegar lá não basta uma nem dez gerações. É claro que leva mais tempo, milhares de anos no mínimo, pois a transformação desejada não pode acontecer sem grande desenvolvimento da consciência humana. Isto só pode ser "acreditado" e foi o que fizeram os seguidores de Buda, como também os de Cristo, pensando – aliás como "os que acreditam" sempre fazem – que a fé é tudo. A fé é uma grande coisa, sem dúvida, mas é um substituto para uma realidade consciente que os cristãos sabiamente relegaram para uma vida no além. Este "além" é realmente o futuro pretendido da humanidade, antecipado pela intuição religiosa.   1.005

Buda sumiu da vida e da religião da Índia mais do que poderíamos imaginar Cristo desaparecendo após alguma catástrofe futura do cristianismo, e inclusive mais do que as religiões greco-romanas desapareceram da vida atual do cristianismo. A Índia não é mal-agradecida a seus mestres intelectuais. Há um considerável revigoramento do interesse na filosofia clássica. As Universidades de Calcutá e Benares têm departamentos de filosofia de grande expressão. Mas a ênfase principal é colocada na filosofia clássica hindu e em sua vasta literatura sânscrita. O *Cânon Pali* não está bem dentro de seus interesses. Buda não é considerado como filósofo propriamente dito. Ele desafia o homem! E não é exatamente isto que a filosofia quer. Como qualquer outra ciência, ela precisa de amplo espaço intelectual, livre das complicações morais e humanas. Mas também pessoas simples e deficientes devem ser capazes de "fazer algo neste sentido" sem se-   1.006

248 Obra Completa — Vol. 10/3

rem fatalmente envolvidas em grandes assuntos que ultrapassam de longe seu poder de resistência e de realização. Em última análise, é o caminho certo mas é uma *longissima via* (caminho muito longo). A impaciência divina de um gênio pode perturbar ou desconcertar totalmente a pessoa simples. Mas algumas gerações depois ela se afirmará de novo pela simples força dos números, e também isto parece estar correto.

1.007 Vou agora dizer algo que pode ofender os meus amigos indianos, mas não tenho a intenção de ofendê-los. Observei, ao que me parece, o fato peculiar de que o indiano, na medida em que é realmente um indiano, não pensa, ao menos não o que nós chamamos "pensar". *Ele, antes, percebe o pensamento.* Neste aspecto assemelha-se ao primitivo. Não afirmo ser ele primitivo, mas o processo de seu pensar lembra-me a forma primitiva de produção do pensamento. O raciocínio do primitivo é sobretudo uma função inconsciente e ele percebe seus resultados. Esta peculiaridade seria de se esperar em qualquer civilização que houvesse desfrutado de uma continuidade quase inquebrável desde os tempos primitivos.

1.008 Nossa evolução ocidental a partir de um grau primitivo foi repentinamente interrompida pela invasão de uma psicologia e espiritualidade pertencentes a um nível superior de civilização. Nosso caso não foi tão ruim quanto o dos negros ou polinésios que se viram, de repente, confrontados com a civilização infinitamente superior do homem branco, mas na essência foi igual. Fomos parados no meio de um politeísmo ainda bárbaro que foi erradicado e suprimido no curso de séculos, e isto não faz muito tempo. Acho que este fato introduziu um desvio na mentalidade ocidental. Nossa existência mental foi transformada em algo que ainda não tinha alcançado e que, na verdade, ainda não poderia ser. E isto só poderia acontecer devido a uma dissociação entre a parte consciente da psique e o inconsciente. Foi uma libertação do consciente do fardo de irracionalidade e impulsividade instintiva, às expensas da totalidade do indivíduo. O homem se viu partido em uma personalidade consciente e inconsciente. A personalidade consciente podia ser domesticada porque estava separada do homem natural e primitivo. Por isso nós nos tornamos altamente disciplinados, or-

Civilização em transição 249

ganizados e racionais, por um lado, mas o outro lado permaneceu um primitivo oprimido, excluído da educação e da cultura.

Isto explica nossas várias recaídas no barbarismo mais assusta- 1.009
dor. Também explica o fato deveras terrível de que quanto mais subimos a montanha das realizações científicas e técnicas, mais perigoso e diabólico se torna o mau uso de nossas invenções. Pensemos no grande triunfo do espírito humano ao conseguir voar: realizou-se o antiquíssimo sonho da humanidade! E pensemos nos bombardeios que se fazem com esta arma moderna. É isto que significa civilização? Não é antes uma demonstração convincente do fato de que quando nossa mente se levanta para conquistar os céus, nosso outro homem, aquele indivíduo bárbaro oprimido, desce para o inferno? Certamente nossa civilização pode orgulhar-se de seus êxitos, mas nós devemos envergonhar-nos de nós mesmos.

Com certeza não é este o único modo pelo qual o homem se torna 1.010
civilizado e, de qualquer forma, não é um modo ideal. Poderíamos pensar em outra possibilidade mais satisfatória. Em vez de diferenciar apenas um lado do homem, poder-se-ia diferenciar o homem todo. Se carregássemos o homem consciente com o peso terreno de seu lado primitivo, talvez se pudesse evitar a dissociação fatal entre a metade superior e inferior. Não seria um pequeno *tour de force* fazer experiências com o branco nesta direção. Levaria a problemas morais e intelectuais diabolicamente complicados. Mas, se o branco não consegue destruir sua própria raça com suas brilhantes invenções, talvez tenha que submeter-se a um curso desesperadoramente sério de autoeducação.

Qualquer que seja o destino último do homem, podemos, no mí- 1.011
nimo, contemplar o exemplo de uma civilização que trouxe consigo todos os traços essenciais da primitividade, englobando o homem todo, de cima até embaixo. A cultura e psicologia da Índia se parecem com seus templos que em suas esculturas representam o universo, inclusive o homem em todos os seus aspectos e atividades, como santo ou monstro. Talvez seja esta a razão de a Índia se parecer com um sonho: sentimo-nos empurrados de volta para o inconsciente, para aquele mundo não redimido, não civilizado e aborígine com o qual apenas sonhamos enquanto nossa consciência o renega. A Índia representa o outro caminho do homem civilizado, o caminho sem opressão, sem vio-

lência, sem racionalismo. Aqui se pode vê-los lado a lado, na mesma cidade, na mesma rua, no mesmo templo, na mesma milha quadrada: o espírito de maior cultura e o primitivo. Na apresentação mental do mais espiritual pode-se distinguir os traços vívidos do primitivo e nos olhos melancólicos do aldeão analfabeto e seminu pode-se adivinhar um saber inconsciente de verdades misteriosas.

1.012 Digo tudo isso para explicar o que entendo por não pensar.Também poderia dizer: Graças a Deus, ainda existe um homem que não aprendeu a pensar, mas é capaz de perceber seus pensamentos como se fossem visões ou coisas vivas; um homem que transformou ou está por transformar seus deuses em pensamentos visíveis baseados na realidade dos instintos. Ele resgatou seus deuses e eles vivem com ele. Certamente é uma vida irracional, cheia de crueldade, de coisas horríveis, miséria, doença e morte mas, em certo sentido, completa, satisfatória e de beleza emocional indizível. É verdade que os processos lógicos da Índia são divertidos e é espantoso ver como fragmentos da ciência ocidental vivem lado a lado com aquilo que nós, inadvertidamente, chamamos de superstição. Os indianos não são afetados por contradições aparentemente intoleráveis. Se existirem, é porque são a peculiaridade desse pensar, e a pessoa não é responsável por elas. Ela não as cria já que os pensamentos aparecem por si mesmos. O indiano não procura no universo detalhes infinitesimais. Sua ambição é ter um conspecto do todo. Ainda não sabe que é possível atarraxar firmemente o mundo vivo entre dois conceitos. Já pensaram o quanto de conquistador (para não dizer de ladrão ou assaltante) há nesta expressão "conceito"? Vem do latim *concipere*, "tomar algo agarrando-o completamente". É com esta atitude que nos dirigimos ao mundo. O "pensar" do indiano, porém, é um aumento de visão e não um ataque predatório aos campos ainda não conquistados da natureza.

1.013 Se alguém quiser aprender a melhor lição que a Índia pode ensinar, deve enrolar-se no manto de sua superioridade moral, e ir até o Pagode Preto de Konarak, sentar-se à sombra da majestosa ruína que ainda está coberta com a coleção mais espantosa de obscenidades, ler o astuto e velho livro de Murray, *Handbook for India* que ensina como ficar decentemente chocado com este lamentável estado de coisas e como ir aos templos ao anoitecer, porque, à luz de lâmpadas, eles parecem ainda mais (e quão maravilhosamente!) assombrosos. E, então, analisar com todo cuidado e profunda honestidade todas as

Civilização em transição 251

suas reações, sentimentos e pensamentos. Isto exigirá dele bastante tempo, mas ao final, se houver feito um bom trabalho, terá aprendido algo sobre si mesmo e sobre o branco em geral que, provavelmente, nunca ouviu de outra pessoa. Se alguém tiver oportunidade, acho que uma viagem à Índia seria muito proveitosa em seu todo e, do ponto de vista psicológico, muito aconselhável, ainda que lhe possa trazer muita dor de cabeça.

Referências

ANQUETIL DUPERRON, A.H. (trad.) *Oupnek'hat* (id est, Secretum tegendum). 2 vols. Estrasburgo: Argentorati, 1801-1802 [Tradução dos Upanixade. Traduzido do sânscrito para o persa pelo príncipe Mohammed Daraschekoh e a partir desse texto para o latim por Anquetil Duperron e para o alemão por F. Mischel. Dresden 1882].

BENDER, J. et al. *Entretiens*: L'Avenir de l'esprit européen. Paris: Liga das Nações: Instituto Internacional para a Colaboração Cultural, 1934.

BENOIT, P. *L'Atlantide*. Paris: [s.e.], 1919.

FOREL, A. *Die sexuelle Frage*. Eine naturwissenschaftliche, psychologische, hygienische und soziologische Studie für Gebildete. Munique: [s.e.], 1905.

FREUD, S. *Die Traumdeutung*. Leipzig/Viena: [s.e.], 1900.

_____. *Die Zukunft einer Illusion*. 2. ed. Verlag Leipzig/Viena/Zurique: [s.e.], 1928 [Internationaler Psychoanalytischer].

_____. *Zur Psychopathologie des Alltagslebens*. Über Vergessen, Versprechen, Vergreifen, Aberglaube und Irrtum. 2. ed. Berlim: [s.e.], 1907 [Para a tradução portuguesa das obras de Freud, cf. *Obras Psicológicas Completas de S. Freud*. Rio de Janeiro: Imago, 24 vols.].

FÜRST, E. Statistische Untersuchungen über Wortassoziationen und über familiäre Übereinstimmung im Reaktionstypus bei Ungebildeten. In: JUNG, C.G. (org.). *Diagnostische Assoziationsstudien*. Leipzig: [s.e.], 1910 [vol. II, p. 77-112].

GOETHE, J.W. von. *Faust*. Eine Tragödie. Primeira parte no vol. XII (1828). Segunda parte no vol. XLI (1833). O restante em: *Gesamtausgabe Insel*. Leipzig: [s.e.], 1942.

_____. *Werke* – Vollständige Ausgabe letzter Hand. 31 vols. Stuttgart: Cotta, 1827-1834.

HAGGARD, H.R. *She*: A History of Adventure. Londres: [s.e.], 1887 [e numerosas reedições].

254   Obra Completa — Vol. 10/3

_____. *Wisdom's Daughter*. The Life and Love Story of She-who-must-be-obeyed. Londres: [s.e.], 1923.

HAY, A.B.M. *The Evil Vineyard*. Londres/Nova York: [s.e.], 1923.

HENNECKE, E. (org.). *Neutestamentliche Apokryphen*. Tübingen/Leipzig: Mohr, 1904.

HÖLDERLIN, F. *Obras Completas*. Leipzig: Insel, [s.d.].

JUNG, C.G. *Aion*. Untersuchungen zur Symbolgeschichte. Zurique: Rascher, 1951 [*Aion* – Estudos sobre o simbolismo do si-mesmo. Petrópolis: Vozes, 2011. OC, 9/2].

_____. Allgemeine Gesichstpunkte zur Psychologie des Traumes In: *Über die Energetik der Seele*. Zurique: Rascher 1928. Nova edição revista e ampliada em: *Uber psychische Energetik und das Wesen der Träume*. Zurique: Rascher, 1948 e 1965 [Edição de estudo Olten: Studienausgabe Walter-Verlag, 1971 (*A dinâmica do inconsciente*. Petrópolis: Vozes, 2011. OC, 8)].

_____. *Die Beziehungen zwischen dem Ich und dem Unbewussten*. Darmstadt: Reichl, 1928. [Nova edição Zurique: Rascher, 1933. Reimpressões em 1935, 1939, 1945, 1950 1960 e brochura em 1966. Olten: Studienausgabe Walter-Verlag, 1971. *O eu e o inconsciente*. Petrópolis: Vozes, 2011. OC, 7/2].

_____. Die Ehe als psychologische Beziehung. In: JUNG, C.G. *Seelenprobleme der Gegenwart* (Problemas psíquicos da atualidade). Zurique: Rascher, 1931 [Com uma contribuição de W.M. Kranefeldt (Psychologische Abhandlungen III)].

_____. Instinkt und Unbewusstes. In: JUNG, C.G. *Über die Energetik der Seele*. 1928 ["Instinto e inconsciente". In: JUNG, C.G. *A dinâmica do inconsciente*. Petrópolis: Vozes, 2011. OC, 8].

_____. *Seelenprobleme der Gegenwart* (Problemas psíquicos da atualidade). Zurique: Rascher, 1931 [Com uma contribuição de W.M. Kranefeldt (Psychologische Abhandlungen III)].

_____. Das Selbst. In: JUNG, C.G. *Beiträge zur Symbolik des Selbst*. [Cf. cap. IV. Em port., *Aion* – Estudos sobre o simbolismo do si-mesmo. Petrópolis: Vozes, 2011. OC, 9/2].

_____. Die Struktur der Seele. In: JUNG, C.G. *Seelenprobleme der Gegenwart* (Problemas psíquicos da atualidade). Zurique: Rascher, 1967. [Em port., *A dinâmica do inconsciente*. Petrópolis: Vozes, 2011. OC, 8]

_____. *Symbole der Wandlung*. Analyse des Vorspiels zu einer Schizophrenie. Zurique: Rascher, 1952 [Em port., *Símbolos da transformação*. Petrópolis: Vozes, 2011. OC, 5].

Civilização em transição 255

_____. *Wirklichkeit der Seele*. Anwendungen und Fortschritte der neueren Psychologie (A realidade da psique. Aplicações e progressos da psicologia mais recente). Zurique: Rascher, 1934 [Psychologische Abhandlungen IV. Reedições em 1939, 1947 e brochura em 1969].

JUNG, C.G. (org.). *Diagnostische Assoziationsstudien*: Beiträge zur experimentellen Psychopathologie. 2 vols. Leipzig: J.A. Hart, 1906/1910 [Novas edições em 1911 e 1915].

KERNER, J. *Die Seherin von Prevorst*. 2 vols. Stuttgart/Tübingen: [s.e], 1829.

KHUNRATH, H. *Von hylealischen das ist, pri-materialischen catholischen, oder algemeinemx natürlichen...chaos der naturgemässen alchymiae und alchymisten, wiederholete, verneuerte und wolvermehrete naturgemäss-alchymisch- und recht-lehrende philosophische Confessio oder Bekandtniss ... Deme beygefügt ist eine treuhertzige Wahrnungs-Vermahnung an alle wahre Alchymisten, sich vor den betrügerischen Arg-Chymisten zu hüten*. Magdeburg: [s.e.], 1597.

KEYSERLING, G.H. (org.). *Ehe-Buch, Das*. Eine neue Sinngebung im Zusammenklang der Stimmen führender Zeitgenossen. Celle: Niels Kampmann Verlag, 1925.

KRAFFT-EBING, R. von. *Psychopathia sexualis*. Stuttgart: [s.e.], 1886.

KRAUSS, A.H. (org.). *Anthropophyteia*. Jahrbücher für folkloristische Erhebungen und Forschungen zur Entwicklungsgeschichte der geschlechtlichen Moral. 10 vols. Leipzig: [s.e.], 1904-1913.

MURRAY, J. *Murray's Handbook for Travellers in India, Burma and Ceylon*. Londres: [s.e.], 1891.

NIETZSCHE, F. *Also sprach Zarathustra* – Ein Buch für Alle und Keinen. Leipzig: [s.e.], 1901.

_____. *Jenseits von Gut und Böse*. Vorspiel einer Philosophie der Zukunft. Werke 1. Capítulo VII. Leipzig: [s.e.], 1899.

OSTWALD, W. (org.) *Annalen der Naturphilosophie*. Leipzig: [s.e.], 1902s.

ROUSSEAU, J.-J. *Les Confessions*Paris: . Librairie Firmin-Didot et Cie., [s. d.].

SCHMITZ, O.A.H. *Autobiographie*. 3 vols. Munique: [s.e.], 1925-1927 [I: Die Geister des Hauses; Jugenderinnerungen. II: Dämon Welt; Jahre der Entwicklung. III: Ergo sum; Jahre des Reifens].

WILHELM, R. *O segredo da flor de ouro*. Um livro de vida chinês. Petrópolis: Vozes, 2011 [Com comentário europeu de C.G. Jung. Contribuição de Jung em OC, 13].

WOLFF, T. *Studium zu C.G. Jungs Psychologie*. Zurique: Rhein-Verlag, 1959.

ZSCHOKKE, J.H.D. *Eine Selbstschau*. 3. ed. Aarau: [s.e.], 1843.

Índices onomástico[*]

Adler, A. 19, 342s., 352s.
Akbar o grande 983
Alberto M. 864
Alexandre M. 984
Anquetil Duperron, A.H. 175, 187
Augusto C. 293
Aurobindo, S. 875

Bach, J.S. 158
Beauchamp, C.L. 257
Benoit, P. 75, 87
Bergson, H. 312
Bernheim, H. 366
Besant, A. 90, 176
Binet, A. 2
Bitter, W. 858
Blavatsky, H. 176
Boas, F. 94, 948

Carpócrates 271
Charcot, J.M. 366
Coleridge, S.T. 334
Condillac, E. 370
Confúcio (v. confucionismo)

Deussen, P. 188
Disraeli, B. 292

Einstein, A. 182
Ellis, H.H. 177

Faria, A. 366
Forel, A. 213, 366
Frei, G. 858
Freud, S. 6, 19, 50, 61, 160,
169,173, 177, 186, 257, 319,
339s., 351,360s., 367s., 830s., 842

Goethe, J.W. 22, 75,85, 199, 278[1],
302 , 309[6]
- *Fausto* 368, 844

Haggard, H.R. 75, 87
Hartmann, E. 1
Hauffe, F. 257
Hay, M. 89s.
Heráclito 164
Herbart, J.F. 370
Herão de A. 159
Hölderlin, F. 22, 195
Huss, J. 845

Janet, P. 2s., 366
Jesus (v. Cristo)
Júlio C. 332
Jung, C.G. 12, 43, 45, 46[1], 52[2],
53[3], 55[4], 63, 67, 91, 115, 135,

---

[*] Os números indicam o parágrafo do texto e o número das notas de rodapé vem indicado como expoente.

145, 157, 165[2], 181, 203, 219, 256, 257, 259, 262s 264s., 312[3], 340[5], 353[8], 354[9], 356[13], 359, 368[8]
Jung, C.G. - Wilhelm, R. 78[4]

Kant, I. 14, 27, 871
Keyserling, G.H. 195
Krafft-Ebing, R. 213
Kreuger, I. 296
Krishnamurti 176

Lévy-Bruhl, L. 69, 106, 130, 852
Liébault, A. -A. 366

Max Müller, F. 188
Mayer, R. 21
Mendel, G.J. 141
Mesmer, F.A. 21, 366
Murray, J. 1013

Nietzsche, F. 19, 176, 201, 250, 271
Nostradamus, M.M. 371, epígrafe

Oldenberg, H. 188
Oppenheimer, R.J. 879
Orígenes 199
Ostwald, W. 214

Paulo (Apóstolo) 265, 834, 843
Platão 199, 844

Ramanuja 875
Ribot, T. 2
Rousseau, J.J. 223

Schiller, F. 24
Schmitz, O.A.H. 189
Schopenhauer, A. 22, 176, 312
Seifert, F. 858
Shakespeare, W. 332
Simão o Mago 75
Smith, H. 257
Sócrates 151, 843, 853
Spengler, O. 187
Spinoza, B. 27, 199
Steiner, R. 170
Swedenborg, E. 175

Teresa de Ávila 883

Virgílio 250

Xá J. 990

Warens, L. Mme de 223
Weizsäcker, V. 354[2]
Wilhelm, R. (cf. tb. Jung, C.G. – W.) 188s., 877
Wolff, T. 887-902

Zschokke, H. 850

Índice analítico

Acaso 106s., 113s., 120s., 135, 142, 848, 900
Adam's Bridge 1.002
Adaptação, adequação 143s., 359
Afeto (cf. tb. sentimento) 4, 33, 286s., 851, 885
África 97, 185, 249, 324, 962s.
Alá 193
Alemanha, o alemão 64, 973
- escolas gnósticas na 169
- psicologia na 2
Alma, v. psique
- Shen 49
- Ka 84
- da floresta 132s.
- dos mortos 14, 143
- Ba 84
Alucinação 15, 137
América, americanismo 18, 94s., 190, 196, 237, 248, 946-980
- do Sul 103
- Central 103
Amizade 220s.
Amor (cf. tb. eros) 5, 32, 197-235, 243, 261, 265, 270, 293, 958, 987, 990
- como "amor Dei" 199
- de pais e filhos 200
- livre 231
- dos esposos 200
- a Deus 199, 876, 990
- da ideia 199
- incestuoso, cf.
- ao próximo 200, 352

- à pátria 200
- escolha do 72
Amplificação 848, 900
Análise (cf. tb. psicanálise, psicologia analítica) 99, 827, 884, 888, 892
Anglo-saxão 1.001
Anima, v. arquétipo
- cristã 79s., 143
Animal, animalesco 16, 30s., 33, 55, 133, 137, 150, 217, 280, 288, 842, 851
- na pessoa 32, 200
- maus-tratos 31
- alma do 845
Animus cf. arquétipo
Antepassados
- espírito dos 44, 103, 140, 969, 979
- perda dos 73
Anthropophyteia 177
Antiguidade, cf. Mundo Antigo
Antissemitismo 354
Antropologia 105
Antropomorfismo 847
Antroposofia 21, 170, 176
Apercepção (cf. tb. percepção) 9
Apócrifos, v. Bíblia
Árabe 113
Arcaico 62s., 104-147, 831
Ariano, parágrafo ariano 354
Arma 67
Arquétipo, arquetípico 53s., 830, 836, 845s.
- da anima 71s., 92

260 Obra Completa — Vol. 10/3

- do animus 71, 80s., 246s.
- dos pais 61s.
- do herói 90, 99
- da mãe 61s., 75
- do pai 65
Arte, artista 13, 24, 167, 290, 307, 862
Árvore 44, 128, 137
Ásia, asiático 237, 989s.
Assim falou Zaratustra, cf.
Nietzsche
Assimilação 968
Assistência (serviço) social 200
Astrologia 121, 169, 172, 176, 189
Atitude (cf. tb. comportamento) 972
Atmã 65, 873
Atômico, teoria atômica 113, 182, 852
Atos dos Apóstolos, cf. Bíblia
Augúrio 120, 125
Austrália 103
Áustria 975
Autocrítica 850
Autoconhecimento 321, 350, 827, 843, 892, 896
Autoerotismo 890
Autoridade 326, 896
Avatar 986, 992

Babilônia 293
Bárbaro 19s., 354
Batismo 136
Beleza 135, 139, 990
Bem, o 20
- e o mal 108, 154, 263, 834, 843, 858-886
Benares 989, 1.006
"Besta loura" 17
Bhagavadgita 879
Bhakti-ioga, cf. ioga
Bíblia, bíblico 870
- Antigo Testamento 844, 866, 883
- Gênesis 288, 862[1]
- Novo Testamento 866
- Atos dos Apóstolos 75, 840

- Evangelhos 293
- João 839
- Lucas 867
- Mateus 293
- 2Coríntios 843
- Epístola aos Romanos 834
- Apócrifos do Novo Testamento 868
Biologia, biológico 6, 23, 37s., 73, 225, 240, 846, 893
Bissexual 368
Bolchevismo 177
Bombaim 981s.
Brama 875
Bruxaria, bruxa 43, 60, 106s., 130, 137, 280, 302, 319
Buda 192, 986, 991, 1.003
Budismo 22, 32, 76, 200
- no Ceilão 877
- na China 326
Buridan, asno de 855

Cabana 67
Caçar, caçador 67
Calcutá 993, 1.006
Cânon Pali 1.002
Caos 900
Capitalismo 177
Caridade, cf. amor
Carma 181
Carne (cf. tb. corpo) 76
Casa, como tema dos contos de fada 43
Casamento (matrimônio) 81, 209s., 248, 252s., 260s., 273
- adultério 248, 255, 263
- experimental 231
- separação 248
Católico, cf. Igreja
Causalidade 2, 106, 113s., 120, 142
Caverna, gruta 67, 128
Ceilão 877, 1.002
Cérebro 12, 14, 50
Cetewayo 99
Chifre 27

Civilização em transição · 261

China, chinês (cf. tb. budismo) 187, 243, 353, 993
Christian Science 22, 101, 977
Chuva 68
Ciência, cientista 3, 6, 162, 210
Cilícia 188
Cinema 195
Civilização (cf. tb. cultura) 1.008s
Cobra, serpente 128, 134, 846
Código moral 831s., 845, 850, 855s.
Coletivo, coletividade (cf. tb. massa) 957, 972
- inconsciente, cf.
- culpa, cf.
Colombo, cavaleiros de 977
Compensação, compensador 23, 33, 81, 87, 175, 250, 292, 300, 322, 352, 356, 832, 967
Complexo 62, 69, 165, 842, 847
- de pai, cf. lá
Comportamento 486, 890, 965
Comunidade, cf. coletivo
Concentração 111
Concupiscência, cobiça 340s.
Conflito 288, 856, 864
Confucionismo 326
Conjuração (ritual de) 101
Consciência, consciente 1, 3, 8, 14, 21, 23s., 31, 38, 50, 61s., 68, 81, 105, 111, 132, 140, 149s., 160s., 191s., 210, 244, 272, 275, 280, 284s., 307, 317, 320s.,332, 354, 367, 830s., 843, 854, 870, 874s., 891s., 899, 987, 1.005, 1.011
- função 3, 50
- grupal 280
- e inconsciente 3, 8, 21, 23, 25, 33, 47, 103, 195, 855, 963, 1.008s.
- processo 3
Consciência (moral) 20, 825-857
"Conscientia peccati" 827
Conscientização 885
Contos de fada 43, 58s., 847
Corvo 846

Cosmovisão 31, 47s., 190, 352, 355, 891, 897, 1.003
Coueísmo 333
Criação, criador 5, 12, 65, 187, 345,354s., 855, 870
Criança 56s.
- assassinato de 62
Criminalidade, criminoso 160, 897
Cristianismo, cristão 17, 20s., 31s., 76, 84, 101, 135, 154, 185, 188, 193, 199, 238, 250, 260, 326, 354, 846, 987, 1.006
Cristo 30, 102, 151, 265, 1.006
- como salvador, cf.
- como peixe 293
Crocodilo 106, 115, 117, 125, 128s., 134
Ctônico (cf. tb. terra) 53
Culpa (cf. tb. pecado) 860
Cultura 3, 16, 26, 31, 101, 150, 158, 191, 195, 214, 237, 267, 275, 295, 305, 353
Curandeiro 122, 128, 132, 137, 280, 977

Dadaísmo 44
Daimon 843, 853
Dança 95, 195, 964, 986
Decálogo 830
Delírio 847
Democracia 177
Depressão 4
Desejo(s) 3s., 19, 340, 343, 352s
Desespero 5
Destino 88, 172, 201, 332, 864, 867, 871, 892
Deus, deuses, divino 22s., 26, 31, 127, 142, 146, 179, 192, 232, 265, 275, 288, 305, 330, 367, 839, 844, 853, 862, 864s., 986s., 1.003, 1.012
- e homem 846
- Deus-pai 846
- voz (vox) de 853s.

Deusa razão 174
Deusas (semideusas) 76
Diabo, demônio(s), demoníaco 23, 26, 44, 59, 82, 113, 128, 139, 309s., 331, 368, 837, 843, 871, 878, 994
Dialética 888
Dinamismo, dinâmico 7, 65, 68, 844
Dissociação 287, 1.008
Ditadura, ditador 177
Doença, doente 2, 290, 331, 352, 355, 362s., 881
- mental 11, 83, 137, 285
Dogma 335s.
Don Juan 248
Dornach 176
Dualismo 844
"Durée créatrice" (Bergson) 312

Ecclesia 64
Educação 203, 220, 890, 90, 1.008
Egito 84, 158, 188
"Élan vital" 312
Elefante 134
- "rasto do" 1.002
Elgon, monte 118, 126
Elgonyi 128, 144
Emoção, emocional (cf. tb. afeto, sentimento) 78s., 826, 829, 836, 850, 864, 957
Enantiodromia 164
Encarnação 141
Energia, energético 6, 8, 21, 139, 175, 253
Éon (mês mundial, era) 293
Epístola aos Coríntios, v. Bíblia
Epístola aos Romanos, v. Bíblia
Eros, erótico 5, 62, 200, 255, 265, 275, 990
Escola freudiana (cf. tb. Freud, Sigmund; psicanálise) 2s., 177s., 186s., 350, 356, 830
Escravidão, escravo 249s., 260
Eslavos 354

Esotérico 886
Espanha 975
Espiritismo (cf. tb. parapsicologia) 21, 101, 137, 169, 172
Espírito, espiritual 13, 33, 66, 138, 146, 330, 1009
- como fantasma 23, 58s., 106, 128, 137s.
- e instinto 200
- e corpo 19, 195, 971
- e matéria 195
- e psique (alma) 187
Esquecer 8
Esquizofrenia, estados esquizoides 287
Estado 66, 892
Estatística 890
Estética, estético 862
Ética, etos (cf. tb. moral) 108, 855, 864, 870, 896
Etiologia, etiológico 343s.
Eu 23, 240, 282, 304, 318, 360, 829, 843, 856, 873, 895
- consciência do 280, 285, 304, 318
- e você 282
- superego, cf. lá
Eulenspiegel, Till 298
Europa, europeu 236-275, 946, 961, 967s., 986, 988
Evangelhos, v. Bíblia
Extroversão 296, 890

Família 66, 209, 273, 280, 352, 354, 891, 997
Fantasia(s) 4, 11s., 26, 43, 47, 62, 160, 195, 217, 258, 320, 352, 355, 836, 847, 899
- infantil 345, 352, 362
- criminosa 160
- mitológica 12s.
- sexual 160, 219, 226
Fausto, cf. Goethe

Civilização em transição

Fé, crença, credo 26, 102, 160, 162, 171, 195, 843, 853, 874, 1.005
- confissão de 38, 114
Feitiço, feiticeiro, mago 43, 59, 101, 106s., 122s., 128, 137, 140, 146, 280, 308, 311, 324, 988
"Felix culpa" (cf. tb. pecado) 868
Feminino (cf. tb. masculino) 997
Filantropia, v. amor
Filhos 209, 215, 253
Filogenética, redução filogenética 55
Filosofia 12, 173, 195, 291, 307, 333s., 350, 871, 900, 1.003
- chinesa 295
- hindu 1.003s.
- clássica 1.006
Física, físico 7, 113, 159, 182, 864, 871
- nuclear 879
Físico-psíquico, v. Psíquico
Fisiologia, fisiológico 3s., 243
Flirt 227s.
Fogo 44
Fonte 44, 128
França, franceses 976
- "la douce France" 64
- espírito (esprit) 972
- "la gloire" 972
- psicologia na 2
Frigidez 217, 246
Funções 3, 855
- da consciência, cf. lá
- da ingestão alimentar 3s.
- psíquicas, cf. lá
- da sexualidade 5
- do inconsciente, cf. lá
Futurismo 44

Ganesha 989
Gênesis, v. Bíblia
Gênio, genialidade 843, 1.004
Genro 70
Germânico, alemão (cf. tb. Alemanha) 19, 94, 353, 963

Gnosticismo, gnose 21, 75, 169
"Going black" 97, 962, 967
Graça 855, 874
Grécia, grego 22, 85, 203
- pólis 203
Guerra 19, 29s., 45, 67, 121, 155, 162, 240, 269, 273, 275, 315

Helena (em *Fausto*) 75
- de Simão o Mago 75
- de Troia 75
Herege, heresia 845
Hermafroditismo, hermafrodita 994
Herói (cf. tb. arquétipo do herói) 99, 142, 976
Himalaia 190, 1.002
Hinduísmo, hindu 992, 997
Hiperbóreos 172
Hipnose, hipnotismo 21, 333
Histeria 4, 26, 370
História, histórico (cf. tb. historicismo) 12, 47, 268, 315
Historicismo (cf. tb. história) 86, 103, 150
Holanda, Países Baixos 975
Homem 216, 217s.
- e mulher (cf. tb. anima) 71, 209, 219, 236, 240, 248, 256, 258s., 273s., 1.000
- vestimenta do 995
- iniciação ou consagração do 71
"Homo maximus" (Swedenborg) 175
Homo sapiens 134, 210, 888
Homossexualidade
- masculina 203, 217, 220
- feminina 203, 208, 220, 246s.
Horóscopo 173
Humor (disposição) 4, 231

Idade Média, medieval 79, 163, 210, 238, 275, 309, 326, 974
Idealismo 972s.
Ideia 38, 973, 1.004

- e instinto, cf. lá
Igreja (como instituição; cf. tb. ecclesia) 64, 71, 79, 155, 200, 248, 319, 868
- canto de 30s.
Iluminismo 22, 370, 1.003
Imagem do mundo 23, 113, 142
Imagens primitivas, v. arquétipos
Imortalidade 88, 142, 160
Impotência 248
Impulso 4
Incesto 61, 204, 340
- proibição do 61
Inconsciência 70, 149, 166, 240, 281, 875, 889, 988
Inconsciente (cf. tb. psicologia do) 1-48, 52s., 62s., 69s., 79s., 92, 103, 128, 133, 136, 140, 150, 159s., 165, 172, 187, 195, 244s., 249, 256, 273, 286, 312, 318, 322, 337, 347, 351s., 829s., 847s., 856, 867, 880, 885, 1.008, 1.011
- ariano 354
- e consciência, cf. lá
- definição de 1
- função do 23s., 34, 832
- conteúdos do 26s., 33s., 843
- coletivo 13s., 43, 136, 285, 307, 845
- teoria compensadora do (cf. tb. compensação) 20, 23s., 33, 300, 322
- pessoal 10s.
- projeção do 39
- teoria sexual do 8
- linguagem do 23
- estrutura do 53s.
- função formadora de símbolos do 27
- suprapessoal 13
- processos no 2, 14, 23
- e mundo 23
Índia, hindu, indiano 169, 873, 981-1.001, 1.002-1.013
Índio(s) 94s., 948s., 967s., 978
- navajo 960
- pueblo 125, 132, 138, 184, 978

- sioux 16
- tao 978
Indivíduo 48, 78, 142, 206, 283, 290, 323, 326, 895, 1.008
- e coletividade, massa 888, 891
Infância, infantil 198, 345, 962
Infantilidade, infantil 343s., 354s., 867, 891
Inflação 1.003
Inglaterra, inglês 974, 998
Iniciação 71, 977
Inimizade 290
Instinto, instintivo 3s., 23, 26, 31, 33, 48, 53, 200, 312, 331, 353, 830, 847, 855, 897, 977, 1.008, 1.012
- e ideia 38
Intelecto, intelectual 825, 990, 1.010
Introversão 890
Intuição 23
Ioga 189, 988
- bhakti 875
- kundalini 169
Iogue 986
Irracionalidade 853, 900, 1.008
- e racionalismo 855
Islamismo 990
Itália 975

Jacó 869
Javé, Jeová 844
Jazz 964
João, v. Bíblia
Judaísmo, judeu 18, 27s., 93, 353, 968, 979
Juventude 897
- criminalidade da 897

Kabras, selva 126
Kali Durga 880, 989
Kathakali 986
Kitoshi, região de 126
Konarak, pagode de 1.013
Ku Klux Klan 977
Kundalini, v. Ioga

Civilização em transição 265

Lareira 67
Leão 134, 846
Lei 3, 31, 45, 65, 71, 113, 118,
121, 248, 265
- da natureza, cf. lá
Lembrança, recordação 4, 8, 10, 15
Leopardo 129s., 139
Liberdade 257, 870
Libido 7
Linguagem 965
Lobisomen 130, 137, 280
Logos 255s., 275
Lua 144
Lucas, v. Bíblia
Lúcifer 846

Mãe 58, 62, 64, 75s., 223, 997
- terra 64s., 103
- Germânia 64
- natureza 65
- e filho 67, 70, 90, 997
- e filha 70s., 880, 1.000
Magia, mágico 14, 26, 59, 106,
139s., 190, 192, 843
Maha-Paranibbana-Sutta 991
Mahatma(s) 190
Mahayâna, v. budismo
Maia 873s.
Mal, mau 139
- bem e, cf. lá
Mamba 126
Mana 128, 137, 140, 142, 146, 845
Mantra 988
Masculino/feminino 79, 87, 220,
243, 259
Massa (cf. tb. coletivo;
massificação) 150, 326, 939, 1.000
- e indivíduo, cf. lá
Massificação 901
Masturbação, onanismo 204, 208,
216, 220, 226
Mateus, v. Bíblia
Mato, floresta 44, 128
Medicina, medicinal 3, 354, 369

Médium (espírita) 83, 137s., 172
Medo (temor, pavor) 4, 58, 826, 850s.
Mefistófeles 304, 368
Mentira 863
Messias 90
Metafísica, metafísico 1, 23, 84,
161, 210, 844, 847, 899
Métodos anticoncepcionais, v.
prevenção
M'ganga (cf. tb. feiticeiro) 122
Milagre 101, 990
Missionários 174, 185
Mistérios 195, 886, 992
- antigos 13, 192, 979
Mística, místico 83s., 199, 243
Mito, mítico 11s., 43, 142, 836,
847s., 854
- moderno 13, 836
Mitologia, mitológico 11, 14, 23,
43, 128, 190, 307, 322
Mitraísmo 31
Monacato 76
Mongólia, mongol 984, 990, 1.002
Monoteísmo 844
Montanha 128
Moral 3, 5, 20, 32, 48, 108, 162,
210s., 217, 219, 235, 239, 248,
263, 826, 850, 855s., 868s., 958,
1.010, 1.013
Morte 12, 106, 142s., 849
Mulher, senhora 236-275
- velha, idosa 44
- roupas da 993
- e homem (cf. tb. animus; homem
e mulher) 71, 75, 81s.
Mundo 23, 71, 840
- como Terra, cf.
- e inconsciente, cf.
- antigo (antiguidade) 192s., 320,
326s., 353
- fundamento do 1, 23
"Mungu" 146
Música 965s.

Nações (cf. tb. povos) 45, 71
Narcisismo 204, 340
Nascimento 136, 969
Natureza 5, 26, 34, 44, 53, 65, 76, 118, 128, 134s., 187, 210, 317, 361, 832, 882
- e pessoa, cf. lá
- e psique (alma), cf. lá
- lei da 23, 471, 871
- povos da, cf. Primitivos
Navajo, v. índios
Negros (cf. tb. pessoas de cor – brancos; papua) 26, 95s., 108, 126, 249, 950, 961s., 1.008
Neurastenia 248
Neurologia 333
Neurose, neurótico 72, 90, 172, 245, 285, 309, 311, 331, 337, 342, 344, 349, 352, 354s., 880
N'goma 964
Nilo 65
Nome 280s.
Normandos 1.001
Notre-Dame 176
Numinoso 845, 852s., 864, 871, 874, 886
Nyktikorax 846

Oannes 293
Obsceno 356, 363s.
Ocultismo (cf. tb. parapsicologia) 1
Ópio 185
Opostos, união dos 844, 856, 873s.
Opressão 3, 25, 343
Oração, prece 840
Oriente e Ocidente 237
Otelo 332
Oupnek'hat 175

Paganismo, pagão 22, 31, 238
Pagode 1.003
Pai 65, 90
- arquétipo do, cf. lá
- complexo de 165

- e filho 70
Pai-nosso, v. Oração
Pais 68, 198, 218, 348
- como arquétipo, cf. lá
Paixão 195, 216
Pali, Cânon 1.002
Papua, negros 128
Paraíso 288
Parapsicologia (cf. tb. espiritismo) 169, 851
"Participation mystique" 69, 130s., 150, 852
Páscoa 145, 868
Pássaro 44, 128
Pathan (hindus) 989
Pecado (cf. tb. culpa) 827, 843, 868
- confissão de 158
- noção de, cf. conscientia peccati
- original 57s.
Pedra 44, 137
- cultura da 16
Peixe (cf. tb. Cristo) 293
- mês mundial 293
Peixes (signo), v. Peixe
Pele-vermelha, v. Índios
Pensador, v. Filosofia
Percepção subliminar 9
Persona 261
Persuasão 333
Perversidade 187, 203, 208, 356, 362
Pessoa, homem 289, 832, 1.011
- arcaico 104-147
- ariano 190
- de cor – brancos 97s., 962s., 977, 1.007s., 1.013
- e Deus, cf. lá
- coletivo 326
- da idade média 163
- moderno 151-196, 901, 933
- e natureza 134
- primitivo, cf. lá
- e animal 16, 204, 210, 268
Pirâmides 158
Plantas 288

Civilização em transição

Pneuma 65, 146
Poder, complexo de 19, 23, 38, 46, 200, 342
Poligamia 185
Polinésia, polinésios 185, 1.008
Pólis 203
Politeísmo 1.008
Política, político 22, 162, 290, 891
Pornografia 213
Possessão 141, 287, 309
Povo(s) 158, 191, 290, 328
Prazer, princípio do 340
Pré-história, pré-histórico 16, 54, 842
Prestígio 331, 342, 352
Prevenção da gravidez, métodos preventivos 210, 253
Prevorst, vidente de 257
Primitivo 14s., 19s., 26, 45, 55, 59, 71, 84, 97, 103, 104-147, 150, 214, 243, 280, 287, 320, 324, 843, 851, 958, 966, 969, 979, 1.007s.
- religião do 977
Privatio boni 879
Projeção 26, 39s., 69, 76, 129, 137s., 240
Prometeico 152
Promiscuidade 958
Prostituição 75, 185, 202, 208, 218, 248s., 321, 834
Psicanálise (cf. tb. Escola freudiana) 2, 160, 169, 189, 212, 350, 355, 361, 368, 888
Psicastenia 4
Psicologia, psicológico 1s., 3s., 7, 23s., 38s., 54, 62, 70, 84, 103, 105, 125, 157, 167, 175, 187b, 210, 217, 225, 242, 249s., 258, 276-332, 333s., 340s., 347, 370, 825-857, 887-902, 946-980, 1.003, 1.008, 1.013
- americana 946-980
- analítica 21, 69, 257, 858-886
- empírica 890, 900
- experimental 1

- freudiana, v. Escola freudiana
- de grupos (grupal) 887s., 898s.
- conteúdos da 899
- da criança, infantil 61
- dos complexos 257, 887, 902
- patológica 2, 257
- do inconsciente 886
- primitiva 16, 59, 69, 106, 128, 132
Psicopatologia 2, 21, 50
Psicossomática 354[2]
Psicoterapia 19, 23, 175, 257, 333-370, 831, 852, 864s., 880, 889, 900
- analítica (cf. tb. Psicologia analítica) 888
- princípio básico da 358
Psicótico 880
Psique, alma 2, 6s., 14, 16, 23, 38, 49-103, 105, 133, 140s., 146, 148-196, 217, 240, 243, 250, 255, 258, 275, 277, 286s., 301, 311, 319, 330, 352, 354, 357, 367s., 830, 832s., 836, 841, 843s., 854, 868, 877, 900s., 962, 969
- coletiva 283
- como pássaro 128, 137
- como ser criador 49
- da criança 61
- definição 49, 366
- do primitivo 106, 128, 836
- e corpo 23, 98, 195
- e espírito, cf.
- e natureza 187
- e Terra, cf. lá
- fascínio da 191, 195
- fenômenos da 2, 162, 292
- funções da 50
- na concepção da Igreja (cf. tb. anima) 79
- patológica 2
Psiquiatria, psiquiatra 2, 276, 333
Psíquico(a) 1s., 8, 14, 51, 57, 83, 128, 135, 141, 172, 195, 212, 218,

226, 243, 250, 278, 310, 826, 828, 839s., 852, 855, 873, 900s.
- funções 2, 140
- conteúdos 1, 4
- físico 2s., 135, 226
- processos 2, 7
Puberdade 216s
Pueblo, v. índios
Puritanismo 103
Purusha 873

Quietismo 190, 196

Raça 18, 55, 73, 93, 354, 962, 966, 1.010
Racionalismo, racionalista 355, 1.011
- e irracionalidade, cf. lá
Raio, relâmpago 65, 174, 848
Razão 855
Rebanho 67
Reforma 326
Regressão 340, 868
Rei 44, 127, 142
Relação, relacionamento 273, 352
Relatividade 182, 187
Religião, religioso 7, 13, 26, 31s., 59, 91, 95, 101s., 128, 138, 144, 160, 168, 193, 199, 210, 275, 291, 312, 330, 350, 841, 846, 870, 891, 900, 990, 999, 1.003
- do movimento monista 22
- de mistérios 22, 977
- dos primitivos cf.
- costumes 145
Renascimento, reencarnação 13, 20, 87, 181
Reno 65
Representações compulsivas 4, 843
"Représentations collectives" (Lévy-Bruhl) 106, 123, 144
Repressão 3s., 20, 25, 3ls., 62, 79, 165, 195, 217, 331, 340s., 828
Ressurreição, cf. Cristo

Revolução Francesa 21s., 174
Rir, risada 950-964
Ritos 71, 977
Roma, romano
- cultura e religião 22, 125, 159, 188, 193, 250, 260, 291, 979
- império 293
Ruah, ruch 146
Rússia, russo 237[1], 239

Sacerdote 160, 243
Sacrifício 13s., 846
- do touro 31, 118
Sakkara 158
Salpêtrière 2
Salvador, redentor 185, 1.003
Sanchi, stupa de 991
Sânscrito 1.006
Santidade, santo 834
Satanás (cf. tb. Lúcifer, diabo) 846
Saudade 5
Sentidos, sensorial 9, 15, 23, 52
Sentimento, emoção 26, 44, 79, 91, 210, 231, 246, 258, 841s., 847, 851, 990
Sexo, sexual 202, 208, 217, 226, 254, 994
- doenças sexuais 212
- maturidade sexual 216s.
Sexualidade, sexual 5s., 19, 23, 32, 38, 160, 189, 203s., 212s., 234, 236, 240s., 246, 25ls., 312, 331, 340, 356, 362s., 368, 958, 994
- abstinência 225
Shiras 990
Shiva 989
Shofar 27
Sikhs 989
Símbolo, simbólico, simbologia, simbolismo 14, 23, 25s., 43, 99, 323, 347, 846, 991
- neurótico 360
Si-mesmo (cf. tb. arquétipo) 318, 873

Sintomas nervosos 3s., 23, 26, 38, 48, 286s.
- psicógenos 3s., 366
Sioux, v. índios
Social-democracia 155
Sociedade, social 17, 21, 26, 48, 64s., 71, 190, 203, 209, 212s., 226, 243, 250, 261, 279, 290
Sogra 70
Sol 135s., 144, 162, 879, 960
Sombra(s) 261, 353, 362, 858, 867, 872, 885
Sonho(s) 15, 23, 29, 58, 99, 113, 128, 301, 304, 313, 316s., 328s., 369, 829, 833, 835s., 847, 851, 884, 899
- interpretação dos 31s., 316s., 861
- isolado 30s., 126, 826
- sentido coletivo do 322
Sopro 146
Sublimação 340, 365
Sugestão 333
Suíça, suíço 214, 975
Superego 842
Superstição 26, 113, 124, 138, 173, 187, 1.012

Tabu 5, 210, 958, 975
Taj Mahal 990
Tamanduá 118
Tao 873
Tathagata 991
Técnica, tecnologia 159s.
Tempestade 67s.
Tempo 986
Teologia 853, 900
Teosofia 21, 169, 176s., 187, 189, 192, 275
Terra 49-103
- como solo (chão) 18s., 68, 103, 968

- ctônica 55, 988
- e céu 49
- como mãe, cf. lá
- como mundo 53
Tesouro escondido 43
Tibet 190, 1.002
Timeu, cf. Platão
Tipo yankee 94
Tirania (cf. tb. ditadura) 990
Totalidade 832, 845, 856, 875, 1.011
Touro 31s., 67
- sacrifício do, cf. sacrifício
Transcendência, transcendental 854s.
Transferência 339
Transformação 1.004s.
Trauma 362
Trigo 67
Trovão (deus do) 44, 65

Universo 113, 1011
Upanixades 175
Urso 132

Vaca 67
Vento 65, 146
Vida 23, 32
Vimana, v. pagode
Visão 26, 83, 1.012s.
Vishnu 992
Vontade 312, 828, 842
Vox Dei, v. Deus, voz de

Xamanismo 21s., 101, 977

Wotan 174

Yang e Yin 65, 295

Zaratustra, v. Nietzsche
Zeus 848

Conecte-se conosco:

f facebook.com/editoravozes

⊙ @editoravozes

X @editora_vozes

▶ youtube.com/editoravozes

◯ +55 24 2233-9033

www.vozes.com.br

Conheça nossas lojas:

www.livrariavozes.com.br

Belo Horizonte – Brasília – Campinas – Cuiabá – Curitiba
Fortaleza – Juiz de Fora – Petrópolis – Recife – São Paulo

  Vozes de Bolso

EDITORA VOZES LTDA.
Rua Frei Luís, 100 – Centro – Cep 25689-900 – Petrópolis, RJ
Tel.: (24) 2233-9000 – E-mail: vendas@vozes.com.br